56 | 계명한국학총서

한국과 일본의 문학과 민주주의: 교통과 횡단

— 계명대학교 한국학연구원 편 —

계명대학교 출판부

머리말

최인훈은 일찍이 그의 소설 『총독의 소리』에서 해방 후 한국사회가 여전히 식민성의 그늘에서 벗어나지 못하고 있음을 날카롭게 비판한 바 있다. 최인훈의 소설은 제국주의 일본이 해방 이후에도 죽지 않고 살아남아 우리의 의식과 무의식을 지배하면서 한국사회의 곳곳을 헤매는 유령과 같은 것으로 존재하고 있음을 고발한다. 그런 의미에서 우리에게 일본은 죽어서도 끈질기게 달라붙어 떨어져나가지 않는 타자와 같은 것이었다. 그런가 하면, 해방 이후 일본은 우리의 문학과 문화, 정치적 담론 등의 영역에서 중요한 참고와 소통의 대상이 되었던, 또 다른 의미에서 떼어낼 수 없는 타자이기도 했다. 특히 전후 지식인의 담론적 실천과 문학에서, 일본은 불가피한 참조항이었으며 1965년 한일협정 이후 그러한 양상은 점점 복잡하고도 다양한 방식으로 나타난다.

그 복잡하고 다양한 만남과 소통의 방식을 이 책에서는 '교통과 횡단'이라는 키워드로 정리해보았다. 정치의 차원에서 그러한 교통과 횡단은 냉전, 식민성과 탈식민성, 전후성, 민주주의, 민족주의, 지성과 반지성주의 등 여러 국면에 걸쳐 나타났으며 문학적 상상력과 언어의식, 정동의 차원에서도 이는 예외가 아니었다. 일본이 전후 한국사회의 형성을 보이지 않게 매개한 실재적 타자와 같은 것이었다고 할 수 있는 것은 이 때문이다. 이 책에 수록된 여덟 편의 글은 각각 나름의 각도에서 그렇게 전쟁 이후 공고화된 냉전체제의 한가운데서 한국과 일본의 정치와 문학의 차원에서 이루어진 교통 및 횡단의 양상과 그 의미를 추적한다.

이 글들에서 다루고 있는 주제는 넓고도 다양하다. 1960~70년대 일본문학 수용에 나타난 세대의식과 냉전의 메커니즘을 비롯해서, '한일국교정상화'와 관련된 한국 지식인들의 일본 담론에 대한 최인훈 소설의 대응 전략, 미시마 유키오와 김훈의 소설에 나타나는 반지성주의의 문제, 미우라 아야코의 소설『빙점』의 수용과 관련된 윤리의식과 정치성의 문제, 김승옥과 다자이 오사무의 소설에 나타난 전후 체험의 인식과 민주주의의 상상력, 자이니치에게 고마쓰가와 사건의 문학적 재현이 갖는 의미, 이호철의 간첩서사에 투영된 한일관계와 남북관계, 1990년대 한국문학의 재구성에서 무라카미 하루키의 문학이 가졌던 의미 등, 이 책에 실린 글들이 다루고 있는 주제의 스펙트럼은 다방면에 걸쳐 있다. 그럼에도 이 글들을 관통하는 하나의 주제가 있다면, 그것은 바로 '문학과 민주주의'가 될 것이다.

이 책의 기획은 2018년 계명대학교 인문역량강화사업의 일환으로 한국학연구원에서 개최한 학술대회가 베이스가 되었다. 먼 길을 마다않고 발표를 해주시고 긴 시간이 흐른 뒤에도 잊지 않고 귀한 옥고까지 갈무리해주신 필자들께 이 자리를 빌려 감사를 드린다.

2022년 1월

계명대학교 교수 김영찬

• 차례

무라카미 하루키, 사라지는 매개자와 1990년대 한국문학

김영찬

무라카미 하루키, 사라지는 매개자와 1990년대 한국문학

—

김 영 찬

1. 무라카미 하루키라는 문제

1989년 국내에 번역 소개된 무라카미 하루키村上春樹의 『상실의 시대』(원제: 『노르웨이의 숲ノルウェイの森』, 1987)는 출간된 지 몇 년 되지 않아 30만 부가 넘게 팔리면서 한국의 독서 시장을 뒤흔들었다. 『상실의 시대』가 발간된 후 수백만 부가 팔려나가고 '무라카미 하루키 현상'이라는 말까지 낳았던 일본의 상황이 1990년대 한국에서도 그대로 재연된 셈이다. 당시 하루키 소설[01]에 대한 열광은 전세계적인 현상이었지만, 한국의 경우는 조금 더 특별했다. 특히 『상실의 시대』가 한국에 번역된 시점이 현실 사회주의의 몰락이 결정적으로 가시화되던 1989년이라는 사실은 징후적이다. 대략 이 시기를 기점으로 1980년대 변혁운동의 중심이었던 학생운동의 정치적 에너지는 마지막 불꽃을 장렬하게 태운 뒤 서서히 소진되기 시작했고 집단적 이념과 거대담론에 대한 회의와 환멸이 뒤를 이었다. 혁명의 기대와 열기는 가뭇없이 스러져갔고 허무와 상실감이 그 자리를 빠르게 대체했다. 1990년대는 그렇게 도래했다. 현실 사회주

---

01 원칙에 따르자면 '무라카미'로 표기하는 것이 옳지만, 국내에서 통용되는 일반적인 관행을 감안해 이 글에서는 "무라카미 하루키"를 약칭할 경우 '하루키'로 표기한다.

의가 몰락하고 문민정부의 수립으로 군사정권이 종식된 이 시기에, 한편으로 오랜 권위주의와 집단주의에 의해 억눌려왔던 개인의 욕망은 출구를 찾아 분출하기 시작했다. 그리고 대량소비사회로의 진입으로 인한 물질적 풍요와 소비주의의 확산이 그러한 욕망의 분출을 근저에서 뒷받침했다. 시대의 분위기와 관심의 초점은 역사에서 일상으로, 집단에서 개인으로, 이념에서 욕망으로, 금욕에서 쾌락으로, 엄숙함에서 가벼움으로 옮아갔다.

1990년대 무라카미 하루키 소설에 대한 대중들의 열광은 당시 이런 한국적 상황을 그 배경으로 하고 있었다. 개인주의 및 소비주의의 확산과 그에 조응하는 대중적 감수성의 변화가 가시화되던 당시 상황에서 하루키의 소설은 그런 변화에 맞춤한 매력적인 문화상품으로서 호소력을 발휘했다. 중요한 것은 하루키 소설의 지배적인 정조가 당시 한국사회에서 지식인을 중심으로 확산되어가던 집단적 정서 및 분위기와 절묘한 접점을 형성하고 있었다는 사실이다. 그 접점이란 무엇인가. 『상실의 시대』의 한국어판 서문에서, 하루키는 이렇게 쓴다.

> 지금 이 시대에 서서 그 당시를 생각하면 저는 매우 이상한 기분에 잠기게 됩니다. 그 격렬한 시대를 탄생시킨 변화의 에너지는 도대체 지금 이 시대에 무엇을 가져온 것인가, 하고.
> 그 당시에 아주 대단한 큰일로 생각했던 것은 도대체 어디로 사라져버린 것인가, 하고.[02]

지금은 사라진 과거의 이상과 혁명의 열기에 대한 쓸쓸한 반추다.

---

02 무라카미 하루키. 1989.「한국어판에 부치는 저자의 서문」. 유유정 옮김.『상실의 시대』. 문학사상. 7쪽.

이러한 하루키의 진술은 알다시피 1960~70년대 일본 학생운동의 격렬한 투쟁과 패배라는 역사를 배경으로 하고 있다. 그리고 이 진술은 국경과 시대를 뛰어넘어 혁명의 열기가 스러져가던 한국사회의 시대적 분위기와 정확히 오버랩되었다. 딱히 작가의 그런 사후적인 진술이 아니더라도, 하루키 소설의 저변에 흐르는 상실감은 이미 한국사회에서 지난 연대를 가득 채웠던 거대한 기대와 열정에 대한 환멸과 상실감을 환기하는 효과를 충분히 지니고 있었다. 더욱이 '노르웨이의 숲'이라는 원제 대신 한국어판에 붙인 '상실의 시대'라는 제목은 그러한 효과를 더욱 강화했다. 이 시기에 무라카미 하루키는 그렇게 "나쓰메 소세키 이후 아쿠타가와를 거쳐 다자이 오사무나 미시마 유키오, 아베 고보, 나카가미 겐지 등, 기라성 같은 여러 일본작가들도 달성하지 못한 한반도 상륙을 성공리에 마친 거의 유일한 작가"[03]가 되었다.

이는 당시 국내에서 하루키 문학이 가졌던 의미가 단지 일본문학의 수용이라는 차원에 그치는 것이 아니었음을 보여준다. 실제로 하루키의 소설은 독서 시장은 물론이고 한국문학의 장 안에서도 커다란 반향을 불러 일으켰다. 그 반향은 일차적으로는 표절의 형태로 나타났다. 박일문의 『살아남은 자의 슬픔』(1992), 이인화의 『내가 누구인지 말할 수 있는 자는 누구인가』(1992), 장석주의 『낯선 별에서의 청춘』(1991) 등의 소설은 하루키 소설의 표절로 의심받았으며, 또 실제로도 그러했다.[04] 그러한 표절을 둘러싼 논란은 일시적인 해프닝이라기보다 하루키의 소설이 1990년대 한국문단에 가한 충격과 영향력을 방증하는 일종의 증상이었

03 남진우. 1996.「슬픈 외국어에 담긴 뜻」. 문학사상사 자료연구실.『하루키 문학수첩』. 문학사상사. 457-458쪽.

04 이에 대해서는 이성욱. 1992.「'심약한' 지식인에 어울리는 파멸 - 이인화의『내가 누구인지 말할 수 있는 자는 누구인가』표절 시비에 대해」. 한길문학. 여름호; 남진우. 1997.「오르페우스의 귀환 - 무라카미 하루키, 댄디즘과 오컬티즘 사이에서 방황하는 청춘」.『문학동네』. 여름호 참조.

다고 할 수 있다. 장정일의 『아담이 눈뜰 때』(1990)나 구효서의 『깡통따개가 없는 마을』(1995) 같은 소설의 경우에도 표절이라 할 순 없어도 그 설정이나 문체에서 하루키 소설을 모방한 흔적이 뚜렷하다. 표절과 모방은 어느 면 외국문화의 초기 수용 과정에서 나타나는 보편적인 현상이라고 할 수 있지만, 중요한 것은 하루키의 영향력이 단순히 표절과 모방의 차원에 그치지 않았다는 사실이다.

하루키의 영향력은 단순히 몇몇 작가의 표절과 모방을 낳은 수준을 넘어 이 시기 이루어진 한국소설 전반의 형질변화와 관련되어 있다. 이는 하루키 소설의 문체와 방법이 이전 시대와 구별되는 1990년대 한국문학의 '새로움'을 촉발한 중요한 계기로 작용했음을 의미한다. 그리고 그 점은 일찍이 다른 논자에 의해서도 조심스럽게 지적된 바 있다.

> 1990년대 들어 '새로움'으로 한국문단에 충격을 주고 있는 작가들의 작품을 논의할 때 그들의 새로움을 한국 안의 자생적인 흐름으로 간주할 것인가, 외적 영향에 의한 것으로 간주할 것인가는 매우 미묘한 문제이다. 왜냐하면 1980년대 말부터 시작된 정치·사회적 변화와 함께 문단의 흐름도 변화했다는 내적 계기가 있음은 자명한 사실이지만, 문학적 형상화의 측면에서 볼 때 이런 내적 계기를 충족시킬 만한 방법을 외부에서 들여왔을 가능성을 무시할 수만은 없기 때문이다. 그 외적 영향의 실체가 무라카미 하루키村上春樹라는 가능성 또한 무시할 수 없다. 우리 문학의 새로운 흐름이 하루키 수용과 더불어 시작했다는 시기적 일치는 물론이고, 실제로 작품 안에 하루키적 분위기, 하루키의 문장이 그대로 담겨 있는 경우가 상당히 많기 때문이다.[05]

05 곽승미. 1997. 「무라카미 하루키 수용 양상 – 구효서의 경우」. 한국비교문학회. 『비교문학』 22호. 213-214쪽.

"우리 문학의 새로운 흐름이 하루키의 수용과 더불어 시작되었다"는 말은 부정하기 쉽지 않다. 실제로 1990년대의 많은 한국소설은 하루키의 영향 속에서 글쓰기의 정체성을 형성해갔다. 황종연 또한 한 세대 이상의 작가들이 하루키의 문학적 영향하에 성장했으며 1990년대와 그 이후의 한국소설에서 하루키 소설의 스타일인 미적 대중주의가 두드러지게 나타나는 것도 그 때문임을 지적한다.[06]

이러한 현상이 단순히 '수용'이나 '영향'의 차원에 머물렀던 것이 아니었음은 다시 한번 강조할 필요가 있을 것이다. 그것은 한국소설의 형질변화는 물론이고 크게는 근대문학의 운명과도 관련된 보다 복잡한 맥락을 함축하고 있다. 따라서 하루키의 소설이 1990년대 한국문학에 미친 파장의 의미를 정확하게 이해하기 위해서는 단지 문학적 방법이나 패턴, 문학적 태도와 스타일 등의 직간접적 영향관계를 따지는 것만으론 부족하다. 왜냐하면 이 주제는 그런 부분적인 차원의 문제를 뛰어넘는 보다 큰 문학사적 구도와 관련되는 것이기 때문이다. 그런 관점에서 이 글은 하루키의 소설을 근대문학과 근대문학 이후를 아우르는 거시적인 문학사적 구도 속에 놓고, 일본 비평가들의 논의를 경유해 일본문학사에서 하루키 소설이 갖는 위치와 그 맥락의 큰 줄기를 우리의 입장에서 대략적으로 정리하는 작업을 중심에 놓고 시작한다. 일본 근대문학의 종언이라는 사태 속에서 하루키 소설이 차지하는 위치는 1990년대 한국문학에서 그의 소설이 담당했던 기능과 전혀 무관하지 않은 까닭이다. 아니, 오히려 그 둘은 매우 긴밀히 연동되어 있다.

이 글의 문제의식이 비롯하는 지점은 바로 그곳이다. 이는 거시적인 문학사적 구도 속에서 1990년대 한국문학과 하루키의 관계가 갖는 맥

06 황종연. 2016. 「『늪을 건너는 법』 혹은 포스트모던 로만스-소설의 탄생 – 한국문학의 1990년대를 보는 한 관점」. 『문학동네』. 가을호. 450쪽.

락을 보다 정확히 이해하는 데서 더 나아가, 1990년대를 기점으로 해서 끝을 향해 달려가기 시작한 한국 근대문학 전체의 운명을 정산해보기 위한 작업의 작은 출발점이 될 것이다.

2. 하루키와 일본 근대문학의 종언

일본문학에서 하루키 소설의 문학적 새로움은 통상 포스트모더니즘의 등장이라는 맥락에서 설명된다. 큰 것보다 작은 것을, 역사와 현실보다 문화적 일상을, 집단보다 개인을, 엄숙함과 진지함보다 가벼움을 전면화하는 하루키의 소설은 분명 그 자체로 포스트모더니즘 문학의 특징을 예시하고 있었다. 『바람의 노래를 들어라』, 『1973년의 핀볼』, 『양을 둘러싼 모험』, 『세계의 끝과 하드보일드 원더랜드』 등을 연이어 발표하며 하루키는 무라카미 류村上龍 등과 함께 1980년대부터 본격화되는 일본 포스트모더니즘 문학의 선두주자로 부각됐다. 하루키의 소설이 갖는 포스트모더니즘적 특징은 이후 그의 소설이 일본을 넘어 지금에 이르기까지 전세계 독자대중의 인기를 모으는 데 일조했다. 포스트모더니즘이 세계 곳곳의 삶의 패턴과 문화적 감수성을 하나로 이어주는 세계화시대의 문화논리임을 감안해보면, 하루키의 소설은 그 자체가 그러한 문화논리의 문학적 체현으로 보이기도 한다. 특히 네이션에 집착하지 않는 무국적적 추상성과 미적 대중주의를 비탕으로 고도자본주의의 현실 속을 부유하는 고독한 개인의 도시적 취향과 감수성을 세련된 문체로 그려내는 하루키의 소설은 그야말로 세계화시대의 문화적 소비상품으로서

맞춤한 것이었다.[07]

일본에서 그런 하루키 소설의 등장은 일종의 문학사적 단절의 표징으로 받아들여졌다. 하루키는 이른바 제1차 안보세대로 일컬어지는 이전 세대의 현실인식 및 감수성과 단절하고 새로운 세대의 문학을 열어나간 작가로 평가되는 것이다. 하루키의 소설이 그렇게 단절의 표징으로 등장하게 된 배경에는 1970년대 고도성장기를 겪으며 소비자본주의가 전면화되는 일본사회의 변화가 자리하고 있다. 하루키의 포스트모더니즘은 그런 변화에 민감하게 반응한 작가의 세계관과 현실인식, 문학적 태도와 감수성을 담아내는 적절한 문학적 장치였다. 그것은 실로 단절이라고 일컬을 수 있을 정도의 변화였다. 일례로 하루키의 『바람의 노래를 들어라』를 1980년대 일본 포스트모더니즘의 선구라고 본 다카하시 도시오高橋敏夫는 예의 그 소설이 '거대담론'이 받아들여지던 시대와 '거대담론'이 실효를 다한 시대 사이의 단절의 지점에 위치한다고 지적한다.[08] 이후 1980년대에 들어서면 거대담론에 대한 회의가 전면화되고 소설의 성격 및 기능의 변화도 본격화되는데, 하루키의 소설은 그러한 문학사적 단절의 출발점에 서 있었던 셈이다.

하루키의 소설이 일본에서 1980년대부터 본격화된 일종의 문학적 단절을 대표하는 상징성을 갖는다는 점은, 일본 비평계에서 통상적으로

---

07 그런 맥락에서 다음 진술이 시사하는 것도 바로 세계화시대의 문화적 소비상품으로서 하루키 소설이 갖는 의미와 기능이다. "무라카미 하루키는 숨돌릴 사이도 없이 밀려드는 재미를, 현대의 재료를 쓰면서 현대를 그려낸다. 그 현대라는 것이 서양의 많은 독자들을 놀라게 하는 것이지만, 그것은 일본의 현대인 동시에 미국이나 유럽의 현대이기도 하다. 그런 무라카미 하루키의 뛰어난 보편성이야말로 많은 사람들이 무라카미 문학 주크박스에 서슴지 않고 동전을 넣어 자신이 즐기는 곡이라는 것을 확신하면서 다음 곡을 초조하게 고대하게 하는 것이다." 문학사상사 자료연구실. 1996. 「세계무대에 오른 '무라카미 하루키 문학'」. 『하루키 문학수첩』. 문학사상사. 51쪽.

08 高橋敏夫. 1998. 「死と終わりと距離と—風の歌を聽け」. 『國文學　解釋と教材の研究』. 43-3臨增.　學灯社. 56-57쪽. 김영옥. 2005. 「탈 '전후'와 '현대'의 경계」. 한국비교문학회. 『비교문학』. 36호. 161-162쪽의 인용 참고.

언급되는 오에 겐자부로大江健三郎와 무라카미 하루키라는 익숙한 이항구도에서도 뚜렷하게 부각된다. 사회성의 결여와 역사의 소거消去, 개인주의와 무국적적 스타일, 미국 팝문화와 소비문화의 문학적 수용 등 하루키의 소설이 보여주는 여러 특징은 문학의 사회적·지적 책임과 역할을 중시하는 기존의 문학 관념을 고수하는 입장에서는 분명 불편한 것일 수밖에 없었다. 1979년 군조群像 신인문학상 수상작인 『바람의 노래를 들어라』에 대해 일본의 많은 비평가들이 부정적인 반응을 보인 것도 근원을 따져보면 그런 까닭에서일 테다. 가라타니 고진柄谷行人이나 하스미 시게히코蓮實重彦 등의 비평가가 하루키의 소설에 대해 가했던 비판[09]은 그런 측면에서 그들이 생각하는 문학의 규범과 하루키의 소설이 얼마나 멀리 떨어져 있었는지를 방증하는 의미있는 하나의 사례라고 할 수 있다. 하스미에게 하루키의 소설이 '소설적 상상력'의 쇠퇴를 보여주는 뚜렷한 증거로 받아들여졌음을 떠올려보면 특히 그렇다.[10]

무라카미 하루키에서 시작된, '소설적 상상력'의 쇠퇴로 특징지어지는 그 문학적 '단절'을 다르게 고쳐 말하면 그것은 다름 아닌 '근대문학의 종언'이다. 하스미 시게히코는 1989년에 "근대가 그 상상력의 대부분을 소진해버린 작금의 포스트모던 시대"에 "소설의 시대는 바야흐로 종말을 고하고 있으며, 현대문학에 새로운 서사物語나 제재를 창출할 힘은 남아 있지 않다"[11]고 쓰고 있다. 하스미는 그 대신 하루키 이후 1980년대 일본소설이 하나같이 동일한 뼈대의 진부한 이야기 구조 혹은 서사 시스

09 가라타니 고진의 하루키론인 「무라카미 하루키의 '풍경'」과 하스미 시게히코의 『소설에서 멀리 떨어져서(小説から遠く離れて)』가 대표적이다.

10 하스미는 '소설적 상상력'이 쇠퇴하고 공동체의 균질화에 복무하는 '서사의 보편성'(획일적·일반적 '구조')만이 넘쳐나는 1980년대 일본 소설계의 동향에서 '소설의 종언'을 읽고 있다. 이에 대해서는 안천. 2011. 「'소설의 종언' 이후의 일본소설론」. 『문학과사회』. 봄호. 281-284쪽 참조.

11 蓮實重彦. 1989. 『小説から遠く離れて』. 日本文芸社. 278-281쪽. 안천. 위의 글. 281-282쪽에서 재인용.

템에 의해 지탱되고 있음을 지적한다. 하스미의 어법으로 말하자면 그것은 이른바 '서사의 보편성'에 '소설적 상상력'이 침식되어간 사태다. 공동체 내부의 적대와 균열을 문제화하고 사회와 불화하는 것이 근대소설이었다면 그에 동력을 제공했던 상상력은 이미 소진돼버렸다. 공동체의 균질화와 통합을 지향하는 서사의 보편성이 '소설적 상상력'을 대체했으며, 그러한 사태가 다름 아닌 '소설'이 종언을 고했음을 보여주는 것이다. 이때 하스미가 '소설의 종언'이라 이른 것의 함의란 근대문학의 종언 이외에 다른 것이 아니다.

하스미 시게히코와 달리 하루키의 소설을 옹호하는 가토 노리히로 加藤典洋도 하루키의 소설이 기존의 근대문학과 완전히 다른 종류의 소설이라는 데 있어서는 비슷한 맥락에서 하스미와 시각을 같이한다. 하루키의 데뷔작인 『바람의 노래를 들어라』가 일본의 전후 문학사에서 '긍정적인 것을 긍정하는' 최초의 자각적인 작품이라는 가토의 지적이 예컨대 바로 그렇다. 긍정적인 것을 긍정한다는 것은, 뒤집어 말하면 부정적인 것을 부정하는 것이다.

> 부정성이란 무엇인가? 그것은 국가를 부정하고, 세상의 불합리성을 정당화하는 권위와 권력을 부정하는 것이다. 즉 이 부정성이 신분제를 타파했으며 근대 사회를 실현했고 보다 민주적인 사회로 나아갈 수 있게 했다. 이는 곧 근대 움직임의 원동력이었다.
> 근대문학은 이 부정성을 낭만주의적인 이상과 연관지어 사람들을 매료했고, 나아가 '집'의 권위, 가부장인 '아버지'에 대한 반역이라는 틀을 만들었다. 독일, 이탈리아. 러시아, 일본, 중국, 한국 등 뒤늦게 출발한 근대 국가들의 문학을 움직인 것도 근대적인 이상을 주지로 하는 현실 부정이 지닌 힘이었다. [……] 긍정적인 것을 긍정한다는 것은 지금까지

이 부정성에 의존하던 문학에서 벗어난다는 것을 뜻한다.[12]

이에 따르면, 부정성은 근대문학의 원동력이다. 이때 부정성이란 그런 의미에서 하스미 시게히코가 '소설적 상상력'이라 부르고 가라타니 고진이 '내면성'이라고 칭했던 것과 방불한 것이다. 하루키의 소설 『바람의 노래를 들어라』는 근대문학의 원동력인 바로 그 부정성을 부정하는 문학의 시작점에 놓인다. 이러한 논리를 연장해보면, 하루키 문학세계의 시작은 그 자체가 곧 근대문학의 종언의 출발점이었다고 할 수 있다.

하루키의 소설이 근대문학의 종언의 출발점이라는 데 대해서는 가라타니 고진도 하스미 시게이코나 가토 노리히로의 지적과 대략 의견을 같이하는 것으로 보인다. 가라타니는 1970년대 후반에 일본 근대문학의 종언이 시작되었다고 말한다.[13] 이 시기는 무라카미 류가 『한없이 투명에 가까운 블루』(1976)를 발표하고 하루키가 『바람의 노래를 들어라』(1979)로 데뷔한 시기와 정확히 겹쳐진다. 흥미로운 것은 그럼에도 불구하고 가라타니는 초기 하루키의 소설에서 곧바로 근대문학의 종언을 읽지는 않았다. 오히려 그는 하루키의 소설에서 '다른 문학'의 가능성을 보았다고 고백한다.

> 어떤 사물의 기원이 보이기 시작하는 것은 그것이 끝날 때이다. 30년 전 『일본 근대문학의 기원』을 썼을 때, 나는 일본 근대문학의 종언을 느끼고 있었다. 그러나 그것은 문학의 종언은 아니었다. 그것은 다른 문학의 가능성을 품은 것이었다. 실제 근대문학의 지배적 형태에서 배제된 것처럼 보

12 가토 노리히로. 2017. 『무라카미 하루키는 어렵다』. 김난주 옮김. 책담. 38-39쪽.

13 가라타니 고진 · 세키이 미스오(대담). 2006. 「아이러니 없는 종언」. 『근대문학의 종언』. 조영일 옮김. 도서출판b. 180쪽.

이는 형식의 소설이 많이 씌어졌다. 이름을 들자면, 나타가미 겐지, 쓰시마 유코, 무라카미 류, 무라카미 하루키, 다카하시 겐히치로 등이 등장한 것이었다. 그들은 포스트모던이라고 불렸다. 그러나 나에게는 그것들이 어떤 의미에서 소세키가 근거를 부여하려고 했던 타입의 문학 재생(르네상스)으로 보였던 것이다. 그것은 문자 그대로 르네상스적 문학을 회복하는 것이었다.[14]

가라타니는 일본 근대문학에서 비주류였던 나쓰메 소세키夏目漱石의 사생문寫生文의 전통 속에 하루키의 소설을 위치시킨다. 이에 따르면 하루키의 소설은 일본 근대문학의 전통에서 떨어져나온, '다른 문학'의 가능성을 품고 있는 것이었다. 그것이 소세키의 문학과 마찬가지로 르네상스적 다원성을 품고 협의의 근대적 내면성을 물리치는 문학이었다는 측면에서 그렇다. 이를 뒤집어 말하면, 하루키의 소설은 분명 근대문학의 지배적 형태와 거리가 있지만 그 대신 소세키가 근거를 부여하려 했던 문학의 형태로 근대문학과의 접점을 유지한 문학이었다고 할 수 있다. 그렇게 보면 가라타니는 어떤 측면에서 하루키의 소설을 근대문학과 근대문학 이후의 사이에 위치시키고 있는 셈이다. 가라타니가 암시했던 하루키 소설의 이러한 위치는 우리의 관점에서 볼 때 매우 시사적이다. 왜냐하면 그것은 일본문학사의 흐름 속에서 작동했던 하루키 소설의 숨겨진 기능과 관련되기 때문이다. 그렇다면 그 숨겨진 기능이란 무엇인가?

14 가라타니 고진. 2006.「문학의 쇠퇴-소세키의『문학론』」. 위의 책. 39-40쪽.

3. 하루키, 사라지는 매개자

그것을 밝히기 이전에, 하루키의 소설을 긍정적인 것을 긍정한다는 의미에서 근대문학의 종언의 출발점에 놓았던 가토 노리히로 또한 하루키 소설의 위치에 대해서만큼은 (물론 맥락과 내용은 전혀 다르지만) 가라타니의 견해와 흥미로운 접점을 형성하고 있음을 지적할 필요가 있다. 가토에 따르면, 하루키가 보여주는 새로운 긍정성은 몰락하는 부정성에 여전히 연대감을 잃지 않고 스스로의 한계에 대한 자각도 놓지 않으면서 이를 비애의 감정으로 배웅한다.[15] 이러한 하루키 소설의 특징은 "자각 없이 부정성을 부정하는 그저 긍정적인 기분"[16]이 지배한 1970년대 후반 일본사회의 현상을 추수하는 엔터테인먼트 소설과 뚜렷이 구별되는 지점이다. 다시 말하면 하루키의 소설은 긍정적인 것을 긍정하면서도 그에 대한 자각과 함께 고갈되어가는 부정성에 대한 애도의 감정을 품고 있었던 반면, 그 이후의 소설은 그저 긍정적인 것에 자각 없이 매몰되고 그것을 추수하는 경향으로 나아간다는 것이다. 그런 방식으로 "1979년 『바람의 노래를 들어라』가 예고했던 것이 2, 3년 지나자 누구도 부정할 수 없는 변화의 바람으로 모습을 나타낸 것이다."[17] 그렇게 본다면 하루키의 소설은 근대문학이 끝나가는 지점에서 근대문학과 접점을 형성하면서 근대문학 이후의 문학을 선취한 문학으로 자리 매김되는 셈이다.

가라타니 고진은 가토와는 전혀 다른 관점에서 하루키의 소설이 갖는 그런 독특한 위치와 그 의미의 맥락을 풍경의 발견과 자명화라는 키워드를 통해 접근한다. 하루키는 그의 소설 『1973년의 핀볼』에서 이렇

15 가토 노리히로. 2017. 앞의 책. 51쪽.
16 위의 책. 39쪽.
17 위의 책. 93쪽.

게 쓴다. "내가 여기에 써 보일 수 있는 것은 단지 리스트이다. 소설도 문학도 아니며 예술도 아니다."[18] 이는 하루키 자신의 소설이 기존의 전통적인 문학과 구별되는 새로운 형태의 문학임을 선언하는 자기 지칭적 진술이다. 하루키가 자신의 소설이 소설도 문학도 예술도 아닌 단지 '리스트'라고 선언했을 때, 가라타니는 하루키의 그 '리스트'를 일컫는 다른 말이 바로 '풍경'임을 주장한다. 이때 하루키의 풍경이란 메이지 31년(1898년) 일본 근대문학 초기에 구니기타 돗포国木田独歩가 발견했던 풍경과 정확히 같은 의미를 갖는 것이다.

> 이것은 결코 외적인 풍경이 아니다. 즉 세상이 포스트공업 자본주의적인 소비사회의 양태를 보여주기 시작했기 때문에, 무라카미가 재빨리 그것을 파악했다는 말이 아니다. 이런 '풍경'은 구니기타 돗포의 풍경이 그러한 것처럼 어떤 에크리튀르에 의해서만, 그리고 어떤 내적 '전도'에 의해서만 출현한 것이다. [……] 그러나 무라카미의 어떤 '새로움'이 풍경을 발견하는 어떤 구조에 있다는 것을 인정해야 한다. 말할 것도 없이 그것은 무의미한 것을 유의미한 것 위에 놓는 가치전도이다.[19]

그러한 가치전도는 "유의미한 것을 폄하하고, 무의미한 것에 진지하게 몰두해 보이는"[20] 하루키 소설 주체의 태도에서 단적으로 드러난다. 하루키의 작품에 별 의미 없는 숫자가 범람하고 '1973년 9월', '1969년 우리의 해'와 같이 곳곳에서 특정 날짜가 남용되는 것 또한 그러한 가

18 무라카미 하루키. 1996.『바람의 노래를 들어라/1973년의 핀볼』. 윤성원 옮김. 문학사상사. 13쪽.

19 가라타니 고진. 2008,『역사와 반복』. 조영일 옮김. 도서출판b. 147쪽.

20 위의 책. 152쪽.

치전도를 보여주는 사례다. 하루키 소설의 '풍경'은 소비자본주의의 삶의 양태를 예민하게 포착함으로써 드러나게 되는 외적인 것이 아니라 거꾸로 그 같은 전도에 의해 '발견'된 것이다. 가라타니에 따르면 하루키의 새로움은 그 풍경을 발견하는 어떤 구조의 새로움에 있다.

중요한 것은 하루키의 소설이 겉으론 근대문학의 '내면'이나 '풍경'을 부정한 것처럼 보이지만 사실 그것은 이미 근대문학 계열에 존재했던 것의 반복이라는 가라타니의 주장이다. 그에 따르면 하루키의 풍경의 발견에는 어떤 '전도의 의지'가 작동하고 있는데, 그 근원에 있는 것은 다름 아닌 근대적 형태의 '낭만적 아이러니'다. 이 아이러니에 의해 외부의 모든 피한정성을 넘어서고 냉정하게 통제하는 (칸트적 의미에서) '초월론적 자기'가 확보된다. 그 초월론적 자기(의식)의 확대를 통해 현실과 역사를 임의성으로 해소하고 초월해버리는 하루키의 소설은 (예컨대 구니기타 돗포에게서 발견되는) 근대의 낭만적 아이러니의 작동방식을 정확히 반복하고 있다는 것이다.

가라타니는 하루키의 영향력은 그 풍경의 자명화에 있다고 말한다. "구니키다 돗포를 애독하는 독자가 그 광경에 숨어 있는 초월론적 자기의식의 악의를 보지 않은 것처럼, 무라카미 하루키의 애독자는 여기에서 그저 당대의 세련된 풍경을 받아들인다. 그뿐만 아니라 새로운 '풍경'소설의 천진난만한 필자들이 계속 등장한다."[21] 하루키 소설의 세계는 구니키다 돗포식의 초월론적 자기의 '악의'가 만들어낸 '내면'과 '풍경'의 새로운 반복이었지만, 그런 독아론적 세계가 이제 일본의 젊은 작가들에게는 자명한 베이스(base)가 되었다는 것이다. 애초의 전도의 의지(악의)는 보이지 않게 되고 그것이 만들어낸 풍경만이 자명한 것으로 남게 된다. 그리고 일찍이 하루키가 그렇게 가치전도에 의해 발견한 풍경이 자명한 것

21 위의 책, 146쪽.

으로 받아들여지게 되는 시점은 일본의 근대문학을 존립시켜온 원동력이 소멸해갔던 1980년대와 정확히 일치한다.

그런데 그러한 풍경의 자명화는 하루키 이후의 작가들뿐만 아니라 하루키 자신에게서도 동시에 발생한 현상이기도 했음을 지적할 필요가 있다. 가라타니에 따르면 하루키 소설의 아이러니는 역사를 회피하고 타자성으로부터 도망치기 위해 고안된 것이다. 그러나 1980년대 중반 일본경제가 세계를 제패하면서 고노에近衛 내각의 '신체제'(1940)가 계획한 '근대의 초극'이라는 슬로건이 상징적으로 현실화되었을 때, 하루키는 아이러니를 통해 회피해왔던 세계로부터 해방된다. 그렇게 회피해야 할 세계가 종언을 고하고 역사로부터 해방되었을 때 아이러니는 이제 불필요한 것이 되고 의미를 낳지도 않게 되었다는 것이다. 가라타니가 "『노르웨이의 숲』에서 무라카미는 그저 로맨스(love story)를 쓴 것이다."[22]라고 말하는 것은 이런 맥락에서다. 초월론적 자기의식을 통해 초월해야 할 타자성이 소멸해버린 까닭에, 하루키에게 이제 전도의 의지는 불필요해졌고 풍경은 말 그대로 자명한 것이 되었다.

이를 통해 우리는 일본 근대문학의 연속과 단절이라는 차원에서 초기 하루키의 소설[23]이 흥미로운 지점에 놓여 있음을 알 수 있다. 하루키 이후의 작가들이 '긍정성'에 대한 '자각' 없이 그것을 추수하는 경향으로 나아갔다거나(가토 노리히로), 하루키가 발견한 '풍경'을 자명한 것으로 받아들였다는(가라타니 고진) 지적은 모두 하루키를 기점으로 발생한 '근대문학의 종언'이라는 문학적 단절을 암시한다. 그럼에도 정작 하루키 자신은 '부정성'에 대한 애도의 형식으로, 그리고 소세키적 전통이나 낭

---

22 위의 책, 178쪽.

23 여기서 이야기하는 '초기 하루키 소설'은 엄밀히 말하면 『바람의 노래를 들어라』(1979)와 『1973년의 핀볼』(1980)이라고 할 수 있지만, 어떤 경우는 편의상 『노르웨이의 숲』(『상실의 시대』) 이전까지로 느슨하게 넓혀 잡아도 무방할 것이다.

만적 아이러니의 형식으로 근대문학과의 접점을 유지하고 있었다. 그렇게 보면 우리는 초기 하루키의 소설을 근대문학의 연속이자 동시에 그와의 단절의 시작점으로 볼 수 있을 것이다. 나아가 하루키의 소설 『바람의 노래를 들어라』가 "'거대담론'이 받아들여지던 시대와 '거대담론'이 무효화한 후의 시대를 절단이라는 형태로 연결"[24]하고 있다는 다카하시 도시오의 지적도 이런 맥락에서 다시 읽을 수 있을 것이다. 달리 말해보자면, 초기 하루키의 소설은 근대소설과 '근대문학의 종언' 이후 소설의 단락短絡 지점에 존재했다. 즉 초기 하루키의 소설은 근대문학의 연속이자 반복이면서도, 다름 아닌 바로 그 반복을 통해 근대문학의 종언이라는 사태의 출발점으로 기능하기 시작했던 것이다.

가라타니 고진은 그가 1980년대 중반 『일본근대문학의 기원』을 쓸 당시 하루키의 소설을 '다른 문학의 가능성'을 품은 소설로 보았지만 1990년대에 이르면 그러한 문학도 급격히 쇠퇴하고 사회적 지적 임팩트를 잃어버리기 시작했다고 적고 있다.[25] 가라타니가 보기에 이 시기 하루키의 소설은 초기와 달리 더 이상 다른 가능성을 찾을 수 없는, 근대문학의 종언을 증거하는 작품들 중 하나일 뿐이다. 하루키는 그렇게 '다른' 근대문학의 가능성을 보여줌과 동시에 바로 그 가능성을 통해 근대문학의 종언이라는 문학적 단절을 매개했다. 하루키는 근대적 형태의 낭만적 아이러니를 통해 풍경을 발견했으나, 뒤를 이은 일본의 젊은 작가들은 물론 그 자신에게서조차 그 기원은 삭제되고 풍경은 자명한 것이 되어버린다. 그들의 문학은 이제 "'주체'나 '의미'를 조소하고, 형식적인 언어적 유희에 몰두"[26]한다. 그것이 바로 포스트모던 문학(가라타니의 표현을 빌리면 '오락문학')이다. 『상실의 시대』를 기점으로 하루키의 소설

---

24 高橋敏夫. 1998. 앞의 글. 56쪽. 김영옥. 앞의 글. 161쪽에서 재인용.
25 가라타니 고진. 2006.「문학의 쇠퇴-소세키의 『문학론』」. 앞의 책. 40쪽.
26 가라타니 고진. 2006.「근대문학의 종언」. 위의 책. 73쪽.

에서 전도의 의지가 불필요하게 되고 아이러니의 산물인 풍경이 그 자체로 자립하게 되었을 때, 모던과 포스트모던 사이의 하루키는 이후의 포스트모던 문학 속으로 해소되어 버린다.

이를 종합해 생각해보면, 일본문학사의 흐름 속에서 작동했던 하루키 소설의 숨겨진 기능이 무엇인지가 분명해진다. 즉 이 지점에서 우리가 확인할 수 있는 것은, 초기 하루키의 소설이 일종의 '사라지는 매개자(vanishing mediator)'[27]로 기능했다는 사실이다. '사라지는 매개자'는 한 항項에서 그와 이질적인 다른 항으로의 이행을 촉진하는 촉매로 작용하고 그 자신은 임무를 다한 후 그 과정 속에서 해소되는 어떤 것이다. 하루키의 소설이 바로 그러했다. 초기 하루키 소설은 근대문학에서 근대문학 이후로의 이행을 매개한 사라지는 매개자였다. 하루키의 『바람의 노래를 들어라』는 '긍정적인 것을 긍정하는' 최초의 '자각적인' 작품(가토 노리히로)이었고 『1973년의 핀볼』은 새로운 '내면'과 '풍경'을 발견한(가라타니 고진) 작품이었다. 그것은 하루키 이후 일본의 젊은 작가들이 긍정적인 것을 아무런 비애와 자각 없이 긍정하고 아이러니의 의지가 발견한 '풍경'을 자명한 것으로 받아들이는 데 길을 열어주었다. 하루키의 소설은 그렇게 근대문학 이후의 문학(혹은 이른바 포스트모던 문학)이 출현해 스스로를 정당화할 수 있는 문학적 베이스(base)를 창출하고, 이후 그 자신이 바로 그 포스트모던 문학의 일원으로 해소되어 근대문

27 '사라지는 매개자'는 서로 배타적인 두 항들 사이의 교환을 가능하게 하는 촉매 동인(動因)으로, 그 효능을 다하면 해체되어 사라지는 사다리와 같은 것이다. 프레드릭 제임슨에 따르면, 역사적으로 프로테스탄티즘이 그런 것이었다. 노동의 윤리를 종교의 체계 속에 끌어들인 프로테스탄티즘은 자본주의가 출현할 수 있는 조건을 창출한다. 그러나 자본주의가 본격화되었을 때 정작 프로테스탄티즘은 그 효능을 다하고 쇠퇴한다. 프로테스탄티즘은 그런 의미에서 봉건제에서 자본주의로의 이행을 촉발한 사라지는 매개자였다. Fredric Jameson. 1988. "The Vanishing Mediator: Narrative Structure in Max Weber". *The Ideologies of Theory: The syntax of history*. Vol. 2. University of Minnesota Press 참조.

학이 끝났음을 증거하는 사례 그 자체가 되었다.

4. 하루키와 1990년대 한국문학: 시작하는 결론

그렇다면 1990년대 한국문학에서 하루키는 무엇이었는가? 문제를 보다 선명하게 드러내기 위해서는 역으로 하루키 소설에 대한 극단적인 비판(차라리 저주) 하나를 짚고 가는 것이 어느 면 유익할 수도 있겠다. 2006년에 발표한 「문학의 전략 – 무라카미 현상에 부쳐」라는 글에서 유종호는 요즘의 '골빈 대학생들'이 하루키의 소설을 좋아한다고 개탄한다. 그에 따르면 하루키의 소설은 "작가가 이미 사회의 엘리트라는 자부심을 상실했거나 예술적 포부를 가질 수가 없는 시대의 언어상품이다. 그것은 문학의 죽음을 재촉하는 자기파괴적 허드레문학이다."[28] 하루키의 소설은 "고전이 보여주는 문학적 위엄"을 상실한, "우리가 가지고 있는 문학의 이상에서 너무나 동떨어진 하급문학"[29]이며 그의 『상실의 시대』 또한 아무런 가치 없는 음담패설집일 뿐이다. 그리고 이러한 평가의 근저에 있는 것은 하루키의 소설이 "사회의 계몽이나 진보에 기여하려다는 자임에서부터 새문학 건설이나 혁신에 기여하려다는 예술적 포부"[30]를 배제하고 있다는 판단이다. 고급문학/대중문학, 엘리트/대중 등의 낡은 이분법에 기초한 유종호의 이러한 하루키 비판은 물론 그 자체로 시대착

28 유종호, 2011, 「문학의 전략 – 무라카미 현상에 부쳐」, 『과거라는 이름의 외국』, 『현대문학』, 119쪽.

29 같은 곳.

30 유종호, 위의 글, 118쪽.

오적인 심각한 문제를 안고 있다. 하지만 중요한 것은 여기엔 당대에 씌어지고 있는 한국소설에 대한 불만도 적지 않게 작용하고 있었다는 사실이다. '문학의 이상에서 너무나 동떨어진' 하급의 대중적 문화상품이라는 비판은 비단 하루키뿐만 아니라 은연중 그의 문학을 추수하는 듯 보였던 1990년대 이후 한국소설을 겨냥한 것이기도 하다.

이를 뒤집어 생각하면 역으로 확인하게 되는 것이 있다. 그것은 바로 1990년대 한국소설이 교양과 인문주의를 바탕으로 한 '문학적 위엄'이라는 (유종호가 생각하는) 고전적 근대문학의 이상과는 거리가 먼 전혀 '다른 문학'이었다는 사실이다. 그리고 또 하나는 그러한 문학적 경향이 어떤 식으로든 하루키의 소설, 그리고 하루키 소설의 인기를 가능하게 한 시대적 변화와 독서대중의 변화, 그에 따른 문학 관념의 변화와 관계를 맺고 있었다는 사실이다. 1990년대 문학은 분명 고전적 교양과 인문주의, 계몽이나 진보를 바탕으로 한 전통적인 문학성의 규범과는 다른 문학성을 구성해가고 있었다. 그리고 1990년대 초반, 하루키는 한국의 작가가 글쓰기를 통해 이전과는 다른 새로운 문학성을 사유하고 구성해가는 데 중요한 참조항으로 작용했다. 한국문학에 끼친 하루키의 영향을 이야기하는 다음 지적은 이와 관련해 분명 시사적인 데가 있다.

> 거대담론에서 개인으로 회귀하고 자유롭고 싶다고 희구하던 한국의 젊은 작가들에게 하루키 소설은 정치 사회소설이 아니라도 그때까지 배제해온 연애소설이라도 문학일 수 있다는 인식을 갖게 해준 것입니다.[31]

'연애소설'이라는 일면 모호하고 부정확한 표현만 논외로 하면, 이

31 김춘미. 2007. 「한국에서의 무라카미 하루키(村上春樹) – 그 외연과 내포」. 『비평』 17호. 생각의나무. 35쪽.

지적은 대략이나마 진실의 한 국면을 포착하고 있다. 그 진실이란 하루키의 소설이 문학에 대한 관념을 새롭게 구축하는 데 영향을 끼쳤다는 사실이다. 다시 말하면, 하루키의 소설은 이념이나 집단적 이상이 아닌 개인의 가치를 중심으로 문학의 위상과 의미를 새롭게 조정하는 데 중요한 참조점으로 기능했다. '나'가 모든 의미와 가치의 중심이 되는 1990년대 소설의 문학적 스탠스는 그런 방식으로 스스로의 정당화 기제를 확보해갔다. 그런 측면에서 보면 공적 지평 혹은 타자성과 분리된 채 '나'를 중심으로 한 배타적인 사사私事의 영역에서 작동하는 1990년대 문학의 '진정성'의 이상 또한 어느 면으로는 하루키 소설의 핵심에 있는 독아론獨我論의 한국적 버전이라고도 할 수 있을 것이다. 초월론적 주관을 통해 역사를 공무화空無化하고 타자성으로부터 도망치는 것이 또다른 문학적 가능성으로 이어질 수 있음을 보여준 것이 바로 하루키의 소설이었다. 그 연장선에서 예컨대 은희경의 장편소설 『새의 선물』(1995)의 주제를 낳는 핵심적인 설정인 '바라보는 나'와 '보여지는 나'의 분열은 어떤 측면에서는 어지러이 흐트러진 경험적인 '나'를 부정하고 냉정하게 주시하는 하루키의 초월론적 자기[32]의 은희경식 변형으로 보이기도 하는 것이다.

1990년대 문학이 개인의 가치를 중심에 놓는 글쓰기의 실천을 통해 이전 시대와 구별되는 새로운 차원의 '문학성'의 재구성으로 나아간 것이 사실이라면, 거기에 알게 모르게 작용했을 하루키 소설의 영향력을 미루어 짐작하긴 어렵지 않다. 일례로 하루키 소설에 대한 남진우의 독해는 1990년대 문학이 하루키 소설을 전유하는 특징적인 방식 하나를 보여준다.

---

32 이에 대해서는 가라타니 고진. 2008.『역사와 반복』. 조영일 옮김. 도서출판b. 143쪽 참조.

> 오직 글쓰기만이 시간의 마모와 부식을 넘어 그 대상을 지금 이 자리로 소환할 수 있다. [……] 글쓰기만이, 불완전을 감수할 수밖에 없는 글쓰기만이 우리에게 남겨진 유일한 구원 가능성이다. 일상에서 신비를 발견해내고 사회적 존재에게 신화적 차원을 부여하는 하루키의 독특한 글쓰기는 바로 거기서 진정성을 획득한다.[33]

일찍이 남진우는 신경숙의 『외딴방』에 붙인 해설에서, 부재하는 대상을 소환하는 글쓰기의 역능과 "글쓰기의 진정성에 대한 근본적 반성"을 강조한 바 있다.[34] 하루키적 글쓰기의 의미와 그것이 갖는 진정성을 설명하는 이 대목은 신경숙의 『외딴방』의 글쓰기에 대한 의미 부여와 정확히 오버랩된다. 남진우는 그렇게 글쓰기를 통해 진실의 심층에 접근하고 자기 구원에 이를 수 있다는 관념과 발상을 매개로 (물론 의도하진 않았겠지만 결과적으로) 하루키와 신경숙을 하나로 이어놓는다. 이는 물론 신경숙의 글쓰기가 단순히 그 발상과 방식에서 하루키의 글쓰기와 유사하다는 의미가 아니다. 오히려 중요한 것은 하루키의 글쓰기에 대한 남진우의 이런 방식의 독해 자체가, 1990년대 문학이 하루키적 글쓰기의 태도와 스타일을 어떤 방식으로 전유하고 또 어떤 지점에서 자신의 정당화 기제를 구했는지를 사후적으로 보여주는 하나의 징후라는 점이다.

1990년대 문학은 1980년대의 거대담론과 단절하고 개인 일상 내면 욕망 사소함 등의 가치를 주장했다. 그것은 집단이나 이념, 이상이나 대의보다 개인의 욕망과 취향을 문학의 중심에 놓으려는 움직임이었다. 그런 문학은 어떤 모습이 되어야 할 것인가? 1990년대 한국의 작가들이 하

---

33 남진우. 1997. 「오르페우스의 귀환 – 무라카미 하루키, 댄디즘과 오컬티즘 사이에서 방황하는 청춘」. 『문학동네』. 여름호. 380쪽.

34 남진우. 1995. 「우물의 어둠에서 백로의 숲까지 – 신경숙의 『외딴방』에 대한 몇 개의 단상」. 신경숙. 『외딴방』 해설. 문학동네. 1995. 특히 290쪽과 300쪽 참조.

루키에게서 발견한 것은 이러한 물음에 대한 답변이자 구체화된 문학적 실체였다.

앞에서 나는 하루키의 소설이 일본의 근대문학과 1980년대 이후의 포스트모던 문학의 이행을 매개한 '사라지는 매개자'로 기능했다고 지적했다. 이 지점에서 우리가 확인할 수 있는 것은 하루키의 소설이 1990년대 한국에서도 그 같은 사라지는 매개자로서의 역할을 똑같이 반복했다는 사실이다. 하루키의 소설은 1990년대 한국문학이 이전 시대의 문학과 단절하면서 자신의 가치와 정체성을 형성해 나가는 과정에서 유력한 참조함을 제공했다. 다시 말해 하루키의 소설은 근본적인 차원에서 한국소설의 형질변화는 물론이고 더 나아가 '문학'과 '문학성'의 관념을 재조정하고 새롭게 구성하는 데 중요한 매개로 작용했다. 그것을 가능하게 한 것은 일차적으로는 1990년대 등단한 신세대 작가들이 광범위하게 공유한 하루키 소설의 독서경험, 그리고 알게 모르게 적극적으로 이루어진 하루키의 문학적 인식과 스타일에 대한 수용과 추수, 직간접적 모방과 참조다. 물론 여기엔 민주화 이후 한국사회의 변화와 독서대중의 취향 및 문학적 인식의 변화가 중요한 배경의 하나로 자리한다. 그리하여 그렇게 매개자로서의 기능을 다했을 때, 하루키는 이후 특별히 인기를 누리는 외국작가들 중의 하나로 해소된다.

그런 측면에서 조금 과격하게 말하자면, 일본 작가 하루키는 1990년대 한국소설의 은폐된 기원이다. 이는 1990년대 한국소설 전체가 전적으로 하루키 소설의 영향 아래 성립되었다는 말로 오해되어선 안 된다. 또한 이때 은폐된 기원이라는 말은 단순히 1990년대 문학에 미친 하루키의 영향이 그동안 은폐되어왔다는 일차적인 의미가 아니다. 그것은 1990년대 문학이 시작되면서 만들어진 가치와 정체성이 자명한 것으로 인식되면서 그것을 매개하고 촉발한 중요한 외부의 원인 중 하나가 자연스럽게 망각되었다는 뜻이다. 가라타니 고진에 따르면 어떤 사물의 기원이 보이기 시작하는 것은 그것이 끝날 때이다. 1990년대 문학이 끝나고 그것의 연장으로서 2000년대 문학도 끝났을 때, 다시 말해 근대문학이 종언에 이르렀을 때, 비로소 그 기원이 보이기 시작한다. 무엇이 보인다는 것인가? 1990년대 한국문학 속에서 작동했던 하루키 소설의 진정한 기능, 즉 사라지는 매개자로서의 역할이 바로 그것이다. 더 나아가, 하루키가 일본 근대문학의 종언을 앞질러 보여주는 징후였다면 (당시엔 알지 못했으나) 한국의 경우에도 그것은 마찬가지였다. 지금의 시점에서 돌아보면 1990년대 한국문학은 근대문학의 끝을 향해 치달아가기 시작하는 출발점이었다. 그 과정의 앞자리에 놓여 있었던 것이 바로 외부에서 도래한 사라지는 매개자로서 하루키의 소설이다.

물론 이는 아직 조금은 거친 하나의 가설에 지나지 않을지도 모른다. 이를 명확히 밝히고 증명하기 위해서는 1990년대 문학 전체를 아우르는 전반적인 검토와 함께 구체적인 개별 사례들에 대한 연구를 두텁게 쌓아가는 일이 필히 요구될 것이다. 그러나 그러기엔 주어진 지면이 넉넉지 않다. 하여 결코 쉽지 않을 그 작업은 이 글 이후의 또 다른 숙제로 남겨두고자 한다.

1960~70년대 일본문학 수용에 나타난 세대의식과 냉전의 메커니즘

서은주

1960~70년대 일본문학 수용에 나타난 세대의식과 냉전의 메커니즘

—

서 은 주

1. 일본 혹은 일본문화를 대면하는 몇 가지 풍경

1963년 3월 6일, 일본 문예춘추신사文藝春秋新社의 '보증서'를 품에 넣은 마해송은 일본행 비행기에 오른다.[01] 아동문학가로 알려진 마해송은 1921년 니혼대학으로 유학을 떠나 줄곧 일본에 살다 해방 이후 귀국한 인물로, 『문예춘추』의 초대 편집장을 거쳐 방계잡지 『모던일본』의 사장을 지낸 인물이다. 그는 환영행사에서 19년 만에 재회한 옛 동료들과 얼싸안고 눈물을 흘리고, 그에게 스승과 같은 존재였던 기쿠치 간菊池寛의 묘소도 둘러보며 방일기간 동안 옛 동료들로부터 극진한 환대를 받는다. 마해송의 방일 후일담에서 인상적인 장면은, 일본으로 떠나기 며칠 전부터 그가 일본에 가서 일본말로 인사를 제대로 할 수 있을지 염려하는 부분이다. 말이란 게 쓰지 않으면 잊어버리는 거라서 적당한 일본어 첫인사도 잘 떠오르지 않았던 것이다. 그러나 현해탄을 건너자 거짓말처

01 초청장을 대신한 '보증서'에는 부부동반으로 왕복여비와 3주간의 체재비 일체를 일본 측이 부담한다는 내용이 명시되어 있고, 마해송이 과거 문예춘추사의 발전에 기여한 공로가 커서 한일 상호이해에 크게 일조할 것이라는 기대를 갖고 초청한다고 밝히고 있다. 마해송, 1963. 5.「일본에 다녀와서」.『사상계』46. 279쪽.

럼 일본어로 "말이 되어 나"오는 경험을 하게 되고, 3주가 넘는 체류 기간 동안 막힘없이 일본어를 구사하며 '현재'의 일본을 만끽한다.

마해송의 사례에서 보면, 4·19가 열어준 일본 혹은 일본문학으로의 통로는 기성세대로 하여금 억압되었던 이중 언어의 감각을 공공연하게 드러낼 수 있는 공간을 마련해 준 듯하다. 제국과 식민지의 관계라는 역사적 사실이 엄연히 존재하지만, 일본어로 공부하고, 일본인 친구들과 교류하거나 '일본적인' 공간에서 잠시라도 살아본 사람들에게는 그 모든 '일본적인 기억'이 자신의 유년기 추억이고, 청춘의 흔적이자 성년의 일상이었을 것이다. 그런 차원에서 '일본적인 것'과 연루된 것에 대해 이중어세대가 가지는 '향수'는 자연스럽다 하겠다. 마해송의 일본방문기에는 과거 일본의 식민지배에 대한 어떤 불편한 기억도 개입되어 있지 않다. 온전히 그리운 옛 동료들을 만난 기쁨과, 모든 경비를 제공한 그들의 호의에 대한 감동으로 가득 차 있다. 나아가 그는 일본의 기성세대에 감정이입을 하면서 "방향 없이 날뛰는" 일본 젊은 세대의 경박한 풍속을 못마땅해 하고, 반대로 역사의 흐름 속에서 스스로의 위치를 알고 전통을 이어주려는 기성세대를 긍정적 시선으로 바라본다. 마해송의 사례가 모든 이중어세대를 대표한다고 볼 수는 없지만, 그들 세대의 입장에서 보면 일본이나 일본어, 일본문학을 수면 위로 올려놓을 수 없었을 뿐, 사실은 '체화'되어 있는 익숙한 것이었다는 점은 분명해 보인다.[02]

한편, 마해송이 일본을 방문했던 그 해 『경향신문』에는 일본어 강습붐이 젊은 세대들을 중심으로 급격하게 확산되고 있다는 기사가 실렸다.[03] 이 기사는 서울에만 7개의 일본어 강습소가 등장했고, 신문지상의 일본어개인강습 광고까지 합치면 60군데가 넘는다고 전한다. 30대 이상

02 위의 글, 284-285쪽.

03 「학원에도 일어 붐」, 『경향신문』, 1963. 8. 22.

은 일본어를 습득했지만, 소위 한글세대라 불리는 당시 20대에게는 일본어가 영어와 같은 새로운 외국어였다. 그렇다면 그들은 왜 영어가 아니라 일본어를 배우려고 했을까? 이 물음에 강습소 측에서 내놓은 답은 이렇다. 대학도서관의 장서 가운데 대부분이 일서日書여서, 깊이 있게 공부를 하려면 일어해독 능력이 필수라는 것이다. 기사에 따르면 서울대 도서관의 경우 소장하고 있는 609,553권 가운데 452,641권이 동양서인데 이들 대부분이 일서라는 것인데, 다른 대학도 사정은 비슷했으리라 짐작된다. 강습소 수강생들은 이공계가 가장 많고 인문계, 사회과학계 순이었다. 번역된 일본소설을 접한 한글세대가 일본에 대한 '호기심'에서 일본어를 배우는 경우도 있겠지만, 보다 근본적으로 일본어는 지식이나 정보를 얻을 수 있는 하나의 도구이자, 일본과의 다양한 교류가 예견되는 시점에서 젊은 세대가 새롭게 갖춰야 할 하나의 '스펙'으로 인식되었던 것이다.

이를 뒷받침해주는 하나의 사례로 『세대』 1965년 10월호에 실린 「한국 속의 일본-문학」이라는 글을 참조해볼 만하다. 중앙일보 문화부기자가 쓴 이 글에는 당시에 있었던 출판사의 입사면접 장면이 소개되어 있다. S대 영문과를 나온 우수한 청년은 출판사에 이력서를 내고 면접을 보게 된다.

> "군대는 갔다 오시고···그럼 일본말을 할 줄 압니까?" 면접을 하는 자리에서 그 문학사는 송구스럽게도 모른다는 대답을 할 수밖에 없었다. "책을 읽지도 못하시겠군요." 청년은 역시 그렇다고 말했다. 물론 '우수한' 그 학사는 편집사원이 되지 못했다···(중략)···문제는 우리나라 출판사 사원이 왜 일본말을 유창하게 해독할 필요가 있는가에 있다. 줄곧 '히트판' 한번 내보지 못한 그 출판사는 앞으로 대

> 목을 크게 보자는 심산을 하고 있었다. 그러면 역시 일본의 출판사정에 밝아야 하고, 때로는 청부번역까지도 눈 깜짝할 사이에 할 수 있을 만큼 일본어에 능통해야 할 것이다. 십 여 년을 배워도 더듬대는 영어실력인데, 이 학사에게 생소한 일본어를 기대할 수는 없다.[04]

이 글은 당대 한국 출판계의 '대일對日모랄'을 비판하는데 초점이 있지만, 언어를 통해 젊은 세대에게도 급속하게 그 존재감을 각인시키고 있는 일본 붐의 실상을 잘 보여준다. 사실 젊은 세대가 몇 년 배워서 번역을 자연스럽게 할 정도의 수준이 되기는 쉽지 않다. 자연히 이중어 세대 가운데 문장력이 좋은 작가들이 주로 전집물의 번역이나 인기작품의 번역에 동원되었다. 4·19 직후 출판된 『일본전후문제작품집』의 번역작업에 정한숙·신동문·김동립·오상원·계용묵·안수길·최정희·선우휘 등의 원로문인들이나 중견 작가들이 참여하였고,[05] 1970년대 후반을 전후해 전문번역가들이 나오기 전까지 주로 한국문단의 기성 작가들이 일본문학 번역을 주도하게 된다. 이처럼 이중어세대는 일본문학의 번역자이자 '향수'어린 독자로, 그리고 한글세대는 하나의 외국문학을 대하는 '호기심' 어린 독자로서 자리매김 된다.[06]

물론 1960년대 한국에서의 일본문학 독자들의 세대 간 반응을 '향수'와 '호기심'으로만 요약하는 것은 조금 부족한 듯싶다.[07] 공적 담론 장

---

04 최종률. 1965. 10.「한국 속의 일본-문학」.『세대』. 92쪽.

05 이종호. 2015.「1960년대 일본번역문학의 수용과 전집의 발간」.『대중서사연구』 21. 22-23쪽.

06 강우원룡. 2012. 11.「1960년대 일본문학 번역물과 한국」.『일본문학』 93. 91-92쪽.

07 일본문화의 주된 수용층을 두 부류로 나눠, '금지된 것에 대한 호기심을 가진 청소년층'과 '은근히 일본문화에 대한 향수를 지닌 중년층'이라고 분석하지만(「국내동향」,『사상계』, 1960. 11), 그 청소년층에 4·19 주체 세력으로서 민족과 자유를 의식했던 "지적 대중이자 문화적 전위부대"인 대학생들이 존재함을 간과해서는 안 된다. 권보드래·천정환. 2012.『1960년을 묻다』. 천년의 상상. 515쪽.

에서는 한국에 번역된 일본문학의 성격을 여전히 문제 삼는다거나, 젊은 세대에게 미치는 부정적 영향력의 측면을 우려하는 목소리가 높았기 때문이다. 그런 논의를 주도한 이중어세대들 가운데 유진오 같은 경우는 분단과 한국전쟁을 거치면서 수면 아래로 가라앉은 '친일' 경력이, 새롭게 열린 한일교류 국면에서 불편하고 거북한 트라우마로 작용했을 것이다. 일본문학 수용을 두고 유진오와 이어령이 나눈 대화는 '친일'에 적극적으로 연루된 세대와, 그로부터 온전히 자유로운 세대의 차이를 극명하게 보여준다.[08] 그런가 하면 『일본전후문제작품집』의 편집위원으로 참여한 백철은 노골적으로 일본문학 수용을 반대하지는 않았지만, 일본과의 접촉 자체가 식민지 기억을 소환하는 과정과 맞물려 있기 때문에 그에게도 일본문학은 뜨거운 감자일 수밖에 없었다. 1966년에 출간된 임종국의 『친일문학론』에서 그들의 이름을 나란히 올린 사정도 일본문학 수용 상황과 연결시켜 조명할 필요가 있을 것이다.

반면 일본문학에 대한 한글세대의 관심은 다른 곳을 향하고 있었다. 동시대 일본 사회를 반영하는 일본소설을 읽은 젊은 독자의 글을 보면, "일본을 가본 일은 없지만 거짓말 같다. 학생들이 사이드카를 타고 질주하는 주말산책은 참말 있는 것일까? 까페에 들어가 거침없이 지불하는 돈은 얼마나 될까"라고 적고 있다. 학생들의 독후감에서 알 수 있듯이, 한글세대는 10원짜리 빵집에 들어가기도 어려운 자신들의 형편과 비교하며 일본 자체에 대한 선망과 호기심을 느꼈을 것이다.[09] 미국영화나 서구 소설에서 익숙히 봐온 물질적 풍요나 소비적 감각은 인종적, 사회·문화적 차원에서 워낙 '이질적인 것'이고, 또한 '먼 곳'에 존재하는 것이기 때문에 선망에 그칠 수 있었지만, 역사적 경험 속에서나 물리적 거리에서 매우 가까이 존

08 유진오·이어령 대담. 1960. 7. 「일본을 말한다」. 『새벽』. 123-125쪽.
09 최종률. 앞의 글. 95쪽.

재하는 아시아 일본의 풍요와 자유는 한국의 젊은 세대에게 기성세대와는 또 다른 차원의 복잡하고 착잡한 심리를 불러올 수밖에 없었다.

문학 담론 장으로 압축해 보면 일본문학 수용에 대한 젊은 세대의 태도는 1960년대 후반부터 1970년대로 가면 두 흐름으로 대별할 수 있다. 하나는 외국문학을 전공한 비평가 그룹이 주도한 흐름과[10] 다른 하나는 냉전적 사고에 저항하는 체제비판 그룹이 중심이 된 흐름이다. 전자의 흐름은 적극적으로 일본문학의 존재를 담론화하지 않는 방식, 즉 가능한 한 본격문학의 범주 속에서 일본문학을 언급하지 않는 방식으로 일본문학을 배제하려고 애썼다. 반면, 후자는 합법적으로 공산당이 존재하고 지식인들이 '중공'을 드나들며 재일교포가 북한을 갈 수 있는 나라, 마치 '중립국' 같은 일본의 '사상 공간'을 부러워했기 때문에 일본문학의 수용에 우호적이었다. 전자는 기성세대의 한국문학 혹은 그것에 영향을 준 일본문학을 서구 중심의 세계문학과 끊임없이 비교하는 과정에서 한국문학의 갱신을 호소했다. 후자는 일본에서 발간되는 잡지『한양』에 글을 쓰고, 재일 한국지식인 혹은 일본지식인들과 교류했으며, 그로 인해 유신 체제하에서 '문인간첩단' 사건의 피의자로 타격을 입기도 하였다. 이데올로기적 억압에 저항감을 가졌던 젊은 지식인 그룹의 입장에서 보면 과거의 제국과 식민지가 냉전 체제에서 조력자의 관계로 전환할 수 있을 것이라 기대했던 것이다. 그러나 일본의 경제 성장이 가속화되면서 일본 사회는 점점 우경화 되었고, 또 하나의 경제적 제국으로 한국에 개입하게 됨으로써 젊은 세대가 가졌던 기대감은 타격을 입게 된다.

이 글은 일본문학 수용에 대한 기존의 연구 성과를 참조하면서 4·19 직후부터 1970년대 전반까지의 시기를 대상으로 일본문학 수용을 대하는 신구세대 문인들의 의식과 태도에 초점을 맞추고자 한다. '향수'

---

10 조영일. 2009.『한국문학과 그 적들』. 도서출판 b. 58-59쪽.

와 '호기심'은 일본문학을 소비하는 순수한 독자의 심리를 요약한 표현이라면, 작품 혹은 담론 생산자이자 소비자이며, 번역이라는 행위를 통해 외국문학을 소통시키는 매개자였던 문인들이 일본문학을 대하는 의식과 심리는 한마디로 표현하기 어려운 매우 중층적이고 착잡한 것일 수밖에 없다. 거기에는 피식민 경험, 문학적 지향성, 교육과 문단을 포괄하는 문학제도, 그리고 사상과 감각을 규율하는 냉전 메커니즘 등의 문제가 보다 복잡하게 연루되기 때문이다. 특히 식민지 시대 일본어로 교육받은 이중어세대와, 해방 이후 제도교육을 받은 한글세대가 일본문학을 대면하면서 받은 자극은 구별될 수밖에 없고, 이는 문학 장 내부의 세대론적 차이로 의미화 될 수 있을 것이다.

2. 선망과 경계 - 이중어세대 문인의 의식

4·19 이후 급물살을 타고 전개된 일본 붐 속에서 이루어진 유진오와 이어령의 대담은, 일본을 둘러싼 세대 간의 엇갈리는 태도를 선명하게 대변하고 있을 뿐만 아니라, 일본 혹은 일본문화에의 대면이 어떤 문제들을 내장하고 있는지를 함축적으로 보여준다. 이 대담의 취지는 무엇보다 일본으로부터 무엇을 배우고 무엇을 경계할 것인가, 그리고 바람직한 교류의 방향을 어떻게 만들어 갈 것인가로 모아진다. 그런데 이 과정에서 일본인의 기질, 전통과 근대화에 대한 한국과 일본의 태도, 열등의식, 코뮤니즘에 대한 이해 등이 다채롭게 다뤄진다. 이 가운데 인상적인 대목을 찾아보면, 우선 일본인의 민족적 성향을 논하는 두 사람의 태도이다. 젊은 세대인 이어령은 매우 자신감 있는 어조로 일본문화에서 일본인들

의 경박함을 읽어내고 혹은 사무라이 기질을 언급하며 그것이 페어플레이 정신과 상통한다고 말한다. 특히 루스 베네딕트의 『국화와 칼』을 전거로 들며, 일본인들에게 온화한 내향성과 호전적인 외향성이 이중적으로 존재한다는 베네딕트의 분석에 공감을 표한다. 이어령은 간접 지식을 근거로 외부자의 시선에서 비교적 단순하고 선명한 이미지로 일본인 혹은 일본문화의 속성을 규정하는 데 망설임이나 주저함이 없다.[11] 이어령에게는 열등감보다는 자신감이 강한데, 얕잡아 보면서도 한편으로는 별다른 내면 검열 없이 일본의 장점을 인정하기도 한다. 반면 유진오는 이어령의 서슴없는 접근법과는 대조적으로 하나의 이미지로 규정하는 방식에 대해 기본적인 망설임 혹은 거부감을 보인다. 『국화와 칼』을 인용한 이어령에 대한 유진오의 반응은 훨씬 신중하다.

> 그 책(『국화와 칼』)은 내가 보지 못했습니다마는 대개 미국 사람과 서양 사람들의 일본문화에 대해 보는 방식이 대체로 그렇지 않은가 생각됩니다. 또 그러한 특성은 우리로서도 곧 찾아볼 수 있는 것이 사실인데, 그것이 그렇게까지 외국인에게 인식된 것은 명치유신에 의한 일본의 근대화 이후라고 봅니다. 우리의 특징과 비교할 때 물론 없었던 것은 아니지만 이미 우리는, '국화와 칼'이라고 한마디로 상징되는 표현이 안 된다고 보는데, 일본에서 그렇게 간단한 표현으로써 상징되도록 된 것은 명치유신 이후의 산업화라든지 근대화 과정을 통하여 비로소 뚜렷이 이루어진 것으로 알아요. 일본의 전통이라고 하지만, 그 전통적 알맹이가 오늘날 외국인이나 그들 스스로 알고 있는 전통의 형태로서 예전부터 있었냐 하면 나는 아니라고 생각해요. 국력이 늘고 근대화

11 유진오 · 이어령 대담. 1960. 7.「일본을 말한다」.『새벽』. 123-125쪽.

라는 과정을 통해서 예전의 전통이 더 순화되고 더 수정된 것이라고 나는 보고 있어요.[12]

이 글에 의하면, 유진오는 민족문화 혹은 전통이라는 것을 고유의 본질적 속성으로 보는 것이 아니라 일정한 역사적 조건 속에서 형성되는 것이라고 보았다. 이는 특히 근대에 와서 전통이 주로 '발명' 되었다는 에릭 홉스봄의 시각과 일맥상통한다.[13] 지금은 널리 알려진 해석이지만, 이 시기에 유진오가 이런 견해를 내놓은 사실은 눈여겨 볼만하다. 그런데 그것이 그의 학자적 경륜에서 만들어진 해석일 수도 있겠지만, 그보다는 그의 복잡한 식민지 체험과 더 상관성이 있다고 판단된다. 유진오는 대담 내내 매우 방어적으로 임한다. 긍정적이든 부정적이든 하나로 확정하는 것을 경계하며, "그럴 수도 있겠지만" 보기에 따라 다르게 해석될 수도 있음을 열어 놓는다. 경성제국대학의 수재로 이름을 날리고, 유물사관에 심취해 계급주의 문학이론에 경도되어 '동반자작가'로 분류되던 유진오는, 1930년대 말부터 '친일' 활동에 가담하여 해방 직전까지 매우 적극적으로 일본의 군국주의 정책의 선전대로서 역할했던 인물이다.[14] 해방 직후 문인들의 회합 자리에서 쫓겨난 것 말고는, 별다른 공백 없이 학계, 정계의 최고 자리를 전전했던 유진오에게 일본은 폄하할 수도, 긍정할 수도 없는 대상이었으리라 짐작된다. 한국전쟁 기간 중에 이승만 정권이

---

12 위의 글. 125쪽.

13 Eric Hobsbawm & Terence Ranger의 『만들어진 전통 The Invention of Tradition』(Cambridge University Press)은 1983년에 발간되었고, 한국에는 박지향·장문석 번역으로 2004년에 휴머니스트출판사에서 번역·출간된다. 근대화 과정에서 전통이 다듬어지고 변형되는 과정을 거친다는 유진오의 생각은 '만들어진 전통'의 기본 발상과 유사하다고 볼 수 있다.

14 유진오는 1939년 조선문인협회 간사로 참여한 이후 1941년 조선임전보국단 발기인으로도 참여하였으며, 신체제 옹호와 전쟁 참여를 호소하는 글쓰기, 강연 등을 활발하게 전개했다.

추진한 한일회담의 대표로도 활동했던 그에게 일본의 빠른 전후 복구와 경제 발전은 과거 제국의 이미지와 겹쳐져 무시할 수 없는 무게감으로 다가왔을 것이다.

한편, 이 대담에서 눈여겨봐야 할 또 하나는 일본에서의 공산주의를 바라보는 태도이다. 이어령은 맹목적 반공주의를 비판하면서도, 일본의 공산주의를 일종의 센티멘탈리즘이라 규정한다. 전쟁과 분단을 통해 공산주의를 “잘 아는” 한국과 달리 일본은 공산주의의 ‘실상’을 잘 모른다는 것이다. 따라서 공산주의 이해에 있어 한국이 그보다 한 수 위라고 판단한다. 유진오는 이어령의 견해보다 한참 더 나아가 일본이나 한국의 이데올로기적 경향성에 대해 깊은 우려를 표한다.

> 그런데 공산주의의 문제에 있어서 가령 독일은 일본보다 한 걸음 앞서 있어서, 독일의 사회당은 보수당에 대립하면서도 작년에 완전히 공산주의와 절연했습니다. 서독에서는 공산주의나 맑스주의가 없어졌습니다. 그런데 일본의 사회당 좌파는 공산당입니다. 일본에서는 지금 공산세력이 강한데 이것이 서독과 같은 단계로 들어가야만 공산주의에 대한 면역성이 생기리라 믿습니다. 그런데 일본에 가보면, 우스운 것은 공산주의를 동정하고 있는 일인데 그것은 민족성에서 오는 점도 있겠으나, 오히려 문인들이 장사해 먹는, 즉 일본의 일반적 경향이 자본주의인 까닭에 또 인텔리들이 보수를 반대하는 경향으로 많이 흐르고 있기 때문인지 그런 류의 글을 많이 써요. 확실하게 공산주의를 반대한 이는 게이오대학총장慶應大學總長 고이즈미 신조 하나뿐, 나머지는 전부 반대는 하지 않아요.[15]

15 유진오 · 이어령 대담, 앞의 글, 130-131쪽.

유진오는 일본 지식인 사회에 광범위하게 퍼진 이념적 성향을 우려하며, 한국인들이 "공산주의의 죄악"은 체험했지만 이론적으로는 제대로 정립되어 있지 않아 일본과 교류가 확대될 경우 위험할 수 있다고 판단한다. 이를 근거로 일본과의 교류는 언론인들이나 기업인 등에 제한적으로 이루어져야 한다고 주장한다. 4·19 직후의 고양된 의식이, 상대적으로 자유로운 일본의 사상 공간과 만났을 때 생겨날 사태를 유진오는 확실히 '위험'으로 인지하고 있었던 듯하다.

이 문제와 관련해 백철의 「한일전후문학의 비교검토」라는 글도 살펴볼 필요가 있다. 백철은 '태평양 전쟁'이 끝나고 나서 해방된 한국이나 패전한 일본에서 민주주의를 표방한 문학운동이 거의 좌익적인 경향으로 흘렀다고 본다. 그러던 것이 1948년 정부수립과 함께 한국에서 좌익문학은 전면적으로 후퇴하게 되고, 한국전쟁을 계기로 공산주의에 대한 지식인·문학인들의 반감의식이 강화되면서 이후에는 기성이나 신인의 것을 막론하고 "반공문학 일색"이 되었다는 것이다. 반면 한국전쟁을 계기로 일본에선 인민문학의 세력이 더욱 강화되었다고 본다.[16] 실제로 1951년 미국과 일본이 체결한 샌프란시스코강화조약에 의해 일본은 소위 미군정의 '점령기'로부터 벗어난다. 마루카와 데쓰시는 이 상황을 두고 일본이 "냉전에 휩쓸려 들어갔던 것이 아니라 냉전 성립의 당사자임을 부인하며 슬며시 미합중국과의 합작으로 냉전을 성립시켜왔다"고 지적한 바 있다.[17] 1949년 신중국의 성립과 한국전쟁의 발발이 동아시아의 냉전 체제를 구축해간 것이 자명하지만, 아이러니하게도 일본에서는 공산당이 거대한 간판을 내걸고 존속했을 뿐만 아니라 아카데미즘 안에서 여전히 마르크스주의가 유력한 분석 장치로 인식되고 있었던 것이다. 따라서 백

16 백철. 1960.「한일전후문학의 비교검토」.『일본전후문제작품집』. 신구문화사. 390쪽.
17 마루카와 데쓰시. 2010.『냉전문화론』. 장세진 옮김. 너머북스. 35-41쪽 참조.

철이 입 밖으로 내지는 않았지만 유진오가 우려했던 사상의 동요를 그도 역시 바탕에 깔고 있었던 듯하다. 냉전의 메커니즘 속에서 일본은 미국의 우산 아래 존재하는 자유주의 국가였지만, 일본 지식사회의 이념적 성향과 더불어 북한이나 '중공'과의 통로를 열어놓고 있다는 점이 불안감으로 작용했던 것이다. 남한 사회에 정착한 이중어세대 지식인들에게 이데올로기 문제는 매우 민감하고 첨예한 대상이었는데, 일본과의 교류 혹은 문화의 수용에서 북한과 같은 공산사회와 연루될 수 있다는 이데올로기적 자체 검열과 함께, 과거 식민지 시기의 행적이 공공연하게 소환될 수 있다는 불안감이 공존했기 때문이라 짐작된다.

1960년대 일본문학의 번역 수용에서 가장 상징적인 텍스트는 역시 『일본전후문제작품집』이다.[18] 이 책의 서문에도 언급되었듯이 『세계전후문학전집』에 일본편을 넣느냐 빼느냐를 고민했을 만큼 출간 이후 그 책이 미친 영향은 상당했다. 서문의 핵심을 요약해 보면, 프랑스가 적국 독일문학을 자유롭게 소개한 것처럼 '문화국가'라면 "문학에 금제의 말뚝"을 박아서는 안 되고, 무엇보다 일본이나 우리는 서구문명의 바람 앞에서 "아세아적 후진성에서 번민하고 있는 황색피부의 인종"이라는 공통된 처지에 놓여 있다는 것이다.[19] 즉 피식민의 쓰라린 과거를 일단 괄호 치고, 서구라는 거대한 타자 앞에 고통 받는 아시아 국가로서의 동질감을 부각시키고 있다. 이처럼 닫혀 있었던 장막을 걷어내고 동시대의 일본문학을 주도적으로 소개하면서 그 수용의 필요성을 아시아적 동류의식으로 내세웠다는 점은 흥미롭다. 1961년 미국과의 강화조약 체결 이후

---

18 『세계전후문학전집』은 총 10권으로 구성된 전집으로, 1권 『한국전후문제작품집』을 시작으로 미국, 불란서, 영국, 독일, 남북구에 이어 7권 『일본전후문제작품집』까지는 국가별로 기획·편집했고, 이후 8~10권(8권 『한국전후문제시집』, 9권 『세계전후문제시집』, 10권 『세계전후문제희곡·시나리오집』)은 소설 이외의 장르에 속하는 작품을 묶었다. 전집에 수록된 외국문학은 대부분 서구문학인데, 유일하게 일본문학을 포함시켰다는 점이 이채롭다.

19 「이 책을 읽는 분에게」, 『일본전후문제작품집』, 신구문화사, 1960, 2쪽.

에나 일본이 소위 '점령기'를 벗어났다고 본다면, 적어도 이 책이 발간된 1960년에는 일본 역시도 패전국으로서의 수모를 겪고 있다고 판단한 듯하고, '비교적' 고통 받는 아시아 국가의 하나라고 이해하려고 했던 듯하다. 새롭게 교류를 시작하기 위해서는 지배-피지배의 부정적 과거를 괄호치기를 통해 잠시나마 봉인해야 했던 것이다.

다시 돌아가서, 『세계전후문학전집』의 편집위원이면서 이중어세대를 대표한다고 볼 수 있는 백철은 한국과 일본의 공통점과 차이점을 '전후문학'이라는 범주 안에서 찾고자 노력한다. 한국과 일본은 동시대 세계문학의 사조라 할 수 있는 실존주의, '네오 니힐리즘'을 공유하는데, 그 사례로 한국의 손창섭과 일본의 다자이 오사무를 언급한다.[20] 사실 서구문학을 보편성으로 사유하는 '세계문학'에 대한 의식은 식민지 시기 제국 일본이 한국에 가르쳐준 것이었다. 서로에 대한 직접적인 교류나 영향력이 차단된 상태에서도 일본문학이나 한국문학은 각자 서구문학의 '전후성'을 모방했고, 결과적으로 여전히 닮아 있었다. 사실 다자이 오사무를 손창섭과 연결시킨 백철의 안목은 탁월하다고 할 수 있는데, 그런 면에서 김승옥은 본인이 의식한 것과는 무관하게 손창섭의 1960년대 버전이라고 해야 할 것이다. 이어 "성색性色의 문학", "반항성" 등을 공통점으로 들며, 한국의 하이틴물에서도 일본소설 「태양의 계절」에 상응하는 청춘의 세대의식을 발견할 수 있다고 본다. 한편 앞에서도 보았듯이 백철은 한국전쟁을 계기로 한국은 반공문학 일색으로 진행된 반면 일본은 인민문학의 세력이 강해졌다고 분석한다. 1950년대 일본문학에서 좌파적 경향이 주도적이라 할 수는 없지만 한국과 비교해서 상대적으로 '열린' 지형임에는 틀림없다는 것이다. 특히 4·19 직후에 쓴 이 글에서 '민주주의'를 표방한 좌익운동이 한국의 경우 분단과 전쟁으로 봉쇄된 반면

20 백철, 앞의 글, 390-392쪽.

일본은 천천히 질적 성과를 이루었다고 분석하는 부분은 인상적이다.[21] 다만 일본문학이 한국문학보다 확연히 우월하다고 인식하지 않는다는 서술에서, 적어도 이때에는 민족주의적 관점에서의 내부 검열이 작동하고 있었던 듯하다.

5·16을 겪은 후 1962년에 발표한 「세계문학과 한국문학」에서 백철은 일본문학을 확연히 '세계 수준'의 어떤 것으로 사유한다. 1962년에 노벨문학상 수상 후보로 일본 작가가 세 명이나 오른 '사건'이 그러한 변화를 이끌었다. 이때는 수상한 것도 아니고 후보에 올랐을 뿐이었는데도, 그 자체만으로도 충분한 권위를 얻었다고 보았던 것이다.

> 그러면서도 가와바타의 작품이 년전부터 노벨상의 대상으로 화제에 오르게 된 것은 그 작품이 일본적인 서정성의 특산물의 한 표본이면서도 다시 작품으로서 완성미 같은 것을 갖고 있기 때문이다. 그들이 '사비'라고 부르는 일본인적인 취미에 철저해 보고 그 간결한 언설법 속에 애수의 신비 같은 것을 인공조화한 극의 테크닉을 완성한 것이 있는 줄 안다. 소위 '고리쇼오'(희생)라 할까. 어느 한 구석에 집착하고 철저해 보는 일본인적인 성격과 재능이 가와바타의 문학 수준에 상징된 것을 볼 수 있는데, 그것과 대조하야 우리 단편소설엔 아직 그렇게 극치의 결정을 한 작품이 나오지 못하고 있는 사실이다.[22]

여기서 백철은 일본문학을 잘 아는 식민지의 대표적 비평가로 되돌아가, 일본어 개념을 동원해 '일본적인 것'이 무엇인지를 거리낌 없이 설

---

21 위의 글, 388-390쪽.

22 백철, 「세계문학과 한국문학」, 『사상계』, 1962년 문예임시증간호(손세일 편, 1976, 『한국논쟁사』 2, 청람문화사, 196쪽)

명하고 있다. 자기도 모르게 노벨상이라는 세간의 권위에 '추수'하는 모습을 검열 없이 표출한다. 물론 일본문학의 우월성과 더불어 그것이 '동양적'인 것임을 강조하는 것도 잊지 않는다. 백철은 '일본문학의 세계성'을 가능하게 한 것은 서구문학의 영향보다 동양적 대륙문화를 받아들여 하나의 '종착지'로서 꽃을 피운 것이라 분석하고 있다. 그런 면에서 일본문학은 비교문학의 입장에서 "우리 현대문학을 돕기 위하여" 중요하게 참조해야 할 대상이고, 따라서 정치상의 감정 문제로 일본문학을 백안시해서는 안 된다는 결론으로 이어진다.[23] 그러나 한국 현대문학의 발전과 성숙을 위해 '우월한 일본문학'의 수용이 필요하다는 백철의 주장이 성공적으로 실현되었다고 보기는 어렵다. 이한정이 지적하였듯이, 1970년을 전후하여 대하소설 형태의 대량번역이 이루어지면서 일본문학을 "입신출세나 일본알기의 수단" 정도로 치부하는 경향이 두드러졌기 때문이다. 일본문학 수용의 양적 확산은 분명 백철이 말한 '일본문학의 세계성'과는 거리가 있었다. 그럼에도 1960년대 번역된 수많은 일본문학은 비록 언표화 되지는 않았다 하더라도 한글세대의 문인들에게 문학적 자양분으로 충분히 유의미하게 작용했음은 분명한 사실이라 하겠다.

실제로 1960년대 일본문학을 번역, 소개한 이중어세대 문인들이 일본문학을 대상으로 분석적이고 학술적인 글을 쓴 경우는 드물다. 전집을 간행하면서 해설 차원에서 주로 쓴 글이거나 가벼운 단상이 대부분이다. 그런데 『일본전후문제작품집』의 작품 선정이나 백철의 글에서 공통적으로 확인할 수 있는 사실은 문학의 질적 가치의 척도를 노벨상이나 아쿠타가와상처럼 문학상이라는 외부의 '권위'에 두고 있다는 점이다.[24] 객관적 기준을 세우기 어려운 '문학성' 혹은 '문학적 가치'는 결국 몇몇

23 위의 책. 200쪽.

24 『일본전후문제작품집』에는 총 9편의 작품이 실려 있는데, 그 가운데 6편이 아쿠타가와상(芥川賞), 중앙공론상(中央公論賞), 요코미쓰상(横光賞) 수상작품이다.

문학 전문가들의 입맛에 맡겨지는 셈이다. 일본문학을 수용하는 이중어세대 즉 기성세대는 문학의 권위를 방어하기 위해, 번역되는 일본문학을 철저히 구분하고자 애썼다. 일본문학 혹은 문화의 수용에 비판적인 여론에는 '저급한', '통속적인'을 '왜색'과 동일하게 이해하는 시각이 확산되어 있었기 때문이다. 따라서 이중어세대 문인들은 일본문학 수용의 정당성을 확보하려는 차원에서 '권위 있는 일본문학'을 더욱더 강조하게 된다.

3. 괄호치기 혹은 열린 사상 공간에의 기대- 한글세대 문인의 의식

이시하라 신타로의 「태양의 계절」이 아쿠타가와 상을 받은 것은 일본문학계에서도 충격이었다. 『일본전후문제작품집』에는 「태양의 계절」이 일본사회에 던진 파문을 소개하고 있다. 당시 일본에서는 괴이한 문학열이 광기처럼 일어났고, 명예보다도 '돈'을 쫓아 작가가 되려는 청춘들이 들끓었다. 이시하라는 대중스타 반열에 올랐고, 숭배자들이 늘어났다. 오에 겐자부로는 "문단이라는 세계는 벌써 보물찾기와 같은 것이 됐지"라고 허탈해 하고, 이시하라의 아류만 쏟아지는 세태에 어떤 작가는 "어쩐지 세상이 싫어졌다"라고 자조한다. 일본의 기성작가들에게도 신세대의 문학은 견디기 힘든 것이었다. 그렇지만 이시하라에게 문학상을 수여했다는 사실은, 대중적 상품으로서의 문학의 위상 변화를 일본사회가 공공연하게 인정했음을 의미한다. 상대적으로 한국의 기성세대 문인들은 새로운 흐름으로서의 문학의 대중성 혹은 상품성을 여전히 배척하고 평가 절하했다. 이시자카 요지로의 『가정교사家庭教師』, 하라다 야스코의 『만가挽歌』, 고미가와 준페이의 『인간의 조건人間의 條件』 같은 작품이 베스트셀러의 목록에 오르더라도 그것은 그들이 인정하는 '일본문학'은 아니었다. 한글세대의 대표작가인 김승옥은 나중에 본인의 회고를 통해서나,[25] 김윤식의 분석을 통해서나 다자이 오사무를 참조했다고 알려져 있다.[26] 그러나 앞에서도 언급했듯이 김승옥은 '전후성戰後性'을 공유하며 손창섭의 계보를 이으면서, 이시하라의 경쾌함과 돌발성을 많은 부분 체화하고 있다. 물론 경제적으로 일본의 청춘들보다 훨씬 가난했기 때문에 김승옥 소설의 주인공들은 조금 더 우울하고, 조금 더 촌스러울지는 모르지만 이시하라에 견줄 만한 신세대다운 파격과 방향성 없는 허무를 겸비하고 있었다. 기성세대의 비평가들이 대중문학으로서의 일본문학을 배제하려고 노력한 반면, 성장기의 왕성한 흡수력으로 일본문학을 전방위적으로 섭렵했던 당대 젊은 작가들에게는 흔히 말하는 본격/통속의 구도는 무용한 것인지도 모른다. 최일남의 회고는 이런 상황을 잘 보여준다.

> 까마득한 옛 얘기지만, 일본책과 관련하여 지금도 희한한 것이 부산 피난시절의 베스트셀러였던 후지하라 데이의 『흐르는 별은 살아있다』는 논픽션이다. 만주에서 일본의 패망을 맞은 주부가 기상대 직원이었던 남편과 헤어져, 다섯 살, 두 살 아들에, 태어난 지 한 달밖에 안 되는 핏덩이(딸)를 데리고 1년, 38선을 넘어 고국으로 가는 과정이 끔찍하다. 그것이 대뜸 우리말로 출판되어 널리 퍼졌다. 6·25 직후의 자기연민과 동병상련이 겹쳐 그랬겠으나 많이들 읽었다. 남의 염병이 내 고뿔만 못하다는 말이 무안한, 느닷없는 감동이 야릇했다. 이 책은 발간된 지 근 50년 후 개정판을 또 낸다.

---

25 최원식 외. 2002. 『4월 혁명과 한국문학』. 창비. 29-32쪽.

26 김윤식. 2005. 『내가 살아온 20세기 문학과 사상』. 문학사상. 234-235쪽.

다시 만난 저자의 남편은 작가로 인생을 재출발했다.

잇따라 등장한 고미카와 준페이의 『인간의 조건』 역시 대단한 인기품목이었다. 6권의 중량과 값에 눌려 손에 넣기 힘들었지만 꽤 오래 팔렸다. 그래서 어쨌다기보다, 인간의 생사랄지 극한상황에 견주면 분단에 이은 한국전쟁을 덮을 것이 없는데도 그랬던 내력이 별스럽다. 혹독한 현실과 가난에 짓눌려 무엇을 기록할 염조차 못 내고 헉헉대는 사이, 일본은 조선의 동란특수를 누리며 무너진 산업을 되 일으킨 여력으로 문학을 재건했다. 한동안 책을 놓고 정신없이 전쟁에 휘둘리던 독서층이 밀린 숙제를 하듯 그걸 뒷받침했다.

많지도 않은 문학 구매력의 일정 지분을 우리는 그때 그나마 놓친 셈이랄까. 그에 상응하는 이유를 꼽기 전에, 다자이 오사무의 「사양」에 끌리고, 오에 겐자부로의 「사육」에 매료되었다. '문제작'이 딱딱해서 싫은 사람은 하라다 야스코의 『만가』나 미우라 아야코의 『빙점』으로 미구에 달려갔다. 그리고 뜸한 휴면기를 지나 무라카미 하루키와 류, 요시모토 바나나 등으로 이어진다. 견강부회의 감이 없지 않되, 지나 놓고 보니 느슨한 수준의 일서 바통 이어달리기를 보는 느낌마저 든다. 상대적으로 그렇다는 뜻이다.[27]

최일남의 기억에 따르면, 일본문학은 한국인의 독서목록에서 사라진 적이 없는 듯하다. 공식·비공식이든, 본격·통속이든 읽을거리의 선택지가 풍부하지 않았던 시대는 물론이고 현재와 같은 과잉 물량의 시대에도 한국독자들에게 일본문학의 영향력이 지속된다는 점은 또 다른 분석 대상이 아닐 수 없다. 식민지를 직접 체험하지는 않았다 하더라도 일본에 대한 저항감은 신세대에게도 있었을 것이다. 일제 식민지에서 이루어진

27 최일남. 2005. 「한일문학 접촉에 대한 생각」. 『대산문화』. 2005년 가을호.

그 많은 착취와 폭력을 생각한다면, 패전한 일본인들이 귀국길에 겪는 고초에 감정이입을 한다는 것은 아이러니가 아닐 수 없다. 그러나 『흐르는 별은 살아있다』에 등장하는 아내나 아이들은 가혹한 시련을 견뎌내는 가련한 개별자일 뿐이다. 인간 보편의 감정과 생사병로의 운명을 다룬다는 점에서 이들 문학은 은연중에 민족적 경계를 넘어서고 역사적 과거를 지워버렸던 셈이다.

이런 관점에서 보면, 1965년의 한일협정은 강렬한 저항을 불러일으키며 새삼 가해자로서의 일본이라는 존재를 상기시키는 데 일조했다. 그러나 앞에서도 언급했듯이 민족의식의 차원에서 당위적으로 작동하는 거부감과, 실제로 일상문화와 감성에 호소력 있게 스며들어오는 문화에 대한 매력은 양립 가능한 것이다. 1966년에 『친일문학』을 발간한 임종국은 발간 취지를 묻는 기자에게 "한일회담 타결 이후 다시 넘실거리는 일본의 그림자를 보고 친일파에 대한 경계의 차원"에서 책을 내게 되었다고 말한다. 이 책에는 유진오, 모윤숙, 주요한, 정비석, 김소운, 조용만, 백철, 정인섭, 곽종원, 조연현, 서정주 등의 친일문학이 고발된다. 과거에는 강압으로 어쩔 수 없이 그랬다 하더라도 반성 없이 "그때 친일 못지않게 날뛰는 꼴들을 차마 볼 수 없어 집필"했다는 것이다.[28] 그러나 이 문제적인 저술은 당시에 언론에서 크게 조명되거나 문학계의 쟁점으로 부각되지 못했다. 심지어 이 책을 소개하는 기사는 친일인사들의 실명 대신에 이니셜을 쓰기도 했다. 이 책에 이름을 올린 유진오나 백철, 조연현 등만 하더라도 당시 정치 분야나 학계, 그리고 문단권력을 대표하고 있는 인물이었기 때문이다. 그러나 이 책은 입소문을 타고 알려지면서 출간 다음해에 비소설부문 베스트셀러로 오르기도 했다.[29] 사실 이들 기성세대

28 「『친일문학』을 발간한 임종국 씨」, 『동아일보』, 1966. 8. 13.
29 「베스트리더」, 『동아일보』, 1967. 5. 9.

와 스승과 제자 혹은 선후배 관계로서, 어떤 식으로든 연관을 가지고 문학 활동을 해야 하는 한글세대에게도 기성세대의 '과거'를 정면으로 문제 삼는 것은 쉽지 않았다. 따라서 '친일' 행적에 대한 시비보다는 문학적 지향과 방법론의 차원에서 차별화된 자기 세계를 구축해나가는 방식을 통해 기성세대에 저항해나간다.

잘 알려져 있듯이 『창작과 비평』, 『문학과 지성』을 주도한 비평가들이 주로 1960년대 후반 이후 한국문학의 담론 장을 이끌어 왔지만, 일본문학을 대상화하는 논의를 적극적으로 제출하지는 않았다. 그들이 참조해야 할 문학의 원형은 서구문학이었으며, 일본문학은 한국문학과 유사한 어떤 것이란 의식이 강했던 것으로 보인다.[30] 그들은 스스로를 '새 시대'를 담당할 신세대로 규정하고 이전 세대와 구별짓고자 하는 욕망을 강하게 드러냈다. 1968년 『사상계』 12월호에 김현이 쓴 「1968년의 작가상황」을 시작으로 김주연, 서기원이 참여한 세대론은, 1960년대 신세대 문학을 두고 세련된 언어, 신선한 감수성이라는 찬사뿐만 아니라 '역사의식의 결여'라는 비판도 노출시키면서 이 시기 문학장의 재편에 한몫했다. 김현은 역사의식의 결여라는 지적에 반발하는데, 그에게 신세대는 4·19로부터 정신적 자양분을 얻은 세대로 오히려 역사에 대한 뚜렷한 자각이야말로 자기 세대의 특징이라고 생각했다. 김현은 「세대교체의 진정한 의미」[31]에서 1955년대 작가들에게는 소시민, 개인의 왜소함 같은 특질들이 치욕적인 것이지만 1965년대 작가에게는 오히려 개성의 중요성과 같은 개인의식으로 애용되며, 이것은 당위론적 역사보다 앞서는 것이라 말한다. 이 지점에서 창비의 백낙청, 염무웅이 개입함으로써 문지 계열의 소시민의식, 창비 계열의 시민의식이라는 '도식'으로 분화한다고 볼 수

30 조영일. 앞의 글. 59쪽.
31 김현. 1969. 3. 「세대교체의 진정한 의미」. 『세대』, 204-205쪽.

있지만, 적어도 1960년대 후반까지만 해도 그들은 기성문단이라는 적을 공유함으로써 여전히 가까운 조력자였다. 다시 말해 기성문인들의 반공주의에 기반한 보수주의, 그리고 탈색된 '순수주의'에 대한 거부감이 그들을 연대하도록 유도했던 것이다.

일본문학에 대한 언급은 대개 문지 계열의 비평가들의 단평에서 확인할 수 있다. 문지의 멤버인 김치수는, 1968년 가와바타 야스나리의 노벨상 수상으로 다시 수면에 오른 일본문학에 대한 숭배의 기류에 제동을 걸고 나선다.

> 가와바타川端의 수상 이유가 일본적 정서의 전달에 뛰어난데 있다면, 그의 문학이 세계적 정상의 문학이다 라고 말할 수는 없다. 그의 수상은 어떤 의미에서 서구인의 문화적 우등 의식 때문에 가능했다고 볼 수 있다.
> 왜냐하면 가와바타川端는 이국적 정서에 대한 서구인의 딜레탕티즘을 만족시켜 주었을테니까. 따라서 우리와 문학적 경지가 비슷한 일본문학이 노벨상을 받았다고 해서 우리에게도 노벨상이 가까워졌다고 흥분할 이유는 없는 듯하다. 노벨상의 정치성을 인정하고 그 상의 한계를 인식하지 않으면 안 된다. 외국작품이면 무엇이든지 배격하는 태도와 마찬가지로 노벨상 수상 작가의 작품이면 얼마든지 소개해도 지나칠 것이 없다는 태도는 정당한 것이 아니다.[32]

노벨상을 계기로 다시 부각되는 일본문학을 견제하는 논리적 근거는, 그것이 세계문학으로서의 보편성을 담보했다기보다 서구의 오리엔탈리즘적 시선에 부합했기 때문이라는 것이다. 노벨상이 원래 그런 로컬

---

32 김치수. 1968. 11. 27.「설국 번역판의 범람과 일본문학 수용의 문제점」.『경향신문』.

리티를 선호하고, 기본적으로 수상작품이 '세계문학'의 절대적 기준이 될 수 없다는 점을 강조한다. 김치수는 프랑스문학을 전공하는 외국문학자로서 세계문학의 보편성을 서구문학에 두고 있음을 부정할 수 없다. 서구문학을 전공하는 신세대에게 일본문학은 분명 번역해야 읽을 수 있는 외국문학이었지만, 1950년대 한국의 전후문학, 더 거슬러 올라가서는 식민지 문학과도 겹쳐지는 '낯설지 않은 것'이었다. 이와 관련된 또 하나의 사례로 『일본전후문제작품집』에 실린 후카사와 시치로의 「나라야마부시코楢山節考」를 살펴보는 것이 적절할 듯하다. 이 소설은 일본의 어느 지역에 내려오는 풍습을 다루는데, 가난한 산골 마을에서 60세가 넘은 어머니를 자식이 산에다 버리는 이야기이다. 시공간적 배경도 흐릿해서 설화 같은 분위기를 자아내는 소설로, 과거에 한국에 있었다고 전해지는 '고려장高麗葬'과 유사한 소재를 다루고 있다. 이어령도 언급하고 있지만, 이런 '진부한' 내용의 소설이 전후 일본에서 고평되고 상을 받는 것은 한국의 신세대들에게 받아들여지기 힘들었다.[33] 맹목적인 일본 붐에 대한 거부감에는 통속성이나 상업성과 같은 요인도 작용하지만, '퇴행적' 미의식으로 간주되는 요소도 한몫했다고 하겠다. 그런 면에서 근대 서구문학에 경도된 신세대 문인들이 왜 일본문학을 애써 괄호 치고자 했는지 짐작할 수 있을 것이다.

한편 박정희 정권에서 더욱 공고화 되는 냉전 체제하에서 의식과 감성의 자유를 갈구하던 신세대에게 일본은 하나의 가능성의 공간으로 다가온다. 그 가운데 재일조선인들이 주도해 만든 잡지 『한양』[34]은, 한국의 지식인들에게 발표지면을 제공하며 활발한 교류를 전개했다는 점에서

33 유진오·이어령 대담, 앞의 글, 131-132쪽.

34 이 잡지는 1962년 3월에 창간호를 내고 월간으로 1969년 7월호까지 발간되다가, 이후에는 격월간으로 1984년 3·4월호까지 발간된다. 주요 필진들이 1974년 '문인지식인 간첩단사건'에 연루된 이후 이 잡지는 한국으로의 반입이 금지된다.

의미 있는 통로였다. 허윤회나 하상일의 연구에서 밝히고 있듯이 1960년대에 『한양』의 문학지면은 참여문학의 필요성과 당위성을 자극하는 매개로서 주로 역할 했다.[35] 한일협정 체결 이후 잠시 일본문화의 유입이 차단되기도 했지만, 영화와 같은 대중문화 장르를 제외하면 일본과의 학술교류나 지식인들의 인적 교류는 어느 정도 허용되었다. 일본을 매개로, 중국, 북한의 분위기를 간접적으로 체험한 지식인들은 남한 사회에 대한 비판적 의식을 키웠고, 냉전 체제의 폐쇄성을 고통스럽게 포착한다. 장기 집권의 기획 아래 1970년대로 들어서면서 박정희 체제의 억압은 더욱 강화되는데, 이 시기 일본은 남한의 체제 비판적 문학을 외부로 알리는 중요한 통로로 역할 한다. 특히 남북한을 두루 접하는 일본 문인들이 어떤 기준으로 남한 문학을 평가하고 애호하는지에 대해 한국의 신세대문인들은 매우 민감하게 반응했다. 왜냐하면 외국문학으로서 '한국어문학'을 독해하고 그것에 관심을 가지는 존재 또한 당시로서는 일본이 유일했기 때문이다.

김병익은 일본에서 한국문학을 소개하고 연구하는 잡지 『조선문학』의 담당자 야마다의 의견을 소개한다. 야마다에 의하면, 북한에 더 친밀감을 갖고 있는 일본문단에서도 소설, 시 같은 창작 쪽에 대한 평가는 한국을 더 높이 평가한다는 것이다. 권력에 반항하는 저항문학에 관심을 두기 때문에 김지하의 시나 박순녀의 「어떤 파리」 등을 고평한다고 전한다. 그런 작품들에서는 사소설 전통이 강한 일본에서 찾아보기 힘든 고민과 저항을 발견할 수 있기 때문이다.[36] 1970년에 발표한 「어떤 파리」는

---

35 주요 문학 필진이었던 장일우나 김순남은 일상의 현실과 동떨어진 소재와 감성을 형상화한 당대 한국의 문학작품을 비판하는 데 집중했다. 주로 한국문학, 그리고 한국 문인들에 초점이 모아진 만큼 일본문학에 대한 논의가 부족하다는 게 아쉽다. 허윤회. 2002. 「1960년대 참여문학론의 도정」. 『희귀잡지로 본 문학사』. 깊은샘; 하상일. 2004. 10. 「1960년대 문학비평과 『한양』」. 『어문논집』.

36 김병익. 1971. 7. 5. 「메마른 일본에 싹트는 한국문학」. 『동아일보』.

동백림사건을 모티프로 한 소설로 알려져 있는데다 한국전쟁 시기 의용군 경험을 지닌 김수영을 짐작케 하는 홍재라는 인물의 등장 등,[37] 반공 이데올로기가 지식인을 통제하는 전형적인 방식을 읽을 수 있다는 점에서 무척 문제적인 소설이다. 문지가 재수록을 감행할 정도로 관심을 두었던 「어떤 파리」가 일본문학인들에게도 좋은 평가를 받는다는 점, 나아가 사상의 자유를 극도로 억압하는 냉전 체제에 대한 비판의식을 공유한다는 점에서 일본문학계는 한국의 신세대에게 문학적 연대가 가능한, 외부로 향하는 가장 가깝고 유일한 '창'의 역할을 담당했던 것이다. 물론 이러한 가능성도 일본사회가 점점 우경화, 보수화 되면서, 그리고 유신체제의 억압이 더욱 폭력적이 되면서 점점 약화되어 간다. 1974년 4월 '문인지식인간첩단사건'이 발생하고 이호철, 임헌영, 김우종 등이 구속되는 사태가 벌어진 것이다.[38]

결을 달리하지만, 1971년 『문학과 지성』 봄호에 「일본소설과 정치」라는 번역 글이 게재되는데, 일본문학을 본격적으로 다룬 글로는 유일하다는 점에서 살펴볼 만한 가치가 있다. 이 글은 가와바타 야스나리의 영어번역자로 알려진 E. 사이덴스티커의 "The Japanese novel and disengagement"를 유종호가 번역한 것이다. 이 글은 일본의 소설가이자 시인인 다카미 준高見順이 1965년 사망하기 직전 공산당에 입당해 당원으로서 죽음을 맞고 싶다고 말했다는 에피소드로 시작한다. 나프(NAPF, 전일본무산자예술동맹)에 참가해 활동하다가 1930년대 대대적인 구속과 전향 국면에서 그도 전향했고, 이후 자신은 마치 반공주의자인 것처럼 평생을 살았다고 한다. 이 글은 일본작가들이 내심 진보적이

37 이명희. 2008. 「반공주의와 작가정신」. 『아시아여성연구』 47-1. 29쪽.

38 당시 박정희 정권은 『한양』을 북한의 자금으로 발행, 운영되는 잡지로 규정하고, 여기에 글을 싣고 원고료를 받았다는 이유로 임헌영을 비롯한 5명의 문인들에게 국가보안법 위반죄를 적용했다.

고 코뮤니즘에 경도되어 있지만, 그들의 실제 작품은 매우 비정치적이라는 사실을 핵심 문제로 제기한다. 그러나 사이덴스티커는, 일본의 우수한 문학은 "퇴각退却과 유리遊離"를 특징으로 하면서도 "공격적인 측면"을 가지고 있어 순응적인 문학이라고는 볼 수 없다고 평가한다. 이들 일본 작가들은 자신들의 작품을 통해 그들 나름의 "무위무책無爲無策적 평화주의의 메시지"를 전달하고 있다는 것이다. 문지의 편집진들이 이런 취지의 번역글을 게재한 의도를 정확하게 파악할 수는 없지만, 참여와 행동주의적 실천이 요구되는 당대 국면에서, 문학의 자리 혹은 문학인의 자리를 모색하려는 고민이 개입된 것이 아닐까 짐작해본다.

비슷한 시기, '한국에 대해서 일본이란 무엇인가'라는 주제의 심포지엄이 동경의 한국연구원과 국제관계공동연구소 공동주최로 서울에서 열렸다.[39] 한국의 대학교수 23인과 일본인 6명이 참석한 이 대회는 정치·경제, 역사, 문화로 섹션을 나눠 분과토론을 거친 후 합동토론을 하는 방식으로 진행되었다. 분과토론의 결과를 보고한 내용을 보면, 정치·경제 분야에서는 "일본재벌과 결탁한 새로운 양상의 군국주의 등장 가능성"을 말할 정도로, 한국에 침투한 일본 경제의 영향력에 대한 어떤 위기감과 분노가 반영되어 있다. 일본군의 강화가 아시아 평화를 해치는 새로운 화약고가 되고 있다고 비판하는 부분에서는, 과거 식민지인들을 자신들의 침략주의 전쟁에 동원했던 일본의 야만성을 환기시키고자 하는 분명한 의도가 담겨 있다. 역사 분야에서는, 일본이 과거 한국으로부터 입은 "은혜"를 외면하고 한국에게 "괴로움"만 주고 있다고 주장하는데, 문화 분야에서도 일본이 근대 이전의 "한국문화의 영향은 접어두고 서구화의 과정에서 한국에 대한 일본의 역할"만 강조해왔다고 지적한다. 고대로부터 현재까지 이어져온 한일관계를 통시적으로 고려해야 한다는

39 「항상 피해만 준 믿기 어려운 이웃」, 『경향신문』, 1974. 3. 5.

이러한 견해는, 근대 이후 압도적으로 기울어져 버린 상호 영향력을 재편하고 다시 관계의 균형을 잡으려는 한국 측의 고육지책에서 나온 것이라 볼 수 있다. 근대 문명 및 문화의 소유권이 일본에 있는 것이 아니라는 판단에 기반해서, 한국의 근대화 과정에서 일본의 역할을 '매개성'이라는 차원에서 제한적으로 자리매김 하려는 시각도 불가피하게 필요했던 것이다. 이는, 식민지의 외국문학연구자들이 일본을 통해 번역된 서구의 근대적 지식과 문화를 섭취하면서도 일본을 마치 서구문화를 연결해주는 '투명한 매개, 혹은 통로' 정도로 인식하려 했던 것과 닮아 있다.[40] 문화의 수용, 모방, 이식 등의 과정은 결코 원본의 단순한 복사로 귀착하지 않는다. 서구문화의 '보편성' 안에는 다종의 로컬리티가 겹겹의 시간성 속에서 혼종되어 있듯이, 한국에 수용된 근대문화 안에는 이미 '일본적인 것'의 지분도 포함되어 있음을 부정할 수 없다. 문화 분야에 토론자로 참여한 김윤식 교수는 일본식민교육을 받은 기성세대가 무의식적으로 일본문화에 향수를 느끼고 의식적으로는 반일하는 정신분열증 현상을 언급하면서도, 일제하에서 자란 사람들에게는 일본문화가 위대해 보이지만 한글세대에게는 비판의 대상이 된다는 점을 강조하고 있다. 그는 당시 일본에 의존적이 되어가는 정치경제의 밀착관계와 달리 문화의 면에서라도 분리되어 동등한 차원에서 상호이해와 교류를 이어나가야 한다는 결론에 이른다. 이처럼 일본문학에 대한 신세대의 태도는 거리두기와 연대를 동시에 추구하지만 내·외부 상황의 변화로 긍정적 교류를 기대하기는 어려워졌다고 하겠다.

---

40 서은주. 2014. 「외국문학 수용의 좌표-세계/민족, 문학」. 『문학, 교양의 시간』. 소명출판. 72-73쪽.

4. 맺으며

4·19가 가져다 준 자유와 해방의 물결은 최인훈으로 하여금 『광장』을 가능하게 했고, 금기의 빗장 속에 봉인해두었던 일본문학을 다시 대면하게 만들었다. 한번 해제된 봉인은 이후 역사적 상황의 굴곡 속에서 다시 억압되기도 하지만 그 기세는 결코 누그러지지 않은 채 현재까지 이어져오고 있다. 한국에서의 일본문학의 자리는 식민지 경험의 흔적만큼이나 질기고 지속적으로 현재의 우리와 이어져 있다.

1960~70년대 한국의 문학 장에서 일본문학은 분명 익숙하고도 낯선 참조 대상이었다. 식민지 시기에 교육받은 이중어세대 문인들에게는 일본 혹은 일본문학을 잘 알고 있다는 익숙함이 자신감을 주기도 했지만, 일본문학을 매개로 다시 환기되는 피식민의 기억은 '친일'이라는 과거와 연결됨으로써 불안하고 불편한 대상이었다. 물론 그런 심리를 반드시 '친일'이라는 제한된 행적 때문이라고 단정할 수는 없다. 어쩌면 피식민의 경험이라는 매우 중층적이고 양가적인 성질의 기억이 자연스럽게 경계심을 자극했다고 볼 수 있다. 반대로 그런 과거로부터 비교적 자유로운 한글세대 문인들은, 서구문학 중심의 보편성과 '세계성'이라는 의식에 길들여져 있었던 만큼, 당대 한국인들을 사로잡았던 일본문학의 전략과 저력을 제대로 들여다볼 수 있는 기회를 갖지 못했다. 일본문학을 소비하면서도 이중어세대나 한글세대가 보여준 과도한 경계나 무시하는 태도 모두 일종의 '식민성'임을 부정할 수 없다. 양상은 다르지만, 결과적으로 기성세대나 신세대 모두 과거로부터 자유롭지 못했던 것이다.

무엇보다 일본문학을 통한 교류가 반공주의 이데올로기가 통제하는 닫힌 세계로부터 조금이나마 숨 쉴 수 있는 사상 공간을 열어주었다는 사실은 기억할 필요가 있다. 냉전 메커니즘이 한국과 일본, 미국을 단일한 이데올로기적 진영으로 묶어놓고 있었지만, 북한·중국과 소통의 고리를 갖고 있었던 당시 일본의 열린 사상 지형은 질식할 듯한 '이데올로기의 섬'에 갇혀 있었던 한국의 진보적 문인들에게 가능성의 세계였다고 하겠다.

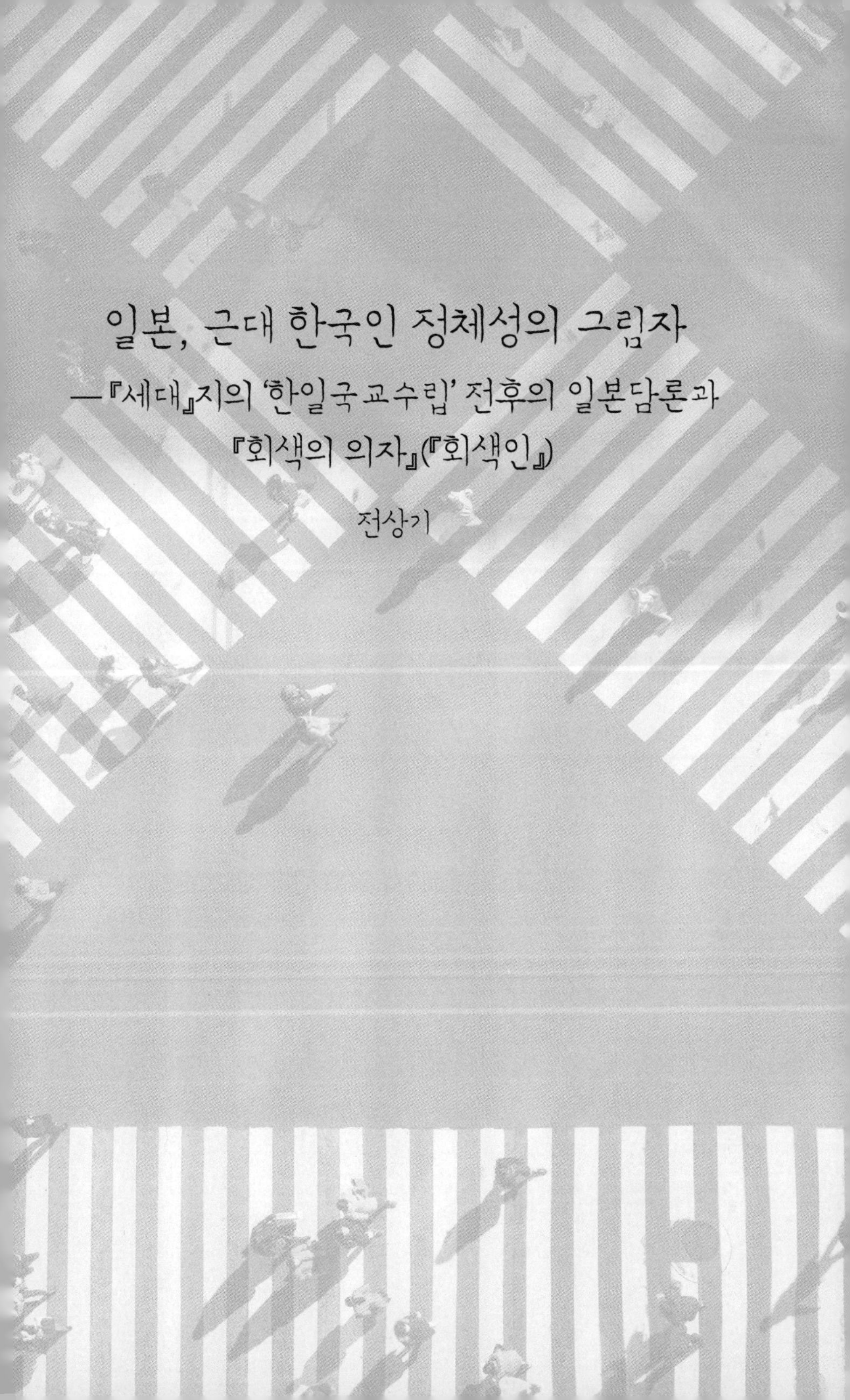

일본, 근대 한국인 정체성의 그림자

—『세대』지의 '한일국교수립' 전후의 일본담론과 『회색의 의자』(『회색인』)

전상기

일본, 근대 한국인 정체성의 그림자

—『세대』지의 '한일국교수립' 전후의 일본담론과 『회색의 의자』(『회색인』)

—

전 상 기

> 유리에 얼굴이 비쳐 있었다. 그는 찬찬히 들여다보았다. 유리 속의 남자의 눈도 그를 지켜보고 있었다. 그 남자는 그에게 묻고 있었다. 나는 누구냐 너는 그것을 나에게 말해주어야 한다 나는 모른다 그런 말은 통하지 않는다 나는 너에게서 대답을 들을 때까지 너의 곁에서 떠나지 않는다 무엇 때문에 너를 사랑하기 때문에 사랑하면 이러긴가 나는 그런 사랑을 원치 않는다 내가 원하지 않아도 할 수 없다 네가 가는 곳이 어디든지 그곳에 나는 있다 나를 잊어버리면 안 된다 네가 가장 열중한 순간에도 너의 등뒤에는 내가 있다 너는 없다 너는 나의 그림자다 그렇지 않은 줄 번연히 알면서 앙탈하지 말라 모든 것이 사랑 때문이다 그것만은 사실이다 당장 대답하라는 것도 아니지 시간은 있다 다만 그 시간들을 허비하면 안돼 우리는 타협할 수도 있지 않은가 우리만 입을 다물면 아무도 모른다 그렇지 않은가 나도 그 말은 이해할 수 있다 그러나 전례가 있지 않은가 그건 번번히 실패하지 않았는가.[01]

---

01 최인훈, 『회색의 의자』(제9회, 『세대』, 1964. 2) 347쪽

1. 창밖 어둠 속에 떠오르는 '나'의 얼굴

최인훈은 그의 페르소나 독고준(/이명준)을 통하여 '한일회담'으로 시끄러운 시대의 근대 한국인의 한 초상을 그리고 있다. 칠흑같은 어둠 속 창밖에 비치는 얼굴을 응시하며 독고준이 묻는 것은 "나는 누구냐"는 정체성이다. 이 물음은 그동안 누구도 제대로 질문하지 않은 난제라서 웬만하면 회피하거나 도대체 왜 물어야 하는지를 알지 못하거나 알 필요가 없다고 생각하는 사람들도 많았다. 그러나 최인훈은 그것이 중요하다고 여겼고 그래서 '한국전쟁'의 소용돌이 속을 헤치고 중립국으로 향하는 이명준을 태평양 한가운데에 빠지게 함으로써 그의 죽음에 대해 생각하도록 했다. 즉, 남과 북을 오가며 자기의 정주定住 공간을 탐색했으나 그 어디에도 정착하지 못하고 '제3국(인도)'를 선택, 인도행을 감행했으나 항해 도중 바다에 투신함으로써 비극적인 결말을 맺고 있는 이명준의 삶의 의미를 묻는 것이다.

식민지-분단-전쟁이 한국인의 삶에 드리워진 그늘과 여운이 얼마나 크고 깊은가를 여실히 보여주는 『광장』의 이명준은 『회색의 의자』에 와서 독고준으로 다시 부활하여 새로운 질문을 재구성하여 고향 잃은 자의 삶의 방식과 태도에 대해 논한다. 창 밖에 비치는 얼굴을 응시하며 '나는 누구냐'고, 모자이크화의 부분 조각을 꿰맞추려는 독고준의 식민지-분단-전쟁-한일회담의 국면을 통과하는 '四月黨員'-'四月의 얼굴' 그리기는 온통 의욕에 가득 차 있다. 그는 예전의 이명준처럼 나약하지 않다. 패배적이지도 않고 절망에 빠져 애초에 어떤 시도를 하지 않는 겁쟁이도 아니며 이겨낼 수 있다는 자기 의지와 신념이 있다. 그래서 놀랍고 의욕적이며 끈질긴 고집, 집착, 인내력과 결단력이 있어서 돌아가지 못하는 북한의 고향 대신 남한에 새로운 고향을 만들고 살기 위한 행동을 실천한다.

> 이번에는 역사와 현실 아래 사상적 대결을 시도하는 그리고 저항하는 한 젊은이의 모습을 보여주려고 합니다.[02]

작가의 말에서 보듯이 '사상적 대결'을 시도하는 독고준의 생각과 실행력은 과연 '4·19혁명' 당원답다. '5·16쿠데타'가 일어남으로써 혁명과 반혁명의 연이은 혼란과 좌절을 겪고 더욱 단단하고 착잡한 삶을 살게 되는 그의 모색과 행보는 어떤 판단정지, 혹은 일시멈춤의 지루하고 권태로운 지경으로 비춰질 수도 있다. 남한에 먼저 내려온 아버지마저 여의고 단신으로 입주 가정교사를 하면서 대학 국문과에 다니는 월남 고학생의 분투기는 1958~9년의 갑갑하고 답답한 시대적 분위기와 맞물려 돌파구가 열리길 기대하게 되는데, 전적으로 자기 스스로가 어떤 움직임을 취하지 않는 이상 난망하리라는 점이다. 또 하나의 변수(/절대상수)는 이 소설이 『광장』이 발표된 시점인 1960년 11월[03]로부터 정확히 2년 7개월이 지나고 나서 창간하자마자 주목을 받았던 월간 종합 잡지 『세대』 창간호(1963. 6)에 전격적으로 연재되기 시작하는데, 이때가 박정희가 '국가재건최고회의' 의장으로서 민정 이양을 앞두고 대통령 선거에 나설 채비를 하고 있었던 시기였다는 점이다. 쿠데타 성공 후에 미국의 케네디 대통령 초청으로 1961년 11월 방미길에 오른 박정희가 일본에 들러 이케다池田勇人 수상과의 정상회담을 갖고 교착되었던 한일회담을 재개하기로 한 것은 시급하게 제기된 경제건설 때문이었다.[04]

---

02 편집실. 1963. 6.「『灰色의 椅子』를 連載하며」.『세대』 창간호. 297쪽.
03 1954년 9월에 창간한 월간 종합 잡지『새벽』. 1960. 11에 중편소설로 발표되었다.
04 이봉범. 2015.「일본, 적대와 연대의 이중주」. 한국문학연구학회 편.『현대문학의 연구』 55. 참조.

박정희는 한일국교수립을 통하여 일본의 자금과 기술을 끌어들여 제1차 경제개발5개년계획을 성공적으로 달성하고 싶어 했다.[05] 쿠데타로 집권한 자신의 이력과 비민주적 행태를 일거에 반전시킬 경제재건 프로젝트는 당대 한국인의 모든 염원이 담긴 기획이었다. 경제적 낙후성을 면치 못하는 한국의 현실을 전변시키기 위해서는 강력한 리더십과 함께 온 국민의 호응이 뒤따라야 했지만 무엇보다도 필요한 것은 종자돈이었고 그것을 효과적이고 효율적으로 운영할 기술이었다.[06] 일본으로서는 탐탁지 않았지만 미국의 강력한 요구와 자국 상품의 수출로를 마련하고 재일교포문제와 자국어민들의 어업권 확보를 해결하며, 지역반공블록의 전략적 동반자로서의 역할을 다하기 위해서 한국과의 수교가 필요했다. 이승만이 집권하던 1950년대 초반부터 협상을 했다가 결렬, 중단, 연기를 반복하며 지지부진했던 한일회담이 결정적인 전기를 맞게 된 것은 두 나라 안팎의 비등하는 제반 요구 조건 때문이었다.[07] 『회색의 의자』는 박정희의 측근인 이낙선이 주재하여 발행인 오종식과 편집장 겸 주간인 동향 출신 이광훈을 앉히고 대기업들과 정부기관에서 운영하는 공기업의 광고를 수주, 자금 확보에 도움을 주고 물심양면으로 지원을 아끼지 않은 월간 종합 잡지 『세대』에 연재된 작품이다.

이승만 정권과 박정희 정권에 비판적인 논조와 신랄한 논리로 여론 주도 세력과 지식인들의 관심을 받아 오던 『사상계』의 대항마로 정권에 우호적이고 애정 어린 조언을 아끼지 않는 잡지를 창간하여 친정부적인

---

05 박진희. 2003. 12.「한일협정 체결과 지역통합전략의 현실화」. 한국역사연구회. 『역사와 현실』 50. 참조 ; 박진희. 2005. 12.「전후 한일관계와 샌프란시스코 평화조약」. 『한국사연구』 131. 참조.

06 정진아. 2012. 3.「1950년대 후반~1960년대 초반 '사상계 경제팀'의 개발담론」, 한국사학회. 『사학연구』 105. 참조.

07 이원덕. 2007. 12.「박정희와 한일회담」. 명지대 국제한국학연구소. 『제6회 학술대회 자료집』. 참조.

미디어 효과를 꾀하고자 했던 의도로 창간된 잡지가 『세대』였다. 북한에 있을 때는 사회주의자로서 노동당 당증까지 받은 현호성이 남한에 내려와 철저하게 신분을 속이고 모당의 실세 정치인으로 권력의 핵심 부분에 자리하고 있었지만 독고준의 아버지가 생전에 찾아갔을 때에는 외면하고 내치는 바람에 누이와 각별한 사이였음을 잊고자 하는 태도를 분명히 한 위인이기도 했다. 일본을 드나들며 성접대는 물론 막대한 자금과 사업 노하우를 착복하는 현호성에게 독고준은 노동당원증을 내밀므로써 위협을 가한다. 물론 독고준은 현호성의 대일관계의 내막을 알리는 없다. 그로서는 북한에 남아 있는 누이에 대한 의리와 남한에서 과거를 지우고 뻔뻔하게 살아가는 매부(일 뻔했던) 현호성의 환골탈태가 싫고 부러웠을 따름이었다.

그보다는 독고준의 처한 상황이 급박했기 때문이다. 군대에 다녀와서 복학생으로 입주과외 교사로 생활했지만 학생이 고등학교를 졸업하고 대학에 진학하는 관계로 다른 집을 알아봐야 했는데 아무리 수소문을 하고 구하려고 했으나 자리가 나지 않아 현호성과 담판을 지을 수밖에 없었다. 난데없는 연락에 신경도 쓰지 않고 무시했던 현호성이 노동당원증을 가지고 있다는 말에 확인하고자 약속 장소에 나가 당원증을 본 순간부터 돌변하여 독고준에게 살갑게 굴면서 자기집으로 와서 지내라는 제안을 하게 된다. 독고준도 떨떠름한 채 현호성의 제안을 받아들여 아르바이트에 대한 걱정과 의식주를 일거에 해결하고 나서 더 나은 조건을 향해 현호성의 처제인 이유정의 남자가 되기 위해 그녀의 방문을 연다. 『회색의 의자』의 피날레는 오랜 방황과 고민을 거쳐 독고준이 도달하는 삶의 방향성과 현실과의 어떤 타협을 예시적으로 보여준다.

> 이것은 암호다. 남한에 있는 스파이에게 보내는 북한의 암호송신이다. 999 333. 753 555. 311 222. 148 077. 888

444. 699 233. 666 222. 444 444. 갈피를 잡을 수 없이 어지러웠던 그의 머릿속에 뜨거운 바람이 불고 규칙 바르게 해안을 때리는 물소리만이 울려 퍼졌다. 송신소에 비치한 원장(原帳)과 관계없이 저 부호를 해석하는 스파이처럼. 그에게 있어서 저 암호는 무한히 깊고 자유다. 마치 저 현의 당증처럼. 왜 현이 공산당원이기 때문에 협박하는 것이라고 생각했을까. 왜 나의 매부였기 때문에 복수하는 것이라고 속였을까. 왜 그 당증을 예금통장으로만 생각했을까. 알 수 없는 어떤 것. 내가 넘어서기를 주저한 그 어떤 곳으로부터 보내온 초대장이라고 생각하자. 초대자의 이름은 어떻든 좋다. 문제는 초대되었다는 데 있다. 이 초대에 응하기로 하자. 초대자의 이름을 알기 전에는 벨을 누르지 않겠다는 것이 비겁한 일이라면.[08]

2. 일본이라는 타자의 상호주체성

독고준의 현호성과의 타협, 동서되기의 시도는 고향 w시 외곽의 과수원집 소년이 남한에 정착하여 남한 자본주의 사회의 일원으로 살아가기 위한 한 방편을 예시하고 있다. 1958~9년도의 독고준이라는 주인공의 당대적 재현을 그보다는 몇 년 지난 시점–1963년의 사후적 관점에서 재구성·한일회담 국면의 첨예한 관심을 염두에 두어 사고하지 않을 수 없는 사정이 여기에 있다. 그런 까닭에 독고준의 '모자이크 초상화' 그리

08 『회색의 의자』(최종회 ; 제13회, 『세대』, 1964. 6) 420-1쪽.

기에서 그의 정체성을 이루는 요소 가운데 일본이라는 타자의 위상이 갖는 의미는 결코 무시할 수 없는 자리를 차지한다고 생각한다. 더욱이 일본이 의식되지 않으면 독고준 자신의 초상화 그리기가 시도되지 않았거나, 자기 정체성이라는 사후 반성/자기 형성 노력의 의미가 얼마나 고도의 집중·절체절명의 기투 행위로 모아졌던가를 떠올린다면, 그 의의는 아무리 강조해도 지나침이 없을 것이다. 내 안의 분열적 타자로 항상 의식되는 북한을 제외하고 나의 외부적-내부적 혼종 자아로서의 일본은 독고준으로 대표되는 1960년대 당대의 근대적 주체 구성의 중요 요소였음을 짚어 보게 된다.

앞으로 서술하겠지만 『세대』의 (이른바 '군사혁명정부'의) 프로파간다로서의 역할이 '한일국교정상화' 국면을 맞아 지속적이고 차분하게 국내적·외교적 중대 사안으로 초점화된 사례로서는 첫 토픽이었다. '조국근대화'의 열망이 전민족적, 전민중적, 개별적 자아들의 남녀노소-세대귀천을 아우르는 보편적 목표로 응집되는 시대적이고 지정학적이며 역사적인 계기는 복합굴절비극의 연대였기 때문에 가능했다고 여겨진다. 민정이양 약속을 저버리고 경제건설의 한가지 목표에 일로매진하려는 개발독재 진영논리를 구현하기 위해서도 필요했던 긴급한 활로는 한일관계의 회복이었다. 미국의 대한對韓 무상원조가 유상원조로 바뀌고 경제개발 5개년계획의 실행을 위한 재정적, 기술적, 대외적 기초와 노하우 전수가 절대적으로 필요한 시점이기도 했다. 과거의 묵은 원한과 현재와 미래의 새로운 관계 모색이 당위와 위기의 대립-오월동주吳越同舟의 실제로 충돌하고 있는 현실이었다.

'한일관계의 재개'는 피할 수 없는 양식良識/樣式/糧食/養殖이었다. 군사독재정권의 정치심리적 여망輿望과 전국민적 굴욕감내屈辱堪耐, 지식인들의 뼈를 깎는 지혜가 뒤엉켜 분열된 집단주체의 엄청난 에너지로써 교활하고 냉정한(/하게) 국내외적 복잡다단한 교착상황을 풀어나가야 했다. 최인훈의 작가적 명민함과 첨예한 문제의식이 『세대』지의 프로파간다적 성격과 한국의 근대적 지향 과제, 한국이라는 국가의 지정학적 난국을 몰랐을 리는 없다. 그럼에도 불구하고 『세대』의 창간호에 『광장』의 뒤를 잇는 소설을 연재하는 소이는 무엇이었을까? 자기성찰을 핵심원리로 하는 근대적 주체의 소설적 전개의 문제적 작가로서 최인훈은 '4·19혁명'에 이은 '5·16쿠데타'를 겪으며 작가 자신의 정치적·미학적·인류학적 자의식을 메타적 글쓰기의 이중구조와 에세이 담론의 지문·서술 화자의 다양한 형식 속에 대담한 실험 기획으로 구현하고 있는 바,[09] 『회색의 의자』에서는 독고준의 삶의 선택의 문제를 예각화하고 있다. 변절자이자 민족반역자이며 매판적 자본가로서의 현호성의 집에 거처를 정하고 급기야는 현호성의 처제인 이유정의 방에 들어가는 결말로써 현호성의 후배 내지 동서되기를 꾀하는 심층구조를 당대적 최대관심사였던 '한일국교정상화'의 문제와 병치시키고 있는 것이다.

더욱이 시사종합잡지 『세대』의 편집방침은 '한일국교수립'에 적극적이고도 능동적으로 부응하고 있다는 점에서 최인훈의 문제적 구도는 범상치 않아 보인다. 새롭고 의욕적인 잡지로서 '세대론적 단절과 적대, 교체'를 이슈화하고자 했던 미디어 전략에 동조하는 듯, 일종의 교란 전술을 구사한다. 국제역학관계의 메커니즘에 의해 단기적 당위가 돼버린 '한일국교정상화' 프로세스에 독고준의 현호성 동서되기를 맥락화하여 한일 문제의 복잡하고 세심한 관찰, 한국의 국가적 위신과 그 안에 사는 개별적·공동체적·매개적 삶의 구조감옥·주체적 실천의 나비효과가 발

09 최인훈 연구의 대표적인 박사논문들의 연구성과와 문제의식을 지극히 간략하게 정리한 것인데, 해당 논문들은 다음과 같다. 서은주. 2000. 「최인훈 소설 연구」. 연대 박사 ; 성지연. 2003. 「최인훈 문학에서의 '개인'에 관한 연구」. 연대 박사 ; 서은선. 2003. 「최인훈 소설의 서사구조 연구」. 부산대 박사 ; 김영찬. 2006. 『근대의 불안과 모더니즘』. 소명출판 ; 배지연. 2016. 「최인훈 소설의 메타적 글쓰기 연구」. 경북대 박사 등이다.

휘하는 혼돈과 미정위의 잠재적 가능성을 개방하고 있는 것이다. 뤼시앵 골드만의 『숨은신』에 주요하게 언급되는 '구조적 상동성(동질성)', '상동구조'로 심화되는 속깊은 친화성이 문제적이다. "소설이 타락한 세계에서 타락한 방법으로 진정한 가치를 추구하는 이야기"라는 정의를 정확하고 골똘히 의식한 시도가 아닐 수 없다.[10]

『세대』에서도 일본 담론은 단골 소재이자 한국 지식인이 늘 의식하지 않을 수 없는 자신의 일부로서의 타자 논의로 존재했다.

> 黃-…借款導入은 五·一六혁명 이후 계속적으로 연관이 되는 것으로써 계속 사업이 많은데 현실에 맞지 않고 또 경제개발계획이 과대하거나 현실성이 희박하고 또 긴급하지 않은 것은 사업을 줄이지 않으면 지탱하기 어렵다 하는 것입니다. 우리는 現實情으로 보아서 우선 급한 것이 경제적 안정을 기해야하겠으므로 사업계획을 조정하고 또 借款은 페이멘트 해야 되는 것이기 때문에 꼭 필요한 借款을 使用하여 지금까지 착수한 사업 중 계속사업과 캇트할 것은 구별하여 과감하게 캇트해야 될 것입니다. 그러한 방향으로 借款을 사용해야 될 것입니다. 원조를 미국 이외의 나라와 관계를 맺는다면 서독같은 나라도 있겠지만 앞으로는 일본과 제일 문제가 될 것 같습니다. 실제로 미국의 원조정책이나 태도에 있어서 일본으로 하여금 분담토록 대체시키려는 태도가 확실하고 일본의 경제관계에 있어서 앞으로 한국경제

---

10 이 문제에 대해서는 서은선의 논문에서 자세하고 꼼꼼하게 다뤄지는데, 서사학 전반에 걸쳐 논의를 이끌어가는 노력은 높이 사줄만하나, 골드만의 문제의식으로서의 '구조적 동질성'이 당대적 시대정신과 그것을 매개로 자신의 역할에 몰두하는 독고준과 독고준의 문제화 공간의 의미를 살펴보는 데는 지향과 초점이 다른 것도 사실이다. 또한, 이 문제와 더불어 최인훈의 소설론 학습과 그것의 한국적 전개로서의 의미는 다른 자리를 통해 다뤄야할 사안이라서 아쉽고 또 앞날을 기약하는 수밖에 없다.

를 발전시키는데 지금부터라도 일본이 분담하게 되도록 정책이 이루어져 가고 있는 것 같습니다. 그러니 우리는 지금부터라도 이에 대한 대책과 검토가 되어야 할 줄 압니다. 일본과의 문제에 있어서 경제의 자주성 문제가 나왔지만 우리는 자주적인 입장에서 强調해야 될 것입니다. 또 일본경제의 실정을 보아서 현재 과잉투자를 하고 있는 실정인 것 같습니다. 그래서 세계적으로 원조의 상대를 구하고 있는 것 같습니다. 또 상환조건이 좋은 민간차관도 있겠습니다마는 이것은 어느 것보다도 일본의 경우에는 자주성을 强調해야 될 것입니다.[11]

위 인용문은 대담의 주제가 '한국의 자립경제'이다. 그것이 가능한가를 묻고 답하며 함께 모색하는 자리에서 주된 관심은 "차관도입"에 관한 것이다. 이는 알 수 있는 바와 같이, 한국의 경제구조가 그만큼 취약하고 외자의존적이기 때문에 국가와 정부관료, 기업, 노동자, 그리고 시민 모두가 합심하여 난국을 타개할 협력과 희생을 도모해야 하는데, 경제 주체 각각의 생각과 행위가 달라 복잡다단한 난맥상을 노출하고 있음을 확인하게 된다. '경제적 안정'을 기하기 위한 '경제전반의 정책', 즉 '사업계획'을 발본적으로 재검토하여 "계속사업과 캇트할 것"을 엄격하게 구분하는 한편, '차관'의 루트도 미국만이 아니라 일본을 적극적으로 고려하여 일본과의 관계에 대한 '대책'을 강구해야 한다는 취지이다. 말하자면 그 당시 실제적 문제로 다가온 '한일회담'에 어떻게 임할까 하는 문제 제기성 기정사실의 추인 전략을 반증하고 있는데, 그 확증의 논리가 공허하고 수세적이다.[12]

---

11 〈鼎談〉 박동앙 · 이창열 · 황병준. 1963. 12.「韓國의 自立經濟는 可能한가」. 『세대』. 145-6쪽.

12 『세대』, 1964년 1월호에는 이환의(李桓儀)라는 이름의 저자가「日本總選擧와 韓日會

더욱이 문제가 되는 것은 일본의 차관을 받아야 한다는 당위적 조건이다. 애초에 미국의 대한원조와 방위계획이 '샌프란시스코 평화조약' 체결과 더불어 전면적으로 재조정되었기 때문에 '한일회담'의 계획은 반드시 실행될 수밖에 없었다. 그것은 한미일 삼각동맹의 정언명제였고 반공블록의 지역통합전략과 경제협력의 수직적 분업체계의 완성형 모델을 향한 절대명제였다.[13] 실질적으로 한국의 대일인식은 '반일감정'이 주종을 이루고 있음에도 불구하고 두 혁명(?)을 겪고 나서 경제성장의 이니셔티브에 강박되어 근대화 기획의 선제 공격에 굴복할 수밖에 없는 형편이었다. 일본담론은 그런 조건과 내적 자발성에 의해서 빈번히 발화되었다. '자주성'을 강조하는 경계심과 관련해서는 군사적·경제적 재예속을 우려하는 한국민들의 보편적 인식에 바탕한다는 연구 성과가 자리하고 있다. 더 나아가자면, 그 우려와 경계·공포야말로 타자로부터 자기 존재를 정위하고 비로소 자기 안에 잠복하고 있는 일본적인 어떤 괴물을 떨쳐보려는 몸부림을 예시한다고 하면 망발일까.

이와 관련하여 작가 한말숙의 「日本文學을 狙擊한다」를 살펴보자. 한말숙은 '반일감정'의 팽배와 일본적인 것에 대한 비하감의 저변확대에도 불구하고 정작 일본의 저급한 문화가 한국에서 유행하고 있음을 개탄한다. "저속한 日本小說이 번역되어 베스트셀러가 되고 있다. 또 그런

談의 方向」(292~3쪽)라는 글을 싣는다. 이 글은 〈세계의 테라스〉라는 별도의 지구촌 동향 보고란에 실려 있는데, 1963년 11월 21일에 실시된 일본총선거의 결과를 분석하면서 한일회담을 추진하여 일본이 처한 난국(감세정책, 해외시장확보, 지역안보블록 구축)을 헤쳐나가야 할 필요성이 절실한 사정을 알려주고 있다. 말하자면, 한국과 미국 못지 않게 일본의 내부적인 필요성을 역설하고 있는데, 그 긴급성과 절박한 계기를 상세하게 보고하는 의도 역시 어떤 목적을 위해서인가를 짐작하게 한다.

13 이에 대해서는 아래의 논문들을 참조했다. 박태균. 2005. 12.「한일회담 시기 청구권 문제의 기원과 미국의 역할」. 한국사연구회 편.『한국사연구』131 ; 박진희. 2014. 9.「미국 국무부 재외공관문서(RG 84)와 한일회담」. 한국사학회 편.『사학연구』115 ; 조아라. 2014. 2.「한일회담 과정에서의 미국의 역할」. 서울대학교 일본연구소 편.『일본비평』10(115). 423-462쪽.

것들이 映畫化되어 몇몇 映畫社에서 쟁탈전이 벌어진 일도 있다."[14] 뿌리 깊은 식민성의 여파에 따르는 한국문화의 사대주의 현상과 겉과 속이 다른 이율배반적인 현상의 모순/통일의 이면에는 많은 역사적 기억의 쟁투와 내면화·자발적 호응의 광기와 도 넘치는 환호작약이 혼융하고 있다.

> 나로서는 한국작가 것보다 낫다면 제발 그것을 읽으라고 권하고 싶다. 물질은 國家經濟를 위해 조잡하나마 國産을 써야 하지만, 精神界까지 國産이니까 하고 끌어내릴 수는 없다. 얼마든지 外國作品을 읽어야 한다. 다만 좋은 것을 말이다. 그러나 讀者들 간에는 國産品을 체념하듯이 文學도 오죽하려니 하고 애초 읽으려고도 하지 않는 사람이 있다. 치사한 일이다. 더도 말고 다만 두 줄만 읽어보라고 말하고 싶다. 그래서 읽히면 읽고, 도저히 읽을 수 없다면 집어치워야 하는 것이다. 그러나 한국作家의 作品에는 『家庭教師』 이하의 것도 많겠지만 그 이상의 것도 있다. 『家庭教師』 따위를 가지고 고마워하고 있는 사람은 참으로 가난한 사람들이라고 생각한다. 그런 정신적 빈곤은 물질적 빈곤과는 비할 수 없을 만치 사람을 슬프게 한다.[15]

『세대』의 창간호를 비롯하여 대대적으로 광고가 행해졌던 이시자카 요지로石坂洋次郎의 『家庭教師』을 조목조목 분석하면서 한말숙이 말하고

---

14 한말숙. 1964. 2. 「日本文學을 狙擊한다」. 『세대』. 222쪽. "우리 民族이라면 누구나 日本에 대해서 누구나 고운 감정을 가지고 있지 않다. 원수로 생각하지 않더라도 그 더럽던 島國民的 탐욕만은 역시 멸시하고 있는 것이다. 비록 옛것을 잊어버렸다 하더라도 그것은 망각에 속하느니보다 고작 우리와 대등이라는 정도로 생각하는 것이다." 같은쪽.

15 한말숙. 앞의 글. 227쪽.

자하는 전제는 일본에 비해서 한국이 '정신적 풍요'의 측면에서는 우월하다는 것이다. 그것은 곧 '일본문학'에 비해 '한국문학'이 낫다는 자부심의 발로인데, "더도 말고 다만 두 줄만 읽어보라고 말하고 싶다"에서 느껴지듯이 출중한 자신감이 아닐 수 없다. 하지만 실제로 그런가? 이로부터 정확히 4년 뒤에 일본문학은 노벨상 수상이라는 사건을 일으킨다(『설국雪國』의 가와바타 야스나리川端康成. 한말숙의 안목과 한국문단의 세계문학사적 지평, 한국문학의 수준이 이로써 드러나기도 하거니와, 더 주의할 점은 바로 '물질적 빈곤'의 직접적이고 감각적인 열등의식이 즉각적인 반발로 내세우는 논리가 '정신의 풍요'라는 사실이다. 이러한 낮은 수와 패배를 자인하고 들어가는 반박의 근거야말로 대중들의 독서환경과 문학적 특권의 허술함을 증명해주는 역효과를 낳게 한다. 문단과 독자 간의 간격뿐만이 아니라, 시민들의 이목을 끌만한 작품을 발표하는 작가가 누가 있었던가를 묻는 편이 빠를지도 모른다.

전후작가군의 뒤를 이어 등장하려는 이른바 '4·19세대'의 문학이 막 신고식을 마쳤거나 등단 준비 중에 있었던 바, 동양에서는 처음으로 하계 올림픽(제18회 도쿄올림픽, 1964)을 치르는 일본의 국력과 문화적 자신감은 우리의 비교 대상이 될 수가 없었다. 하물며 문화적 수준과 향유형태, 잠재적 역량 등 어떤 것을 내세워도 앞설 수가 없는 객관적 조건 속에서 경제협력의 지상명령이 떨어진 것이었다. 일본과의 교류가 임박한 가운데 '잘 안다고 치부했던' 일본의 실체에 대한 진단과 정보, 다각적인 접근법이 모색돼야 했다. 『세대』 1964년 4월호의 '제1특집·日本을 直視한다'는 그 고민 아래서 기획되었음을 알 수 있다. 〈사상〉 〈정치〉 〈사회〉 〈경제〉 〈문화〉 〈역사〉 영역으로 나누어 해당 분야의 전문 필진이 여기에 부응하는 견해를 피력하는 것이다.[16]

---

16 홍이섭, 「模倣과 傳統의 二重奏」, 송건호, 「軍靴자욱에서 雜草가」, 김관석, 「시들은

현재 팽창하는 日本資本主義의 海外市場 개척, 특히 韓國市場을 주시하는데 따라 나타난 日本의 생각 속에는 과거의 植民地 政策을 合理化하려고 하는 데서 직접 利害관계를 다루는 政治家, 商人들의 생각을 日本資本主義의 추진에 있어 帝國主義的인 생각을 씻지 못할 것이고, 보다도 잠재했던 생각이 다시 움틀 것이다.[17]

오늘날 볼 수 있는 또 하나의 유리한 조건은 근대화의 도상에 있는 나라에 대하여 미국이라든지 그 밖의 諸國으로부터 제공되는 多額의 對外援助이다. 일본은 약간의 宣教師로부터 받은 教育面의 무료봉사를 除한다면 여하한 無償援助도 받은 적이 없었다. 그뿐 아니라 帝國主義勢力이 橫行하고 있었던 당시, 보다 강력한 諸國에 대하여 多額의 債務를 지는 것을 위험한 것으로 본 일본은 巨額의 借款을 받으려 하지 않았던 것이다. 그런데 오늘날에 있어서는 정치적인 위험이 따르는 일 없이 막대한 借款이 공급될 뿐만 아니라 純全한 無償의 供與조차 工業諸國에 의하여 받아지게 되었다.
이와 같은 이유로서 오늘날 근대화의 途上에 있는 諸國은 十九세기후반의 일본보다도 빨리 발전할 것이라고 생각하는 사람이 많다. 그러나 세계가 戰後에 맛본 커다란 幻滅感의 하나는 이 신념이 뒤엎어진 것이었다. 사실 우리들이 근대화라고 일컬으는 보다 高度의 기술적 수준에 대하여 경제적일 뿐만 아니라 정치적 의미에 있어서도 順應하는 것이 많은 시간과 커다란 노력을 요하는 극히 곤란한 과업인 것은

菊花와 녹슨 칼」, 주석균, 「'스미다가와'의 奇蹟」, 박용구, 「女性文化 第三의 물결」, 라이샤워, 「日本의 近代化過程」 등이다.

17 홍이섭. 1964. 4. 「模倣과 傳統의 二重奏」. 『세대』. 37쪽.

지금도 아직 變치 않고 있다.[18]

인용된 두 글의 스펙트럼은 크다고 하겠는데, 홍이섭을 비롯한 한국 필자들의 전제와 우려는 대동소이하다고 하겠다. 미국의 원조 변화와 일본에 전가하는 대외 원조의 불가역적 현실을 받아들여야 한다는 점에서는 수긍하고 있지만, 여전히 눈 아래로 보며 한국의 존재를 업신여기거나 소극적으로 응대하는 일본의 태도에 대해서 생기는 불만을 예속의 재연을 경계하는 방식으로 표현하고 있다. 반면, 라이샤워의 논의는 전문가로서의 치밀하고 객관적인 시각에서 일본의 지역블록 안에서의 중심적 주도성과 경제성장의 급속한 성공 요인까지를 분석하는 가운데, 원조 주체와 대상국의 착실하고도 현명한 이행을 은근히 압박하고 있다. 『세대』 편집진의 의도와 기정사실화하려는 불가항력적인 대책을 여러 필진의 글들과 논조로써 분위기 조성하고 있는 것이다.[19]

『세대』의 일사분란한 기획은 다음 달에도 이어져 '第二特輯·玄海灘의 波濤는 높다'로 고조된 논쟁의 초점을 지속시키려 한다.[20]

> 일본의 한국에 대한 태도와 한국의 일본에 대한 태도를 두고 볼 때 여기엔 반드시 양국 간의 관계가 互惠平等의 입장

18 에드윈, O. 앞의 책. 라이샤워(편집부 역). 「十九世紀의 日本의 近代化」. 82-3쪽.

19 '한일회담'에 대한 기사로 그것마저 부족했는지 〈세계의 테라스〉란에는 장행훈의 「韓日會談은 언제 妥結될 것인가」를 실어, "池田首相도 金氏(김종필)의 방문을 앞두고 五月中에는 調印을 보고 싶다고 會談의 早期妥結을 희망했던 만큼 金氏의 東京방문으로 韓日會談의 '三月妥結', '五月調印', '七月批准'의 스케줄에는 별 이상이 없을 것 같다."(338쪽)고 하여 '한일국교정상화'가 임박했음을 확증하고 있다.

20 이 특집의 필자로는 송건호, 「'友好'에로의 긴 旅路」, 김영삼, 「黑幕에 싸인 屈辱外交」, 김동환, 「韓·日會談의 內幕은 이렇다」, 김경래, 「韓·美·日會談이란 말의 根據」, 편집부, 「韓·日會談에 대한 海外論調」로 구성된 『세대』, 1964, 5월호는 잡지의 입장과 다른 김영삼의 글과 '한일회담'이 실질적으로는 '한미일회담'임을 정확하고 냉정하게 지적하는 김경래의 글, 그리고 해외 매체들의 '한일회담'에 대한 논평을 실음으로써 객관적인 시각을 유지하려는 균형감각을 선보이기도 한다.

에서 타결되어야 한다는 점이다. 특히 우리의 近代史는 첫째 外勢列强의 競爭侵略을 받아가지고 開放되기 시작하였고, 둘째 列强과의 勢力角逐에서 戰利品으로 植民地 强占化한 日本帝國主義에 의하여 억압과 착취를 거듭된 자욱으로 메꾸어져 있기 때문에 역사적으로 우리를 침략한 일본에 대한 국민감정이 좋을 리가 만무한 것이다.[21]

二次大戰後의 國際關係를 보더라도 미국을 점령하려는 목표를 갖고 戰爭을 유발한 일본에 대해서 美國은 도리혀 日本을 오늘날과 같이 부흥시켰던 것이니 이런 예는 獨逸과 佛蘭西의 관계나 蘇聯과 獨逸 關係 등 예는 많은 것이다. 이런 나라들 相互間의 國民感情은 우리 國民의 日本에 대한 感情 못지 않을 現今과 같이 '매스·콤'이 발달하고 國家相互間의 의존도가 높아져 가고 있을 뿐 아니라 共産陣營 對 民主陣營이 대립되어 있는 오늘날의 國際關係에서 볼 때에 적어도 民主陣營內에 있는 국가들끼리는 서로 돕고 잘 살 수 있도록 노력하여야 되지 않겠는가. 범을 잡을려면 山으로 가고 범에 옆에 가도 정신만 차리면 산다는 우리의 옛말과 달걀장사가 城의 담밑을 지나지 못한다는 옛말이 있듯이 韓日關係가 正常化되어야만 한다는 것을 알면서도 論駁이 격심한 國內輿件에 자기 몸이 다칠까 보아 멀리 하지 말고 설득에 의한 노력으로 소신을 관철시키도록 해야 할 것이다.[22]

당시 야당인 민정당 국회의원이었던 김영삼의 태도와 여당인 공화당

21 김영삼. 1964. 5.「黑幕에 싸인 屈辱外交」.『세대』. 117-8쪽.
22 김동환. 앞의 책.「韓·日會談의 內幕은 이렇다」. 133-4쪽.

국회의원인 김동환의 시각이 이렇듯 다르게 읽힌다. 그럼에도 불구하고 일본은 이미 이웃 나라로서의 우호관계를 맺어야 하는 운명적 파트너로서의 현실적 여건뿐만이 아니라, 상호의존적 연루관계를 구조적인 내외적 여건 아래서 역사화하고 있었다. 김경래의 분석은 이러한 맥락의 지역적이고 세계적인 차원의 조망에서 나온 것이다.

> 미국과 일본은 ①基幹산업을 위한 공장건설, 항만시설의 확장, 발전시설 등에 중점을 두고 美·日양국이 어떻게 분담하느냐 ②한국의 지불능력을 감안한 원조조건과 방법을 정하는 문제 ③공업용 원료, 기계부분품 등 원조의 규모와 제공방법 등을 결정하는 문제 등, 상당히 세밀하게 다루어진 것으로 알려졌다.
>
> 이 회의(1964.1.27·28 양일간 동경에서 열린 제3회 美·日經濟閣僚회의-인용자)를 통해 또 미국이 조속히 한·일국교정상화를 바라고 있는 저의의 일면도 분명히 드러났다. 많은 한국국민은 미국의 압력으로 韓·日회담이 좋든 나쁘든 간에 무르익어 가고 있다고 생각하고 있는데 이러한 생각을 곡해로만 규정할 수 없는 疑惑點이 군데군데 발견되었다. 즉, 미국은 韓·日국교정상화협정이 체결된 후 일본이 한국에 지불할 五억불의 청구권도 이것을 對韓經援의 一環으로 간주하고 그 지불을 미국의 AID[23]당국과 한국정부와의 三角절충에서 결정하려는 징조가 나타난 것이기 때문이다.[24]

일본은 이미 타자로서만 대상화되었던 것이 아니었다. 오히려 한국

---

23 "Agency for International Development"의 약어로서 1961년에 종래의 여러 원조 기관을 통합 흡수하여 발족한 미국의 해외 원조 기관인 국제 개발처를 가리킨다.

24 김경래. 앞의 책.「韓·美·日會談이란 말의 根據」. 115쪽.

의 주체적 의지와 교섭 행동에 상관없이 미국이라는 강력한 초월자이자 조종자, 매개자의 지휘 감독 아래 일본의 주재와 시나리오에 따라 '한일 회담'의 일정은 진행되고 있었음을 인지하게 되는 것이다. 한국 지식인들이나 정치인, 국민들의 일본 담론은 기실 일본이라는 강력하고 주체화한 타자의 호명·소환에 국제무대에 끌려 나온 형국이었던 셈이다.

> 日本國 中 여러 가지 분야에 걸쳐 韓末 문화가 샅샅이 침투되어 있다. 故 賀川豊彦(가가와 도요히코) 氏의 말에 의하면 일본인의 六할은 한국인의 자손일 것이라는 것이다. 그들이 쓰는 陶磁器라든지 法隆寺며 正倉院으로서 대표되는 소위 奈良朝文化는 물론 江戶文化의 中樞를 이루고 있는 足利學校는 壬辰倭亂 때 강탈해 올 우리나라의 文化遺產이였다. 그럼에도 불구하고 일본인은 우리를 업신여기고 우리는 또한 그들을 증오한다는 것은 무슨 까닭일가? 나는 결코 일제 三六년 간의 그들의 蠻行을 지내보자는 것은 아니다. 다만 과거를 되새기기만 하는 停滯에서 심기일전하여 스스로 새길을 개척하자는 것이다. 민주주의 정신의 본령은 원래 반대보다는 협력하는 데에 투쟁에 앞서 타협이 緊할 때가 許多하다. 국내에 있어서도 여야가 타협하고 상대를 이해하는 아량이 절실한 문제가 아닐가?[25]

피아彼我가 구별되지 않을 정도로 이근동지異根同枝/同根二枝의 이질적 쌍생아의 형상으로 묘사되는 한일 간의 관계와 대쌍기호對雙記號는 혼종적 활동체로서의 상호교통성의 본질을 표상하는 동시에, '나는 너다' 혹은 '너는 나다'의 상호주체성을 드러내주는 자기 지시어라 할 것이다. 재

25 김파우. 1964. 6.「韓日會談과 在日僑胞－在日僑胞의 立場에서」.『세대』. 311쪽.

일교포의 글에서 나타나는 '타협'과 '아량'의 절실한 갈망이 두드러진다. 거기에 논리적 거점으로 끌어들이는 '민주주의'의 논거가 무색한 무시와 모욕, 원망과 설움의 역사적 시간들을 떠올리게 한다.[26] 과거의 찬란했던 문화유산과 일본문화의 기반을 굳이 강변하는 속내에는 역으로 당대적 근과거-현재에 내재화된 일본적 정체성의 육화를 부정적으로 추인하고 있는 고백으로 읽힌다.

하나 더 덧붙이자면, 같은 호에 「日人이 쓴 李舜臣論」이 실린다.[27] "李舜臣은 李朝 굴지의 名將으로 그 인물의 뛰어남은 李朝五百年에 걸쳐 그의 위에 설 사람이 드물 정도다. 그는 智略이나 發明에 뛰어났으며 또한 豪勇한 사람이었다. 시기심이 많고 간사한 짓을 하면서 祿을 먹던 朝臣이나 武將이 많던 韓國史에 있어서 오직 샛별같이 빛나는 이는 바로 李舜臣이었던 것이다. 文祿, 慶長의 役(壬辰倭亂 및 丁酉再亂을 일컬음) 때에는 용감무쌍한 日本軍도 그이 때문에 빈번히 패배당하였다." "李舜臣, 陣中에 머므르기 六年이나 女色을 가까이 하지 않았고 싸우지 않을 때도 衣冠을 풀지 않고 늘 端坐하여 책을 읽고 計策을 닦았다고 한다. 그는 참으로 古今에 볼 수 없는 名將인 것이다."[28] 나니와 젠타로(難波專太郎)는 1959년에 『名將 李舜臣』이라는 책을 일문으로 출판한 경력이 있다. 이로 미루어 보건대 두 글이 상호보완적으로 읽히길 바라는 편집진의 의도를 읽을 수 있다 하겠다.[29]

---

26 이 글의 저자는 김파우인데 한자명도 金坡禹로 한국식 작명법치고는 특이한 데다 한자는 다르지만 동명의 이름을 가진 '김파우(金坡宇)'도 있었음을 상기한다면, 재일거류민단 소속의 한국신문논설위원으로 소개되고 있는 것을 감안할 때 디아스포라의 사회심리적 이중분열의 정체성을 가지지 않았을까를 짐작 가능하게 한다.

27 難波專太郎(나니와 젠따로오). 김형진 역. 같은 책. 「日人이 쓴 李舜臣論」. 358-363쪽.

28 같은 글. 358 · 363쪽.

29 이 두 글의 배치는 본문에서는 수십쪽의 간격을 두고 있지만 목차상에서는 나란히 배치되어 함께 읽히기를 바라는 의도가 여실히 느껴진다.

3. 근대화의 당위성과 일본의 역할

『세대』의 일본담론은 계속 이어진다. 1964년 7월호에서도 〈日本에서 보는 韓·日會談〉이라는 소제목으로 3편의 글이 실린다.[30] 재일교포 2명과 신문기자 출신 김을한(한국신문사 편집국장 겸 주필을 역임하고 도쿄에 한국문화사를 창립)의 짧은 글들인데, 한결같은 논조는 다음과 같이 요약된다. 양국관계의 중차대한 시점을 맞아 공산진영으로부터 자유진영을 수호하고 상호발전을 기하여 호혜평등에 입각한 건설적인 양국관계의 발전을 도모해야 한다. 야당과 일부 학생들의 '한일국교정상화' 반대는 중공과 소련에 비난거리를 제공하고 일본 내의 극좌세력들, '전학련'과 '조총련', '일본사회당', '일본공산당'의 발호에 따르는 재일교포의 멸시와 차별을 가속화할 빌미를 주게 되므로 국가백년대계의 대국적인 견지에서 바라봐야 한다. 더욱이 북한의 강력한 반대에 동조하여 국론분열과 이적행위에 가담하는 안보적·외교적 손실 또한 범하게 되어 국가와 민족의 미래번영에도 매우 큰 해가 되는 것이다. 따라서 과거에 매몰되어 현재의 긴급한 사안과 미래를 설계하는 중대한 국면을 소모적으로 보내지 말고 한일국교정상화를 체결하여 상호발전의 시너지 효과를 극대화해야 한다.

1964년 3월 24일부터 비상계엄이 선포된 6월 3일까지 벌어진 '한일회담반대' 시위의 여파를 반영하는 『세대』의 일본담론 기획은 『사상계』의 연대적 대응과는 반대되는 지점에서 진행되고 있음이 전해지는 것이다.[31]

---

30 김희명의 「韓·日會談 斷想」과 이건의 「蔑視로부터의 脫出」, 그리고 김을한의 「韓·日會談反對運動」 등이다.

31 장세진의 「'시민'의 텔로스(telos)와 1960년대 중반 『사상계』의 변전」, (서강대학교 인문과학연구소 편. 『서강인문논총』 38. 2013. 12)과 유지아의 「한국과 일본에서의 한일회담 반대운동의 전개과정과 역사적 의의」. (한일관계사학회 편. 『한일관계사연

1964년 8월호에서는 '창간1주년기념현상당선작'[32]으로 선정된 이천표의 「韓國의 近代化를 沮害하는 要素」와 김영철의 「韓國의 새로운 비전」이 당선소감과 함께 게재된다. 소설부문에 당선된 홍성원의 「機關車와 송아지」는 DMZ에 인접한 OP 근무병사들의 긴박하고 첨예한 북한침투병과의 충돌사태를 통하여 냉전이 지속되는 한반도의 위장 평온 국면이 얼마나 불안하고 허위에 불과한 것인가를 환기시킨다. 이렇듯 세 편의 당선작들은 분단과 안보, 낙후와 발전, 경제와 외교라는 부문들의 한국적 취약성과 제한성을 짚어내면서 '근대화'만이 살길임을 강조하고 있다.[33] 지상명령의 절대과제로 떠오른 '근대화'의 당위성은 거스를 수 없는 대세였다.

> 충실한 생활내용, 민주정치의 완성, 富의 증진, 도덕의 확립, 의로운 사회건설, 종교의 풍성, 과학 철학 예술의 발달, 인격존엄의 구현, 국제친선, 남북통일, 인류에의 봉사 등이 알리딘의 램프처럼 원하는 즉시 이루어지는 것은 아니다. 그것은 勤儉節約, 自己救濟, 自己信賴의 마음으로 한국민 모두가 깊은 介在意識과 책임을 느끼는 동시에, 愛國心을 갖고 장애요소들을 제거하며 지도이념에 따라 욕구하는 새로운 비전을 항상 간직하는 한편, 그들이 처한 위치에서 맡은 바 사명에 성실할 때 성취될 수 있을 뿐이다. 그러한 役事

구』 53. 2016. 4) 참조.

32 『세대』, 1964. 4의 목차 상단과 편집후기인 「에필로오그」, 본문 323쪽에 「創刊一週年記念十萬원大懸賞作品募集」 공고를 내고 '논문부'와 '소설부'로 나누어 홍보한 바, 그 결과를 발표한 것이다.

33 그것은 애초의 '현상모집' 공고에 '논문부'의 지정주제로 "ㄱ.韓國의 近代化를 沮害하는 要素 ㄴ.民族自立自主에의 길 ㄷ.새로운 에리뜨의 形成을 위한 方案 ㄹ.民族中興을 위한 爲政者와 國民의 基本姿勢 ㅁ.世界 속의 韓國을 論함 ㅂ.韓國의 새로운 비젼(未來像)" 정하고 그 중에서 '擇一'하라고 제한해 놓았다. 박정희 정권의 장단기 과제와 동일한 버전임을 알 수 있는 것이다.

(public underttaking)가 歷史 위에 나타날 때 새로운 비전은 이미 실현을 보고 있는 것이다. 왜냐하면 役事에 정진하는 국민집단자체가 새로운 비전의 胴體이므로-.[34]

'국민집단'의 '역사役事/歷史'가 '지도이념'의 지휘 아래 동원되는 '새로운 비전'은 이후의 현대사가 증명해주고 있는 바다. '한강의 기적'을 이루었으나 수많은 희생과 고통이 수반된 기획이었기 때문에 1979년의 '부마항쟁'과 10월 26일이 일어났고 1980년 '5월 항쟁'을 거쳐 1980년대의 학생운동과 노동운동의 대대적인 저항이 있었다는 것이다. 일본의 영향력은 미군의 진주와 미군정 시기를 경과하여 끝난 듯이 보이지만, 박정희 정권기 내내 '기생관광'이라는 형태로, 물질중심주의(배금주의, 물신숭배, 부자증후군, 성장지상주의, 향락주의 등)를 야기케 한 고도성장과 경제개발지상주의의 강박증과 열등 콤플렉스로 집요하고 끈질기게 남아 있다. 이를 뒷받침이라도 하듯 언론계의 중진인 오소백이 특파원의 자격으로 일본 전역을 돌아보며 쓴 기행문 「旅券44578号-닥치는 대로 본 日本社會의 底邊」을 1964년 9월호부터 연재하기 시작한다.

싫건 좋건 언젠가는 日本과 사귀지 않으면 안 될 것이다. 나는 두 달 동안 일본을 踏査하고, 여행이 五年 이상 늦었음을 직감했다. 내가 일본을 답사한 것은 있는 대로의 일본사회를 알고 싶었기 때문이다. 우리나라 사람들에게 에누리없이 日本社會를 알리고 싶었기 때문이다. 나는 日本 北海島 最南端에서 九州 最南端 鹿兒島까지 가로세로 强行軍했다. 나는 닥치는 대로 무엇이든지 보았다. 韓日會談이니 뭐니 하지만, 첫째 더 소중한 것은 오늘의 日本社會를 똑바로 透

---

34 김영철. 1964. 8. 「韓國의 새로운 비전」. 『세대』. 315쪽.

視하는 것이 先決條件이라고 생각한다. 두 달에 걸친 여행에서 나는 잠시도 취재라는 것을 떠나 움직인 적이 없었다. 애당초 수박겉핥기 식이나 觀光 비슷한 여행이 아니었던 것을 고백해둔다. 우리는 밉던 곱던 먼저 일본사회의 裏面을 고스란히 보는 데서부터 시작해야 한다고 생각한다.[35]

오랫동안 日本은 '전쟁 商業'에 재미를 본 나라다. 그러나 일본은 전쟁에 졌건만 생활엔 이겼다. 흔히 일본을 '아시아의 西獨'이라고 부르기도 한다. 二次대전을 일으킨 일본과 독일은 똑같이 패전했고 또 거의 똑같이 엄청나게 일어났다. 어떻게 보면 이것은 시나리오 같은 역사의 異常循環인지도 모른다. 일본 天皇은 '神權'을 버리고 스스로 '人間宣言'을 했다. 대원수의 군복을 신사복으로 갈아입은 천황은 백성들 앞에 들창이 난 셈이다. '天皇象徵制'를 택한 것은 오랜 '神權制'에 아직 미련을 남겨둔 증거인 것이다.[36]

'언론인'으로 자신을 드러내는 오소백의 기행문은 더 정확히 말하자면 당대 일본이라는 타자-주체의 존재에 대한 탐구의 성격을 띤다. 모자라는 액수의 여행 경비를 가지고 취재에 임하는 그의 자세는 "오늘의 일본사회를 똑바로 투시하는 것"이다. 그가 이토록 일본 기행에 기자로서의 경력과 인맥, 혼신의 힘을 다한 취재를 통해 달성하고자 하는 것은 다음 문장에 고스란히 묻어나 있다. "우리는 밉던 곱던 먼저 일본사회의 이면을 고스란히 보는 데서부터 시작해야 한다고 생각한다." 그의 말대로 특파된 취재기자로서 오소백은 일본 전역을 누비며 다양한 계층의 사람들과 직접 대화를 나누고 일본의 오늘을 광범위하게 살피는 가운데 일

35 오소백. 1964. 8.「旅券44578号 – 닥치는대로 본 日本社會의 底邊」(상).『세대』. 170쪽.
36 오소백, 같은 글, 앞의 책, 174쪽.

본의 민낯에 가까운 여러 곳의 풍경을 전달한다. 꿈을 잃고 자기만의 행복을 추구하면서 사는 일본대학생, 공중도덕을 지키지 않는 대중들의 이기주의적 속성, 빠찡고 천국, 스트립쇼와 3류 여관의 실태, 기업과 학교, 사회 전반에 각인된 가부장적 질서의 상명하복 '의리문화', 외국인에 대한 차별대우와 경제개발의 급속한 성장으로 고무된 비틀린 우월감 등 부정적이고 꼴사나운 측면이 있는 그대로 보고된다.

그러나 정작 오소백이 말하고자 하는 것은 다음과 같은 재일교포들의 직접적인 목소리 전달에 있었다.

> ◁朴=박정희 대통령과 만나 교포의 法的 地位와 處遇문제에 관한 건의를 했더니 교포 대표 한 사람을 한일회담에 참석시키기로 됐습니다. 우리로서는 현재 진행 중인 한일회담에서의 교포 법적 지위의 협상에 찬동 못하기 때문에 교포 대표의 참가와 더불어 일본측과의 교섭을 재출발토록 생각하고 이 점을 鄭一永 외무부 차관에게 이야기 했습니다. 鄭 차관은 정부로서는 현재까지 진행된 법적 지위 협상을 재출발할 수 없다는 입장을 명백히 했습니다. 우리가 법적 지위 문제에 대표를 참석시키겠다는 것은 종래의 정부 주장을 일본측과의 협상을 통해서 進一步시키자는 데 그 목적이 있는 것입니다. 對日協商에 있어 우리의 주장이 관철되지 않는다면 대표 참가란 것이 調印에만 참가한 결과밖에 되지 않아 이러한 입장이라면 대표를 참가 안 시킬 생각입니다. 이 문제는 돌아가서 거류민단 간부회의에서 협의해 보아야 하겠습니다.
>
> (·····)
>
> ◁朴=한일관계는 協商妥結 이전의 문제보다 협상타결 이후의 문제입니다. 나는 개인적으로 생각할 때 이승만 박사의

對日定策이 가장 옳았다고 보고 있습니다. 李 박사는 한국의 自主性 自立性을 갖고 일본에 대해 경고를 하는 정책을 써서 성과를 얻은 것은 훌륭했다고 봅니다. 나는 이번 귀국을 통해서 한국에서는 일본에 대한 비굴이 거리에서 얼마든지 볼 수가 있었습니다. 한 例를 든다면 요즘 日本商社 특파원이란 사람들이 서울에 많이 오고 있는데 이들의 대부분은 課長級도 못 되는 係長級밖에 되지 않는 사람들인데 한국에서는 일류 '호텔'에 유숙하고 많은 한국 상인들로부터 마치 大회사의 社長級의 대우를 받고 일본 귀국 시에는 한국사람들이 준 선물로 항공기에 가득 차는 형편입니다. 그리고 한국에는 일본을 崇拜하는 풍조가 이만저만이 아닙니다.

◁裵=한일회담 대표들을 보낼 때 일본 정치인들에 비해 손색없는 사람을 보내주었으면 합니다. 요즘 한일회담을 하는 일부 사람들은 일본에 와서 돈 많은 사람들이나 만나러 다니고 무슨 宴會니 무슨 視察이니 하는 명목하에 유람기분으로 다니고 있는 것을 보면 한심스럽게 생각됩니다. 한일회담 대표들이 교포의 보호육성이니 무엇이니 말로는 하고 있지만 그실 거류민단과는 별로 연락을 취하지 않고 일본인들과 쓸데없는 접촉이나 갖고 있어서는 다 올바른 협상은 진행시킬 수 없을 것이다.[37]

오소백의 보고는 재일교포의 시각을 빌어 일본에 예속·조종된 박정권의 비대칭 외교의 현실을 드러내준다. "비굴"의 표식은 협상 당사자들과 실무진, 정책을 결정하고 집행하는 공무원들과 사회적 영향력을 갖고

37 오소백. 1964. 11. 「旅券44578号－닥치는대로 본 日本社會의 底邊」(하). 『세대』. 164-5쪽.

있거나 여론 형성에 적극적으로 참여하는 사람들을 중심으로 감지되고 있음을 증명하고 있다. 저자세는 물론이고 '숭배'의 염을 갖는 문제는 한국 경제의 전반적인 기조를 일본 재벌의 육성과 소득 편중의 심화를 거의 그대로 모방·답습하는 자발적 종속성에도 초점이 맞춰져 있음을 간파하게 된다. 하지만 '굴욕외교 반대투쟁'은 이미 물 건너 간 저항이었다. 반대진영 측은 '비준반대' 이슈를 들고 다시 전열을 가다듬지만 대일종속적 경제구조의 틀은 변할 수가 없는 흐름이었다. 다만 종속의 대상이 다각화됐다는 변화의 성격과 더불어 종속의 심화와 경제·외교·안보의 의존성은 정비례되는 구조를 공고히 했다고 평가할 것이다. 이미 합의 결정된 한일관계의 결속은 피할 수 없는 필연으로 접어들었기 때문이다.

『세대』 1964년 10월호에는 〈日本에서 보는 韓國〉이라는 제목 아래 6명의 글이 실린다. 식민지 시기 경기도 수원 출신의 작가로부터 '경단련' 회장, 일본 농림상, 재일교포, 대학졸업한 직장인, 일본 중의원 의장에 이르는 각계각층의 사람들이 '한일회담'의 경과를 지켜보면서 조속히 회담이 성사되어 우호적이고 평등한 관계정상화가 이루어져 양국발전과 아시아의 안정과 평화, 세계평화에 기여하기를 염원하는 내용으로 구성되어 있다.[38] 잡지 편집자들의 필진 섭외와 발 빠른 원고 접수에 이은 번역 등의 제반 업무는 차치하고라도 무관심으로 일관하거나 열등한 국가로 깔보는 일본인들의 일반적인 한국 인식과 대응의 최대치를 보여주는 사례라고 하겠다. "人種的으로나 地理的으로나 文化的으로나 이만큼 가까운 관계에 있는 韓國과 日本이 언제까지 過去拘碍되어 오해와 偏見에 찬 關係를 계속한다는 것은 今後 兩間의 발전에 마이너스가 될 것은 필

38 湯淺克衛(유아사 가쓰에, 작가, 수원출신), 「알의 노란자위를 갖자」, 植村甲午郎(우에무라 코고로, 日韓經濟協會 會長, '경단련'회장), 「韓日關係의 定常化」, 松浦周太郎(마쓰우라 슈타로 일본농림상), 「韓國國民 여러분께」, 韓晛相, 「나는 이렇게 본다」, 藤原啓子(후지와라 게이코), 「日本學生의 韓國觀」, 船田中(후나다 나카, 일본 중의원 의장), 「韓日國交의 問題點」 등. 『세대』. 1964. 10. 272-91쪽.

연적이므로 하루라도 빨리 問題點이 해소될 것을 바라야지 않겠는가."[39] 재일교포 한현상의 이 말은 '한일회담' 촉구를 조속히 원하는 일본측의 이구동성異口同聲이다.

4. 근대 한국인 정체성의 일그러진 초상

『세대』 1964년 11월호에는 〈엣세이 特輯·오늘의 流行語를 따라서〉를 선보인다. 창간호에서부터 시중에 유행되는 말들을 골라 그에 대한 논평을 했던 전례가 있었는데, 해당호에서는 문인들에게 아예 에세이로 맡겨 선택된 말과 관련된 단상이나 논평, 에피소드 등을 요청한 것이다. '散策'(박재삼), '自意半他意半'(박성룡), '低姿勢·高姿勢'(이경남), '默契'(오화섭), '書面決議'(이홍우) 중에서 시인 이경남이 쓴 「低姿勢·高姿勢」의 다음 대목을 보자.

> 五·一六 이후 많이 등장한 新造語나 流行語 가운데는 더러 우리들의 口味를 당기게 하는 빤짝이는 말들도 있기는 했다. 그러나 低姿勢니 高姿勢니 하는 말은 그 流行語의 緣由를 미루어 보아 우선 不快하기 이를 데 없는 소리들이다. 韓·日 두 나라의 政治外交 흥정상 저네들 일본이 高姿勢요 우리네 當路者들이 低姿勢였다는 데서 비롯되었다고 傳해지고 있는데, 이러한 表現이 這間의 內幕을 얼만큼이나 正確하게 말해주고 있는지 一抹의 疑心이 없는 바도 아니지

39 韓晛相. 앞의 책. 「나는 이렇게 본다」. 285쪽.

만, 그래도 그러한 말들이 公公然하게 오고간다는 하나만 가지고도 매우 한심스런 노릇이다.
몇 푼의 白銅이 쩔렁이는 錢袋를 흔들어대는 것이 高姿勢요 실리를 노리는 誠實하고 計算 바른 사람이 低姿勢라면 그것은 어린애들 世界에서나 通用될 수 있는 일이다. 이런 경우의 高姿勢·低姿勢란 별로 問題삼을 일거리도 못 된다. 문제의 核心은 홍정이 오고 가는 兩者의 精神的 姿勢에 있는 것이다.[40]

우선 제목부터 비대칭과 불평등의 표식으로 점철돼 있는 것처럼, '한일관계'의 맥락이 냉철하고 객관적으로 정리된다는 것이 얼마나 힘든가를 알 수 있다. '저자세 고자세'의 대비對比와 성찰의 대비對備는 말할 것도 없고 "어린애들 世界" 운운도 냉혹하고 무자비한 외교전쟁의 실상을 도외시하는 발언이다. "정신적 자세"라는 지적에 대해서도 안이한 대안 제시이기는 마찬가지이다. 무엇보다도 군부 쿠데타의 치명적 약점을 안고 출범한 박정권의 밀어붙이기식 외교안보협상의 정치적 타결이 야기시킨 정신적 트라우마로서의 민족적이고 집단적인 감성은 그 누구도 어떤 객관성을 확보하기가 쉽지 않았음을 깨우쳐주는 것이다. 젊은 학자 임종철(서울상대 강사)이 '경제교류'의 '필지'를 인정하고 '부등가교환' 아래의 '전근대 정치권력'과 '금력'과의 '결연'과 '국민'과 '정치적 경제적 권력층의 주권의식박약'을 경계하면서 '강력한 주권의식'을 주문, '知己知彼'하여 "엄연한 事實을 直視하면서 우리의 權益을 옹호하고 이익을 추구하여야 할 것이다."[41]는 주문은 추상적이고 관념적일지언정 귀담아 들을 여건이 갖춰지지 않았다.

40 이경남. 1964. 11. 「低姿勢 · 高姿勢」. 『세대』. 287쪽.
41 〈세대쌀롱〉 임종철. 1965. 5. 「韓日經濟協力」. 『세대』. 25쪽.

『세대』지는 1965년 5월호와 6월호에 『資料-韓·日會談白書』를 2회에 걸쳐 분재하는데 이미 아퀴지어진 '한일국교수립'은 일정만 남겨둔 채 마무리를 향해 가는 형국이라고 보는 편이 적당할 것이다. 1965년 8월호에는 〈特輯·韓·日國交 以後의 問題〉[42]가 마련되고, 9월에는 다시 〈特輯·韓國 속의 日本〉[43]이 실린다. 같은 해 11월에는 〈特輯·亞阿블럭의 經濟開發計劃〉란에 김유철의 「低生産部門의 近代化」〈日本〉가, 그리고 그해 12월호 〈政界의 焦點〉란에 문찬홍의 「韓·日 間 國交正式樹立과 새 方向」이 게재된다. 이후에도 일본담론은 심심치 않게 등장하여 이 월간 잡지의 지면 형성에 한 몫을 담당하고 있다. 이제까지 살펴본 것처럼 일본의 존재는 한국인의 삶과 역사, 정체성 형성에 지대한 영향을 미쳤던 바, 서두에서 거론했던 최인훈의 『회색의 의자』로 돌아가서 독고준의 결단에 대해 더 논해 보자.

매부 현호성이 남한에 정착하여 유력인사가 된 과정은 자세히 기술되지 않았다. "그가 특혜융자로 치부를 한 모당의 돈줄 가운데서도 굵직한 사람이라는 것은 아는 사람은 다 아는 터였다. 그러면서도 한 번도 말썽을 내거나 꼬리를 잡힌 적은 없었다. 그만큼 차지고 빈틈없다는 소문이었다."[44] "유력한 국내 재벌들이 혈안이 되어 맡으려고 한 일이 결국 그에게 낙착이 된 것은 운이었다. 물론 당黨의 P씨가 밀어준 것이 결정적인 힘이었지만. 육개월만에 가본 일본. 아무튼 분주한 나라야."[45] 이 작품에서 일본과 현호성의 관련은 이 두 곳뿐이다. 그럼에도 불구하고 여기서 주목하게 되는 것은 일본-현호성-독고준으로 연결되는 이중삼중의

---

42 김경래. 「批准 후의 氣象」〈정치〉; 임종철. 「競爭力의 强化」〈경제〉; 이철범. 「民族意志의 決斷」〈문화〉; 김대환. 「劣等感의 克服」〈사회〉 등.

43 이환의. 정치 ; 변도은. 경제 ; 이규태. 사회 ; 최종율. 문학 ; 이홍우. 언어 ; 황문수. 사상 ; 정영일. 연예 등.

44 최인훈. 1963. 11. 『회색의 의자』. 제6회. 『세대』. 388쪽.

45 최인훈. 1964. 1. 『회색의 의자』. 제8회. 『세대』. 374쪽.

일본이라는 타자(이자 주체)의 영향력과 독고준의 존재 안에 짙게 드리워진 그 그림자이다. 여태까지 분석한 일본담론 속에서 한일관계의 불가피성과 불평등 구조를 그토록 확인해왔던 무기력과 열등감으로 수용할 수밖에 없었던 맥락과 유사하게 독고준도 그렇다.

친일파 매판자본가인 현호성의 집으로 들어가는 순간, 독고준의 실존성은 현호성이 제어·운영하는 반민족적이고 반민주적이며 이기주의적인 테두리 속에서 운신하게 된다. 그가 왕국 재림교회의 독실한 신자이자 순수하고 소박한 김순임을 택하지 않은 이유도 그녀를 보호하고 훼손해서는 안 된다는 자기 규제가 답변이었지만, 그 이면에는 이유정의 배경 때문이었음을 간파하게 된다. 김순임과 미래를 설계한다는 것은 경제적 자립을 하기가 난망할 뿐더러, 그녀의 종교적 신념과 부딪치는 일이 많아 그 스스로가 피로감을 느끼고 급기야는 예민하고 까탈스러운 자신의 성격 때문에 알게 모르게 상처를 줄 공산이 크기 때문에 피했다고 여겨진다. 반면에, 이유정은 독고준 자신과 수준 높은 담론을 주고 받을 수 있고 문학과 미술이 예술이라는 공통점으로 창작의 고통과 희열, 허망함을 알며 무엇보다도 든든한 집안과 권력을 움켜쥔 형부가 있기 때문에 경제적 기반이 튼실한 것이다.

그러니까 독고준의 선택은 노련하고 세련되었으면서도 호락호락치 않은 이유정의 허구적 세계에 뛰어 들어 실제 현실의 빈궁과 생활에 구애됨이 없이 마음껏 관념과 상상력의 창조적 놀음을 계속하려는 목표를 바란 것이다. 현호성에 대한 독고준의 이중적 감정과 태도는 일본에 대해 갖고 있던 당대 한국인의 모순 감정의 대립적 봉합 노력과 크게 다르지 않다. 과거의 원한이 해소되지 않은 채로 무시와 천대의 기억을 지우기도 힘든 터에 국교를 맺고 안보와 경제, 외교 협력의 호혜 평등한 교류를 저자세로 청하는 비굴한 치욕감을 한일회담 진행과정을 통해 통감(痛感)해야 했던 한국인의 착잡한 마음은 급기야 경제우선주의를 목놓아 외치는 경제 동물의 DNA를 이식하기에 이른다. 사람이 사람을 먹이로 삼키는 자본주의의 인간 형상을 마르크스는 묘사했지만, 제 안의 창 밖 모습으로 독고준이 바라본 이미지는 '드라큘라'였다. 그가 도달한 '드라큘라' 형상은 이웃나라 한국의 전쟁과 식민지 백성들의 고혈을 뽑아 성장하고 자라나 '도쿄올림픽'과 '세계만국박람회'를 준비하고 있는 일본의 자본주의의 성격과 닮았다. 종속될 줄 알면서 경계하는 가운데서도 일본의 경제성장을 질투와 선망의 복잡한 심정으로 바라보며 답습하려는 한국 군사정부와 기업가, 고위 관료, 대다수 국민들의 경제지리적 초상을 상상컨대,

> 분명히 드라큘라는 악역惡役으로 신학교수는 선역善役으로 돼 있는 드라마에서 이렇게 드라큘라의 편을 드는 심리는 무엇인가. 간단하다. 내가 드라큘라이기 때문이다. 사랑. 신의 사랑. 아무의 피도 아닌 피. 이웃을 다치지 않는 흡혈귀는 합법이지만 진짜 피를 요구하는 자는 마귀이다. 가혈假血 아닌 진짜 피를 탐내서는 안 된다. 드라큘라 전설은 교회에 대한 반항의 설화다. 진짜 피를 요구해서는 안 된다는 가르침에 대한 협박이다. 그런데 나는 왜 그렇게 놀랐을까? 김순임의 얼굴이 여주인공처럼 보이고 그 뒤쪽 창에 비친 내 얼굴이 드라큘라처럼 보였을 때 나는 왜 그렇게 놀랐을까? 나는 그리스도를 믿지도 않고 따라서 드라큘라를 악마라고 믿지 않는 바에야. 그리고 유리창에 비친 모습은 처녀 앞에 나타날 때 드라큘라가 지니는 그 단정한 모습이었는데. 잇빨도 들어내지 않은. 그런데…… 그런데 왜 나는 물러섰을까? 그때 나는 온화한 심정이었다. 그녀가 사랑스럽다고 느끼고 있었다. 사람이 사람을 사랑할 때는 드라큘라를 닮는 것인가. 서로의 피를 빠는 그것은 다만 상징일 따름이다. 그

> 렇다 그것은, 내가 주저한 것은 연민憐憫이었다. 그녀의 평화를 해치고 싶지 않은 마음이었다. 신의 피가 말라버린지 이천년이나 됐는데도 수도꼭지를 틀듯이 성혈을 배급하는 시대라 할지라도 어떤 사람들에게는 거짓말이 필요하다. 그들에게서 평화를 빼앗는 것 그태서(같아서-인용자) 끝없는 방황의 밤 속으로 몰아내는 권리가 정당한 것인가. 그것은 안 된다. 어린아이의 손에서 꽃을 뺏어서는 안 된다.[46]

이미 드라큘라가 돼버린 자신의 모습이 김순임보다는 이유정의 생각과 궤를 같이 한다고 본다면, 현호성의 집 안 테두리 속 방치에 자발적으로 응하여 생존을 이어가는 독고준의 입사의식은 현호성과 닮아가는 출발점에 선 셈이다. 제2의 현호성이 되기를 마지않는 독고준의 정체성은 말하자면 한국인의 경제대국을 향한 뒤틀리고 오욕에 가득찬 한국경제의 역사와 집단적 부응과정을 모범적으로 체화하고 있으며, 그 소란스런 '한일관계'에 대한 갑론을박 와중에서 『세대』의 창간과 더불어 어떤 당위의 한일국교정상화로 일본의 경제성장제일주의를 고통스럽게 받아들여야 하는 작가 최인훈의 결단이 아니었을까 한다.

문제는 그 결단과 독고준의 입사의식을 대하고 해석하는 초월적 도약에 달렸다. 독고준은 '사랑과 시간'을, 작가 최인훈은 『서유기』를 통하여 자기 방으로 돌아오는 행로를 더 복잡하고 착잡하게 구성한다. 불가항력의 권력관계에 포획되었다 하더라도 고분고분하게 따라가지는 않겠다는, 어떤 주체성 효과의 틈새 개방성은 그 자체로 존중되고 고무하는 가운데 잠재적인 가능성의 장을 열어주는 것은 맞다. 이유정이 미국에서의 통렬한 시련을 겪고 나서 좀 더 복잡하고 호락호락하지 않은 인간 주체로 거듭났듯이, 독고준 역시 현호성의 적극적이고 자발적인 친일

46 최인훈. 1964. 5.『회색의 의자』. 제12회.『세대』. 291-2쪽.

행각을 모르고 자본주의의 노예로 사는 이율배반적 변절자-배신자의 울타리 안에 기거하고 있을망정, 쉽사리 현호성에게 굴복하거나 가족의 일원이 된다고 하더라도 거리를 두고자 하는 의지와 실천을 포기하지는 않을 것이라는 증거를 곳곳에 남겨놓았다는 점이다.

일본이라는 타자-주체가 그렇듯이 한국이 그 하위종속적 위계구조 속에 재편입되었다고 해서 한국의 주체적 독자성의 여지가 아예 없어진 것은 아니듯이, 독고준이라는 이질적인 실존 주체는 현호성의 매판적 주체의 범위 안에서 자기 역할을 할 것이라는 마지노선이 바로 '사랑과 시간'인데, 다중분열의 주체를 감내하는 가운데 어떻게든 중심을 잡고 열렬한 사변가-예비 소설가로서의 창작 행위를 멈추지는 않을 것이라고 한다면, 그 지난하고 비루한 과정의 증좌가 '메타적 글쓰기'라는 형식으로 소설의 형상을 빌어 『회색의 의자』를 제출하고 있는 것이 아닌가. 사랑의 열도와 허무, 죽음충동을 내장한 파멸의 실존적 기투는 독고준으로서도 현호성의 집안에 스스로의 몸을 밀어넣는 불투명한 재탄생 기획의 막다른 모험이기도 했거니와, 시간의 형식과 내용, 과정의 텅빈 충만의 딱 맞아떨어지는 역할은 곧 모호하고 공포스러운 기호記號/嗜好이기도 했다. '사랑과 시간'의 대안과 실행은 최인훈이 『광장』의 '사랑'을 경유하여 또 하나를 내놓은 『회색의 의자』의 회심작이었다.

(작가 최인훈의) '결단' 역시 그렇다고 한다면, 당대적 초점이자 개별적 국민과 국가, 대외적 지정학의 요구를 아프게 수용하면서도 경제, 안보, 외교, 문화, 정치의 분리와 통합을 부단히 고려·동질화하는 주인공-작품구조-핵심개념-시대정신과 심층적으로 교호하는 미적·정치적 윤리학으로서의 의미를 갖는다고 할 수 있다. 『세대』지의 기획에 동조·부응한 최인훈의 살떨리는 소설의 이중전략은 '회색'의 부정적 이미지에 기대어 허허실실의 단단하고 옹골찬 이야기-담론-사변의 서사를 끌어내어 끝내는 회색의 선명하고 지혜로운 삶의 선택을 제출했으니 그 또한 흥미

로우면서도 위태롭기 짝이 없는 노릇이었다. 그렇다면 '한일국교정상화'를 드높여 당위적인 담론으로 의제화하는 프로파간다적 미디어 전략에 같은 잡지의 한켠에서 조그맣게 모기만한 목소리로 그 당위와 논리, 타자-주체의 환골탈태를 재환골탈태하려는 독고준, 『회색의 의자』, 최인훈의 고립적이고 고독한 기투 또한 눈여겨볼 만한 사건이 아니었나 한다. 최인훈의 문제성은 바로 여기에 있지 않았을까 싶다.

한일문학의 민주주의와 '반지성주의'

— 미시마 유키오와 김훈을 중심으로

남상욱

한일문학의 민주주의와 '반지성주의'
— 미시마 유키오와 김훈을 중심으로

남 상 욱

1. 들어가며

근대 이후 동아시아의 문학은 민주주의의 역사와 함께 해왔다. 서구의 동향을 알게 된 지식인들은 한편으로는 문학을 민주주의의 도입과 정착을 위한 계몽의 수단이나 표현의 자유를 실험하는 예술로서, 다른 한편으로는 식민주의와 국가주의, 자본주의와 독재에 맞서는 표현 양식으로 전유했다.

그런데 그 과정에서 문학이 시종일관 '지성'적인 것만은 아니었다. 문학은 때로는 서구사회의 '지성' 혹은 '지식'이라는 이름하에 합리화되는 근대화를 비판하기 위해서, 때로는 자유의 폭을 넓히기 위해서 이른바 '반지성주의'적인 모험도 불사해왔다. 정치적 목적을 담은 조롱과 욕설이 패러디라는 이름하에 미학화되었고, 작가의 윤리적 타락 역시 '예술'이라는 이름하에 옹호되었다. 문학은 철학과 사학이 추구하는 논리적 엄밀성과 객관적인 실증으로 규명되지 않는 인간성의 영역을 자신의 고유한 영역으로 확보해왔는데, 그것은 인간의 반지성적인, 혹은 비지성적인 부분을 담당한다는 암묵적인 약속이기도 했다. 이를 통해 문학은 민주주의에 직간접적으로 기여하기도 했지만, 시간이 지나면서 민주주의와 심하게 마찰하기도 했다. 특히 민주주의가 발달하며 인권에 기초한 평등에 대한 인식이 보편화되는 가운데, 일부의 문학자들은 의식적으로 민주주의를 적대시하고 대립하기에 이른다.

이러한 양상을 이 글에서는 미시마 유키오三島由紀夫와 김훈 속의 '반지성주의'의 양상에 초점을 맞춰 생각해보고자 한다. 1925년 도쿄에서 태어나 도쿄대학 법학부를 졸업하고 대장성 관료 생활을 하다가 그만두고 전업작가의 길로 접어든 이후, 『가면의 고백』, 『금각사』 등으로 전후 일본을 대표하는 작가로 평가받아 만년에는 노벨문학상 후보로 거론되기까지 했던 미시마와, 1948년 서울에서 태어나 고려대학을 중퇴하고 『한국일보』와 『시사저널』에서 오랫동안 언론인으로 일하다가 1994년에 등단해 『칼의 노래』, 『남한산성』 등으로 한국의 대표적인 국민작가의 반열에 오른 김훈은, 명실공이 양국의 '지성'을 대표하는 작가라고 보일 수도 있다.

하지만 호프스태터가 지적했듯이 '지적인 삶 및 그것을 대표한다고 여겨지는 사람들에 대한 분노와 의혹'으로서의 반지성주의는, 단순히 "대체로 배우지 못한 사람도 교양 없는 사람"의 사상이 아니라, "거의 언제나 어떤 사상에 헌신하며, 살아 있는 동시대인들 가운데 눈에 띄는 지식인들을 혐오하는 것만큼이나 오래전에 죽은 일부 지식인들-애덤 스미스나 토마스 아퀴나스, 장 칼뱅, 심지어 칼 마르크스조차-을 추종하기도 하"는 일부 지식인 가운데 출현하기도 한다.[01] 그러니까 동시대 '지성', 특히 동시대 민주주의를 옹호하는 지식인들에 대해 비판적인 어떤 사상적 경향을 반지성주의라 본다면, 미시마와 김훈도 여기에 속할 수 있다. 당대의 정치인들과 진보적 지식인을 비판하면서 사병조직을 만들고, 1970년 11월 25일 그들 중 일부와 함께 자위대를 선동해 쿠데타를 일으키려

01 Richard Hofstadter. Anti-intellectualism in America Life. 1963. 『미국의 반지성주의』. 유강은 옮김. 교유서가. 2017. 45쪽.

다가 실패해 마침내 할복해서 생을 마감한 미시마는, 일본의 대표적인 반지성주의자라고 해도 무리는 없을 것이다.

물론 김훈의 경우 미시마처럼 눈에 띄는 과격한 정치운동을 벌인 적도 없고, 동시대 정치질서를 완전히 부인한 적은 없다. 한국일보 기자 시절 전두환 정권에 대한 이른바 '용비어천가'식 기사를 쓴 일이 있기는 하지만, 정치적으로 봤을 때 미시마와 비슷한 위치에 놓일 수 있는 한국 문학자는 이문열이나 복거일이지, 김훈은 아닐 수도 있다. 하지만 본론에서 살펴보겠지만 그가 일관되게 한국 지식인들을 의도적으로 상대화하거나, 대리=표상 장치인 언어의 한계를 전경화한다는 점에서 반지성적(혹은 비지성적) 측면이 있다는 점은 분명하다. 실제로 이성혁은 김훈의 역사소설에 "지성을 경시하고 노동을 찬양"한다는 점에서 "파시즘적 반지성주의"가 보인다고 지적한 바 있다.[02] 그리고 그러한 경향은 미시마의 작품에서도 일관적으로 보이는 현상이다. 따라서 김훈과 미시마 작품 속에 드러나는 반지성주의적 경향의 양상을 드러내고, 그것이 한국과 일본 양국의 민주주의와 어떤 관련을 갖는지에 대해서 생각해보려는 이 글의 시도는 근대 이후 양국의 문학과 민주주의와의 관련성을 살피는 데 있어 하나의 참조점은 될 수 있으리라 기대된다.

단, 이 글의 목적이 양 작가의 영향 관계를 밝히는 데 있지 않다는 점은 분명히 해두고 싶다. 이 글의 주된 관심은 직접적인 영향 관계가 드러나지 않음에도, 발견할 수 있는 두 작가의 문학 세계 속의 유사함과 그 원인을 양국의 민주주의 수용과 혼란이라는 문맥 속에서 고찰하는 데 있지, 한국에서 일본의 급진적 우파의 대명사로 인식되는 미시마를, 김훈과 동일선상에 놓음으로써 김훈의 문학적 성과를 깎아내리는 데 있

---

02 이성혁. 2014.「김훈의 "역사소설"에 나타난 파시즘 문제에 대한 고찰」,『한민족문화연구』46호. 380쪽.

는 것은 아니다. 다시 말해 문학적으로 봤을 때 매우 '미학적'으로 평가받는 양 작가의 문학의 비밀을 '반지성주의'라는 측면에서 고찰함으로써, 민주주의와 문학의 역동적 관계성을 드러내는 것이 더 생산적이며 중요한 과제임을 밝혀두고자 한다.

2. 세계와의 불화, 장벽으로서 언어

미시마와 김훈 문학은 이른바 문예사조상 '탐미주의' 혹은 '유미주의'로 분류된다는 점에서 공통점을 갖는다. 하지만 이는 매우 역설적인 평가라고 할 수 있다. 사실 그들이 조명하는 세계 속의 인간과 인간사는 몇몇 존재들을 제외하고는 거의 대부분 타락하거나 세속적이며, '미'라고 부를 만한 것이 부재하기 때문이다. 오히려 그들 작품의 대부분은 인간이 얼마나 추악한 존재들인지를 밝히는 데 주력하고 있다고 해도 과언은 아니다. 반면 그들은 인간 외부 세계인 자연을 절대적이고 정합성을 갖춘 '미'로 표상하는 것을 주저하지 않는다. 먼저 김훈의 경우부터 직접 살펴보도록 하자.

> 꽃잎들은 속수무책으로 떨어져 내렸다. 그것들의 삶은 시간에 의하여 구획되지 않았다. 그것들의 시간 속에서는 태어남과 절정과 죽음과 죽어서 떨어져내리는 시간이 혼재하고 있었다. 그것들은 태어나자마자 절정을 이루고, 절정에서 죽고, 절정에서 떨어져 내리는 것이어서 그것들의 시간은 삶이나 혹은 죽음 또는 추락 따위의 진부한 언어로 규정할 수

> 없는 어떤 새로운, 절대의 시간이었다. 꽃잎 쏟아져 내리는 벚나무 아래서 문명사는 엄숙할 리 없었다. 문명사는 개똥이었으며, 한바탕의 지루하고 시시껍적한 농담이었으며, 하찮은 실수였다. 잘못 쓰여진 연필 글자 한 자를 지우개로 뭉개듯, 저 지루한 농담의 기록 전체를 한 번에, 힘 안들이고 쓱 지워버리고 싶은 내 갈급한 욕망을, 천지간에 멸렬하는 꽃잎들이 대신 이행해주고 있었다. 흩어져 멸렬하는 꽃잎과 더불어 문명이 농담처럼 지워버린 새 황무지 위에 관능은 불멸의 추억으로 빛나고 있었다. 그것은 인간의 육신에 대한 그리움은 아니었으며 여자에 대한 그리움도 아니었으나, 그 그리움의 대상이 인간의 여자였다 하더라도 무방했으며, 들개나 염소의 암컷이라 해도 역시 무방했다.(중략) 내 벗은 몸을 내던져 이 난해한 세계와의 합일에 도달할 수 있다면 나는 수캐라도 좋았고 염소라도, 수탉이라도 좋았다. 만유의 혼음으로 세계와 들러붙으려는 욕망이, 어떻게 인간이라는 종과 속 안으로 수렴되어 마침내 보편적인 여자, 그리고 더욱 마침내, 살아 있는 한 구체적인 여자에 대한 그리움으로 정리되어 오는 것인지에 관하여 나는 아직도 잘 말할 수가 없다.[03]

1994년 문학동네에서 출간된 기행산문집 『풍경과 상처』의 첫 꼭지에서 그는 전군가도全群街道 : 전주-군산 도로에서 본 벚꽃의 만개를 보면서 위와 같이 쓰고 있는데, 이 문장들은 인간을 자연과의 대비를 통해 의미화하고 있는 것이 특징이다.

김훈에 의하면 시간의 구속 속에서 출생, 성장, 죽음으로 단계적으로 밟아나가는 인간과 달리, 벚꽃은 '태어남과 절정과 죽음'의 시간이 섞여

---

03 김훈. 1994.『풍경과 상처』. 문학동네. 12-13쪽.

있다고 한다. '미'를 시간적 단계에 따라서 구획하고 평가하는 인간의 눈으로 본다면, '태어나자마자 절정을 이루고, 절정에서 죽고, 절정에서 떨어져 내리'는 꽃잎은 어떻게 설명될 수 있을까. 그러니까 끊을 수 없는 시간을 분절하고, 그 분절된 시간 속에서 표상되는 것이 바로 '미'이며, 그러한 '미'의 역사를 적은 것이 문명사라면, 그러한 문명사 속에 꽃잎이 들어올 자리는 어디에 있는가.

이렇게 반문하며 '꽃잎 쏟아져내리는 벚나무 아래서' 문명사를 '개똥'이자 '시시껍적한 농담', '하찮은 실수'로 치부해버리는 김훈의 행위는 한편으로는 매우 지성적이지만, 다른 한편으로는 한 생애를 걸쳐서 반자연적인 인공물로서 '미'를 만드는 인간의 노력과, 그것을 구원하는 노력의 일환으로서 쓰이는 '문명사'를 집필하고자 하는 지성의 노력을 상대화한다는 점에서 반지성적이라 할 수 있다.

물론 지성의 궁극적인 도달점이 자신의 만든 것을 수성하는 데 있지 않고, 지성의 바깥으로 나가는 데 있다고 본다면, 이를 섣불리 '반지성'으로 규정할 수만은 없을 것이다. 사실 '지성'이 농담처럼 보잘것없음을 확인할 수 있는 '반지성'의 힘은 지성에 대한 강렬한 욕망과 학습의 결과를 통해 성립된다. 예컨대 위의 글을 "사꾸라꽃 피면 여자생각 난다. 이것은 불가피하다. 사꾸라꽃 피면 여자생각에 쩔쩔맨다"며 세속적인 말투로 시작한 김훈은 위의 부분에 이르러 자신의 여자에 대한 욕망이 실은 단독자로서 한 사람의 여자에 대한 욕망이 아니라, '만유의 혼음으로 세계와 들러붙으려는 욕망'에 지나지 않는다는 것을 실토하는데, 바로 이러한 욕망이야말로 '지'의 다른 이름이라고 할 수 있다. 그러니까 '지'야말로 어떤 식으로든 '세계'에 관여하려는 욕망이며, 그러한 앎은 학습을 통하지 않고서는 성립하기 어렵다. 그의 문장을 구성하고 있는 '세계', '욕망', '인간', '보편' 등이라는 개념이 이미 지적 세계에 동화된 흔적임은 두말할 나위도 없다.

하지만 김훈은 그러한 지성의 힘을 빌려 지성의 완전성을 더욱 공고히 하려는 방향으로 나가지 않는다. 그가 '이 난해한 세계와의 합일'을 꿈꾸면서도, 한편으로 그것을 굳이 '지성'으로만 수행할 필요는 없다고 생각한다는 것은, '수캐라도 좋았고 염소라도, 수탉이라도 좋았다'는 대목을 통해서 확인할 수 있다. 이러한 그의 태도는 서구 형이상학이 만들어낸 '인간'의 형상을 전면적으로 거부하며 '이 난해한 세계와의 합일'을 위해서는 동물-되기라도 불사할 수 있다고 생각한다는 점에서 반지성주의라고 부를 수 있지 않을까.

한편, 이렇게 매우 조화로운 '자연'과의 합일을 꿈꾸는 동시에, 한편으로는 자연과 인간 사이의 괴리에 고통스러워하는 모습은 미시마의 텍스트 속에서도 반복적으로 나타나는 주제다. 미시마의 대표작으로 한국에도 번역된 『금각사』의 일부분을 보도록 하자.

> 나는 벌의 눈이 되어 보려고 하였다. 국화는 한 점의 흠집도 없이 노랗고 단정한 꽃잎을 벌리고 있었다. 그것은 그야말로 자그마한 금각처럼 아름답고, 금각처럼 완전하였지만, 결코 금각으로 변모하는 일이 없는 국화꽃 한 송이일 뿐이었다. 그렇다, 그것은 확고한 국화, 한 송이의 꽃, 아무런 형이상학적 암시도 지니지 않는 하나의 형태에 머물러 있었다. 그것은 이처럼 존재의 절도를 유지함으로써, 넘칠 듯한 매력을 풍기며, 꿀벌의 욕망에 어울리는 존재가 되어 있었다. 형태도 없이, 비상하고, 흐르며, 약동하는 욕망 앞에서, 이렇듯 대상으로서의 형태에 몸을 숨긴 채로 숨쉬고 있다는 것은 얼마나 신비스러운 일인가! 형태는 서서히 희박하여져, 무너질 듯, 떨며 전율하고 있었다. 그도 그럴 것이, 국화의 단정한 형태는 꿀벌의 욕망을 본떠서 만든 것이며, 이 아름다움 자체가 예감을 향하여 꽃피운 것이니까, 지금이야말로, 삶에

있어서 형태의 의미가 빛을 발하는 순간이었다....(중략) 꿀벌은 그리하여 꽃의 깊숙한 곳으로 돌진하여, 꽃가루에 뒤범벅이 되어, 도취감에 빠져들었다....(중략)...나는 내 눈으로 돌아왔다. 벌과 국화는 망막한 물질 세계에 그저 단순히 '배열되어 있는 물체'에 불과하였다. 꿀벌의 비상이나 꽃의 동요는, 바람에 흔들릴 때와 전혀 다를 바가 없었다. 정지하여 얼어붙은 이 세계에서는 모든 것이 동격이며, 그토록 매력을 풍기던 형태는 사멸되었다. 국화는 그 형태에 의하여가 아니라, 우리들이 막연히 부르고 있는 '국화'라는 이름에 의하여, 구속에 의하여 아름다운 것에 지나지 않았다. 나는 벌이 아니었기에 국화에게 유혹당하지도 않았고, 나는 국화가 아니었기에 벌에게 사랑받지도 않았다. 모든 형태와 삶의 유동과의, 그러한 친화는 사라졌다. 세계는 상대성 속에 내버려져, 시간만이 움직이고 있었다.[04]

앞서 본 김훈의 글에서 자연이 벚꽃잎들을 통해서 표상되고 있다면, 여기서는 한 송이의 국화와 벌의 관계가 자연을 대표한다. 하지만 이러한 차이는 표면적인 것일 뿐, 자연 혹은 그 속의 개체들이 인간의 그것에 비해 조화롭다는 인식에 있어서는 큰 차이가 없다.

위의 글에서 '나'는 타자인 여성과의 성적 교섭의 실패의 원인을 번역된자신이 벌과 국화의 즉자적인 관계로 대표되는 조화로운 '자연'의 외부에 있다는 사실로부터 입증하고자 하는데, 이렇게 자연을 자기완결적인 조화로서 보고 인간을 거기에서 소외된 존재로 파악하는 인식으로부터 김훈과의 유사성을 확인할 수 있다.

나아가 '미'를 일종의 언어활동의 일부로 보는 인식에 있어서도 양자

---

04 三島由紀夫. 1956.『金閣寺』.『금각사』. 웅진지식하우스. 2002. 167-69쪽.

는 유사하다. 즉, 금각이 '국화처럼 아름답고 완전한' 것이 아니라 국화가 '금각처럼 아름답고 완전하다'고 말할 때, '나'는 국화 그 자체는 사실 '미'와 관계없이 별도로 존재함을 알고 있다. 물론 '벌의 눈'을 빌린 '나'에게 국화가 '아름다움 그 자체'라는 말로 형용되고는 있지만, 여기서 그것은 국화와 벌 사이에 '미'라는 관념=언어가 매개하지 않는다는 의미로 쓰이고 있다. 이러한 의미화는 한 여성과의 성적 관계가 바로 언어 행위로서 '미'의 방해로 인해 실패했다고 생각한 것과 연동한다. 요컨대 위의 자연 표상은 미적판단이라는 언어 활동의 학습에 의해 자신의 욕망이 제한되고, 세계와의 친화가 상실되고 말았을 뿐이라는 비극적 인식에 다름아니다. 결국 소설 속의 '나'는 자신과 세계와의 친화성을 회복하기 위해서, 미라는 관념과 그것을 형상화하는 사물로서의 금각을 없애고자 결의하는데, 이를 통해 유곽의 여자와의 성적 관계에 성공하게 된다.

그런데 언어가 세계와의 합일은커녕, 세계와의 불화의 원인이 된다는 인식은 미시마와 김훈에게만 한정되는 것은 아니다. 굳이 멀리 비트겐슈타인이나 데리다나 라캉 같은 프랑스 현대사상가를 언급하지 않더라도, 이러한 인식이 이미 수백 년 전 일본과 동아시아의 선승들에게 공유되고 있었음을, 『금각사』 속의 경구로 인용되는 『임제록』의 일부분을 통해서 확인할 수 있다.[05] 그렇다면 어떠한 역사적, 사회적 조건이 김훈과 미시마로 하여금 이런 지극히 당연한 인식을 소환하도록 만드는 것일까. 그리고 한국과 일본의 동세대 독자들은 왜 그러한 인식에 열광했고, 이러한 인식은 민주주의와 어떻게 관련되는 것일까.

---

05 "부처를 만나면 부처를 죽이고, 조상을 만나면 조상을 죽이고, 부모를 만나면 부모를 죽이고, 친족을 만나면 친족을 죽여서, 비로소 해탈을 얻노라. 아무것에도 구애받지 말고 투탈자재(透脫自在)해지리라." (268) 이 말은 부처, 조상, 부모, 친족이라는 언어적 관념이 오히려 그것의 본질로의 접근을 방해함으로, 그러한 언어적 표상으로부터 자유로워지라는 뜻으로 해석할 수 있다.

3. 민주주의와의 불화

예컨대 김훈의 『풍경과 상처』의 다음 구절은, 그의 언어 인식이 어떤 배경에서 나왔는지를 엿볼 수 있게 해준다.

> 우리가 친숙했던 언어들을, 당신과 나의 종으로 태어나 당신과 나의 상전으로까지 출세한 언어들을, 언어의 개념을, 개념의 구획을, 구획의 논리성을, 논리성의 폭력을, 폭력의 편안함을 말[言]이라고도, 말이 아니라고도 말할 수 없을 때, 그 박모(薄暮)의 시간은 빛의 알맹이들을 거느리고 어두운 수평선 밑으로 빠진다.[06]

제부도에서 시시각각 지는 해를 바라보면서, 그런 자연의 풍경을 언어로 담으려고 시도하는 이 글에서 김훈은, 마침내 해가 지고 말자 이번에는 이제까지 재현의 수단이었던 '언어'를 전경화한다. 그에게 있어 '친숙'했던 말은 어느덧 '개념'이라는 '상전으로까지 출세'했고, 그 '개념'하에 사람이 구획된다. 굳이 말은 하지 않았지만, 이러한 인식 밑에는 예컨대 양반과 천민, 관료와 평민, 적과 아군, 남한과 북한, 민주주의와 공산주의, 자본가와 민중, 국민과 민족, 지식인과 대중, 유권자와 비유권자, 정의와 적폐 같은, 이항대립적인 말들에 의해서 사람이 구획되어 온 한반도의 역사가 깔려 있음을 짐작하긴 그리 어렵지 않다. 현실과 유리된 말에 의해 인간의 구획되고, 말에 의해 인간을 통치하고 관리하는 것, 그것은 총과 칼로 인간을 관리하는 것에 비하면 분명 '편안'하겠지만, 그것 역시 '폭력' 아닌가. 그러한 '폭력'의 말을, 친구와 가족과 나누는 같은 종

---

06 김훈, 앞의 책, 141쪽.

류의 '말言'이라고 불러도 되는가. 일몰 속에서 김훈은 그렇게 자문하는 것이다. 그렇다면 김훈은 어째서 이렇게까지 말의 폭력에 대해서 민감할까.

여기서 우리는 김훈의 삶 속의 '상처'를 떠올릴 수밖에 없게 된다. 주지하다시피 그는 2000년 『한겨레21』의 「쾌도난담」이란 코너에서, 1980년 신군부에 의한 계엄하에 이에 반발하는 파업을 해달라는 한국기자협회 지도부의 지침을 거부했을 뿐만 아니라, 한국일보 기자로서 신군부에 대한 '용비어천가'를 자신이 직접 작성했음을 공공연하게 밝힌 바 있다. 그 직접적인 이유로서 "내가 안 썼으면 딴 놈이 썼을 테고……난 내가 살아남아야 한다고 생각했어"라고 말하는데, 사실 그보다 훨씬 더 중요한 이유는 다음과 같은 대목에서 찾을 수 있다.

> 김훈 : 이걸 알아야 돼. 칼이 펜보다 강한 거야. 펜이 칼보다 강하다는 사기를 평생 해가지고 이 모양이 된 거지. 세상에 펜이 어떻게 칼보다 강할 수 있어. 칼 쥔 놈들은 칼이 강하다고 말 안 해. 왜냐면 본래 강하니까.[07]

한때 기자였던 김훈은 '펜'으로 대표되는 언어가 칼로 표상되는 무력보다 강할 수 있음을 받아들이지 않는다. 나아가 언어로 사람들의 삶을 재현하는 기자가 정부의 관료들보다 '엘리트'일 수 있다고 전혀 생각하지 않을 뿐만 아니라, 오히려 언론인이 힘을 가진 정권에 '붙어먹기 때문에' 문제가 있다고 주장한다. 이렇게 말을 '칼'로 표상되는 권력의 시녀로밖에 생각하지 못하는 김훈에게는, 80년대 이후 급속도로 진행되는

---

07 김훈, 「[쾌도난담] 위악인가 진심인가」, 『한겨레21』 2000년09월27일 제327호(인터넷판) [검색일 2018.5.10.] http://legacy.www.hani.co.kr/section-021023000/2000/021023000200009270327078.html

'말'이 권력의 상전이 되는 프로세스, 이른바 아래로부터의 민주주의의 프로세스를 이해하고 받아들이기는 쉽지 않았을 것이다. 문제는 그것만이 아니다.

> 김훈 : 〈한겨레〉는 민중적인 가치의 고귀함과 천민근성의 더러움을 구별 못했어. 이 대목 그대로 써줘. 모든 민중을 천민화해가는 것, 그게 얼마나 죄악인 줄 몰랐던 것 같더라고. 모든 민중을 고귀하게 만드는 게 민중주의지, 다 똑같이 수드라를 만드는 것은 민중이 아니잖아. 그런 점에서 난 민중이 아니에요. 나는 절대 민중인 적도 없었고, 나는 지식인이고 엘리트거든.
> …(중략)…
> 김훈 : 인간은 불평등한 것이 맞잖아.
> 최보은 : 그럼 왜 주장하지 않으세요? 글 쓰는 것을 직업으로 가진 분이 왜 주장을 안 하세요.
> 김훈 : 난 평등사회를 해야 한다고 말한 적이 없어요. 저널리스틱한 글로서 그런 주장을 할 생각이 추호도 없어. 그런 자기모순 속에서 사는 게 내 삶이라고 생각해.[08]
> (강조는 인용자)

이러한 김훈의 발언을 기자 최보은은 '보수화되었다'는 의미로 받아들이지만, 김훈에게 있어 그건 별로 중요한 문제가 아니다. 중요한 것은 자신이 보수나 좌파냐가 아니라, 자신이 '민중'이 아닌 '지식인이고 엘리트'라는 점이다. 방금 전까지 자신을 권력의 하수인에 지나지 않는다고 말하며 모든 것을 언어 바깥의 칼-권력의 탓으로 돌렸던 그가, 정작

08 김훈, ibid.

자신은 '천민근성의 더러움'을 가진 '천민'은 아니라고 부인할 때, 여기서 우리는 한국의 '지식인이자 엘리트' 속에 각인되어 있는 '반지성주의'의 실체에 조금 더 다가갈 수 있다. 그러니까 박근혜 정부 하의 교육부 관료의 '개, 돼지' 발언부터 최순실 국정농단 사건에 참여한 관료들 안에 공통되는 세계관은 바로 '인간은 불평등하다'는 것이며, 그러한 세계관 속에서 그들은 권력이 없는 자신이 '천민'이 되지 않고 살아남는 것을 지상과제로 삼아온 것 아닌가.

인간의 불평등은 어쩌면 '팩트'일지도 모른다. 하지만 그것은 어디까지나 '팩트'일 뿐 권리가 아님을 김훈도 잘 알고 있지만, 그렇다고 '팩트'에 근거한 권리의 행사-불평등하지만 평등해야 한다, 혹은 불평등하니까 불평등한 것이 마땅하다고 주장하는 것-로 나아가지 않는다. 나아가 자칭 지식인이자 엘리트가, 자신이 매개하는 권력의 권리가 어디서 나오고 있는지를 구체적으로 모르고 있으며-혹은 알면서도 모르는 척 하고 있으며-, '민중을 잘 살'게 하고, '민중을 행복하게 만'들 수 있다는 명분하에 이루어진 독재, 정권교체, 혹은 '천민화'로서 계몽주의에 대해서는 시치미를 떼는 것은 어떻게 이해해야 할까.

자신이 가진 리터러시 역시 작지만 하나의 힘이며, 그것을 바탕으로 더 큰 권력(칼, 자본)과 민중 사이에서 수수료를 챙기며 살고 있으면서도, 이에 대해 침묵하는 '지식인'의 한계에 대해 김훈은 적어도 '자기모순 속에 사는 삶'이라는 의식은 가지고 있다는 점은 다행이라고 할 수 있겠다. 그것이 그의 실체인지 일종의 '위악'인지 '위선'인지는 차치하고서라도, 이러한 김훈의 말은 2000년대초 한국 지식인이나 엘리트의 임계점을 대표하고 있다고 할 수 있지 않을까. 그러니까 김훈은 자신이 권력자도 아니지만 그렇다고 '천민'이 되기 싫어하는 익명의 한국인들에게, 이른바 '지식인'으로서 자신의 위치를 정당화시켜주는 알리바이를 제공한 것은 아닐까.

한편, 미시마는 한국의 기재부에 해당하는 대장성 관료로서 근무하던 1948년, 「중증자重症者의 흉기」이란 제목으로 발표된 글에서 다음과 같이 말한다.

> 고뇌는 인간을 죽이는가? - 아니다.
> 사상적 번뇌는 인간을 죽이는가? - 아니다.
> 비애는 인간을 죽이는가? - 아니다.
> 인간을 죽이는 것은 동서고금에서 오직 하나 〈죽음〉만 있을 뿐이다. 그렇게 생각하자 인생은 간단명료해지고 만다. 이 간단명료한 인생을, 나는 일생에 걸쳐 믿고 싶은 것이다.[09]

이 글은 패전 후 혼란한 시절, 자신의 동세대 젊은이들의 범죄가 늘어나면서 그들을 일종의 '괴물'로 보는 인식이 팽배해지던 상황 속에서, 이러한 인식에 대한 저항을 목적으로 쓰인 비평의 일부이다. 얼마 전까지 사람을 죽이는 기술을 가르쳤던 세계가, 이제는 그것을 범죄라고 낙인찍는, 이른바 '천황제 파시즘에서 민주주의로'라는 가치 전환기의 혼돈 속에서, 그는 언어의 힘을 위와 같은 방식으로 부정하려고 했다. 물론 미시마는 전쟁 기간중 '성전', '아시아 민중의 해방', '근대의 초극', '아름다운 죽음'이라는 미명美名하에 얼마나 많은 동세대 젊은이들이 죽었는지를 누구보다도 더 잘 알고 있다. 바로 그 때문에 패전 후 공동체 질서회복의 과정에서 재편되는 언어 시스템의 핵심 키워드인 '양심'과, 그로부터 파생되는 '고뇌', '사상적 고뇌', '비애'뿐만 아니라, '생', '생활', '사회', '사상'이라는 말도 믿지 않기로 결의할 수 있는 것이다. 요컨대 전전의 언어의 힘이 얼마나 강력한지를 경험했기 때문에, 전후에는 오히려 반대로 언어의

09 三島由紀夫. 2003.『決定版三島由紀夫全集』第27卷. 新潮社. 29쪽.

힘을 부정하려고 하는 것이다.

위의 글에서 언어의 힘을 부정함에 있어 미시마가 무엇보다도 강조하는 것은 전후 언어 공간의 변화는 그저 언어와 언어 사이의 대체일 뿐, 전쟁과 폐허라는 '현실'(경험)의 경유가 없다고 하는 점이다. 어차피 언어 속에 현실이 기재될 수 없다면, 혹은 현실이 언어 질서를 만들어갈 수 없다면, 애초부터 현실 세계와 거리가 있는 인공물로서 예술(문학)에 목숨을 걸겠다는 결의를 표명하는 것으로 미시마는 이 글을 끝맺는다. 그리고 실제로 그는 같은 해 대장성을 그만두고 전업 작가가 되기 위해 장편소설을 집필하기 시작한다.

일본의 미시마 연구자들은 미시마의 이러한 언어 인식을 그의 성장환경-병약하여, 밖에서 노는 대신 사전을 보는 것을 즐겨했다-을 통해 설명하지만, 언어를 현실과 분리된 인공적인 것으로 보려고 하는 시각은 이제 막 시작되려는 일본의 '민주주의'와 그 개념꾸러미가 일본 인민들의 경험과 그것에 근거한 결의에 의해 만들어진 것이 아니라, 얼마 전까지 일본의 적국이었던 미국을 중심으로 한 GHQ/SCAP(연합국최고사령관총사령부)에 의해 강제되었다는 인식과 깊게 관련되어 있음은 두말할 나위도 없다.

전후 일본의 민주주의가 일본인들의 의사와 관계없이 일방적으로 도입되었다는 견해에 대해서는 최근까지도 논란의 여지가 있다.[10] 하지만 그 사실 여부보다 더 중요한 것은 데리다가 '미국독립선언문'을 분석하면서 지적했듯이 헌법에 기초한 '민주주의'는 그 기원에 있어 현실을 경유하지 않고, 없는 현실을 사전에 선언하고, 그러한 선언에 따라 행위한다고 하는, 일종의 '행위수행적(performative)'으로 탄생한다는 점이다.[11]

---

10 ダワー. 2004.『敗北を抱き占めて』. 岩波書店. 99-176쪽; 가라타니 고진. 2017.『헌법의 무의식』. 조영일 옮김. 도서출판b.

11 デリダ. 2015.「アメリカ独立宣言」.『思想』no.1088. 岩波書店. 54쪽.

데리다에 따르면, 먼저 인민이 있고, 그 인민의 의사가 대리=표상된 것이 독립선언문과 헌법이 아니라, 오히려 반대로 그러한 문서의 존재와 서명이 '인민'과 '국민'을 만들어낸다고 한다. 그런 면에서 봤을 때, 일본의 '민주주의'의 근거인 일본국헌법이 '일본국민'의 자율에 의해서 만들어지지 않은 것은 당연하다. 왜냐하면 아직 '일본국민'은 존재하지 않고, 망국의 '신민'이자 미국에 의한 피점령자만 있었으니까.

물론 도쿄대 법대 출신답게 미시마는 전후의 일본국헌법만이 아니라, 전전의 일본제국헌법 역시, 일본 인민 대다수의 의사와 관계없이 정권을 잡은 신흥 정치 관료들에 의해 서구 헌법의 번역으로서 만들어졌다는 것을 알고 있었다.[12] 애초에 헌법이란 것이 서구의 종교사상과 정치철학에 기초해 있는 이상 번역을 통해서 밖에는 성립할 수 없지만, 바로 그 번역이라는 과정 속에서 일본만의 고유성 또한 어느 정도 담보된다고 미시마는 이해했다. 실제로 서구 헌법의 번역과정을 통해서, 에도 시절에는 권력의 변방에 있었던 '천황'이 초월적인 주권자로 재귀하게 될 수 있었던 것이다.

하지만 그것은 제한적인 형태로만 가능한 것이기도 했다. 미시마는 다음과 같이 말한다.

> 메이지 헌법에 의한 천황제는 제정일치를 표방함으로써 시간적 연속성을 충족시켰지만, 정치적 무질서를 초래할 위험이 있는 공간적 연속성과는 관계하지 못했다. 정치 개념으로서의 천황은 더 자유롭고 포괄적인 문화 개념으로서의 천황을 상당히 희생해야 했다. 그리고 전후의 이른바 '문화국가'인 일본이 미국 점령하에 가까스로 유지한 천황제는

12 졸고. 2012. 「〈일본국헌법〉을 통해 보는 '전후일본'- 미시마 유키오의 〈일본국헌법〉 인식을 중심으로」. 『일본사상』 23권. 228-32쪽.

> 그 두 가지 측면을 모두 무력화시켜 속류 관료나 속류 문화의 다이쇼적 교양주의의 귀결로서 그저 대중 사회화를 따르도록 만들었고, 이른바 '주간지 천황제'의 영역까지 그 위험을 실추시켰던 것이다.[13]

천황을 주권자로 규정하는 일본제국헌법은 주권자를 천황으로 놓은 만큼, 표면적으로는 천황의 무한한 권력을 용인하는 듯 보이지만 사실상 입헌군주제의 형식을 통해서 그 권력이 제한을 받았음을, "문화 개념으로서의 천황을 상당히 희생해야 했다"라는 말로 미시마는 표현한다. 여기서 '더 자유롭고 포괄적인 문화 개념'이란, 말하자면 천황을 지키기 위해서 법질서를 파괴하는 행위를 천황의 이름하에 용서하는 것을 뜻한다. 실제로 천황의 이름을 빌어 정부 관료 요인을 암살하는 사건들을 주동한 인물들은, 그 동기가 어쨌든 법질서를 파괴했다는 명목으로 검거되어 투옥되었고, 그중 일부는 감형을 받긴 했지만 다른 일부는 사형에 처해지게 되었다.[14] 이렇게 전전의 천황 역시 헌법의 구속으로부터 자유로울 수 없었다는 사실은 법치주의가 상식이 된 오늘날 관점에서 보면 일견 당연한 얘기인데, 그렇다면 어째서 미시마는 이를 비판하는 것일까.

천황을 헌법을 초월하는 존재로서 규정하고자 하는 미시마의 행위를, 그 자신의 천황에 대한 독특한 정념만으로는 설명하는 것은 지나치게 단순하다. 왜냐하면 근대 이후 일본에서 천황은. 미시마 자신의 생과 문학보다는, 근대화 이후 천황의 이름하에 수행된 젊은이들의 죽음, 나아가 근대 이전에 쓰인 천황에 대한 정념과 폭력으로 얼룩져 있는 수많

---

13 三島由紀夫. 1967.『文化防衛論』.『미시마 유키오의 문화방위론』. 남상욱 옮김. 자음과모음. 2014. 83쪽.

14 가장 대표적으로 청년 장교들이 일본 국회 주변을 점령하고, 정부 관료들을 암살했지만, 천황에 의해 반란군으로 규정되어 결국 반강제로 무장해제한 2·26사건이 이에 해당된다.

은 문학 작품의 존재 의미를 부여하는 가치체계로서 기능했던 것은 일정 부분 사실이기 때문이다. 천황의 법적 초월성을 부인하는 일본국헌법의 이념에 기반을 두는 대의제 민주주의는, 어쩌면 법질서 수호라는 명목으로 천황의 이름하에 수행되었던 행위들과 그 기억들을 모조리 배제할 수도 있음을 미시마는 우려하는 것이다.

사실 헌법에 기반한 민주주의가 정착하고 뿌리내리는 과정에서, 때로는 법질서의 수호라는 명목하에 문학예술의 제한이 이루어지기도 하고, 그것을 우리는 때로는 불가피한 것으로 받아들인다. 예컨대 예술작품 속의 여성을 비하하는 욕설이나 장애인에 대한 차별용어의 무비판적인 사용에 대해서 심의를 통해서 제한하는 것이 그 예이다. 하지만 그렇다고 법질서를 일방적으로 수용하는 것만이 문학과 예술의 역할은 아니다. 법 전문가의 자문하에 자행되는 합법적인 '범죄'의 존재를 우리는 모르는 바가 아니기 때문이다. 예컨대 일본의 대동아전쟁과 나치의 아이슈비츠도, 법의 테두리 안에서 '합법적'으로 수행된 대표적인 경우이다. 그렇다면 이러한 법의 폭력을 어떤 식으로 저지할 수 있을까.

예컨대 프랑스의 68같은 장기간의 총파업, 촛불 같은 대규모집회 같은 비폭력 직접행동이 있을 수 있겠지만, 동시대 미시마는 근대적 법질서를 무력화시킬 수 있는 명분으로서 주군에 대한 절대적인 충(忠)이나 사랑 같은 전근대적인 가치체계의 상징으로서 천황을 요청한다. 하지만 동시에 그는 이미 대중의 언어활동 속에서 천황의 권위는 주간지의 가십거리로 소비되고 말 정도로 그 권위가 추락되어 있음을 알고 있었다. 김훈이 '천민화'라고 부르는 현상을 미시마는 '속류 문화'로 부르며 강하게 비판하는데, 이는 바로 법 바깥의 폭력을 정당화할 수 있는 일종의 수단으로서 천황의 가치를 대중들이 스스로 망각하고 있다는 인식 때문이었다.

이렇게 김훈과 미시마는 민주주의의 발전과 뒤따르는 대중화를 '천민화' 내지는 '속물화'로 간주하며 자신의 '지성' 속에 고립된다는 점에서 유사할 뿐만 아니라, 이러한 가치관 속에서 양국의 역사를 조명하는 작품을 쓴다는 점도 공통된다.

4. 그들의 역사 속의 '민중'과 '지식인'

주지하다시피 김훈의 경우 『칼의 노래』, 『현의 노래』, 『남한산성』, 『흑산』이, 미시마의 경우는 「우국憂國」이나 『풍요의 바다豊饒の海』가 대표적인 역사소설이라 할 수 있다. 김훈의 경우, 이러한 역사소설이 『빗살무늬 토기의 추억』이나 『내 젊은 날의 숲』, 『공터에서』 같은 동시대를 배경으로 하는 작품보다 더 많이 알려져 있다면, 미시마의 경우는 『가면의 고백』이나 『금각사』 같은 작품이 미시마의 역사소설보다 더 높은 평가를 받았고, 일반 독자들에게도 더 많은 사랑을 받았다. 거기에는 미시마의 역사소설들이 노골적으로 전후 민주주의의 가치관과 충돌한다고 하는 이유가 깔려 있다.

예컨대 1961년 발표된 「우국」은 1937년에 일어난 쿠데타인 2·26 사건을 배경으로, 신혼이라는 이유로 '궐기'에서 배제된 청년 장교가, 반란군을 진압하라는 천황의 명을 따르지 않고 아내와 함께 할복을 수행하는 내용의 단편소설인데, 텍스트 속의 천황에 대한 충성심을 바탕으로는 하는 윤리관이 적혀 있는 교육칙어教育勅語와 할복이라는 전통적인 의례의 미화는, 전후의 일본에서 좀처럼 받아들이기 힘든 것이었다. 1890년 발표된 교육칙어는, 1948년 '주권재군主權在君 및 신화적 국체관에 근거하고 있다는 사실은 명백히 기본적 인권을 침해하고, 국제적 신의信義에 대해 의문을 남기는 근원이 된다'는 이유로 중의원에 의해 공식적으로 폐지되었고, 주군의 명에 따라 자결을 수행하는 할복 역시 같은 이유로 부정의 대상이 되었기 때문이다. 따라서 「우국」 속의 교육칙어가, 설사 부부의 할복이라는 개인적 쾌락에 정당성을 부여하기 위한 장치에 지나지 않고, 부부의 할복이 '황군皇軍'의 분열을 조장한 쇼와 천황에 대한 반발을 담고 있다 하더라도,[15] 이에 대한 과도한 긍정은 전시체제를 비판하며 성립한 전후민주주의의 가치관으로서는 쉽게 용납하기 힘든 것이었다. 특히 국가를 걱정한다는 미명하에 할복을 하는 신혼부부라는 이미지는, 그것이 아무리 미학적인 문체로 그려졌다 한들, 고도성장 속에서 전자제품과 자동차, '내 집' 갖기라는 욕망에 사로잡혀 있는 일반 대중들이 자신들의 생의 롤모델로서 감정을 이입하기는 힘든 것이기도 했다.

미시마의 전후 민주주의와 대중에 대한 적대는, 1965년부터 1970년 11월 25일 그가 자위대 본부에 들어가 쿠데타를 선동하다가 실패해 할복하기 직전까지 쓴 역사소설인 『풍요의 바다』에서 훨씬 노골적으로 드러난다.

이 작품은 1912년부터 1914년까지를 시간적 배경으로, 후작의 아들 마쓰에다 기요아키松枝清顕와 황족의 약혼자가 된 사토코聡子 사이의 비극적인 사랑을 그린 『봄눈春の雪』(제1부)을 시작으로, 1932년부터 1933년까지를 배경으로 우익 청년 이누마 이사오飯沼勲를 기요아키의 환생자로 간주하고 그의 정치 테러를 변호하는 기요아키의 친구 혼다 구니오本多繁邦의 이야기를 그린 『분마奔馬』(제2부), 1941부터 1945년까지 태국과 인도를 배경으로 윤회사상에 몰입했던 혼다가, 1952년부터 일본으로 유학온 태국 황실의 공주를 기요아키와 이사오의 환생자임을 확인하고자 그녀의 나체를 엿보기까지의 내용을 그린 『새벽의 절暁の寺』(제3부), 1970년부터 당시로서는 근 미래인 75년까지의 시공간을 배경으로, 기요아키의 환

15 졸고, 2018, 「전후일본문학 속의 '폭력' 표상」, 『일본언어문화』, 212쪽.

생자라고 생각하고 입양한 야스에이 도오루安永透가 타락하고 자살을 시도하자, 혼다가 이제까지의 모든 이야기를 비구니가 된 기요아키의 옛 연인이었던 사토코를 찾아가 보고하게 되는데, 이에 대해 그녀가 기요아키의 실존 여부 그 자체를 의문에 부치는 대답으로 막이 내리는 『천인오쇠天人五衰』(제4부), 이렇게 4부작으로 구성되어 있다.

불교사상을 바탕으로 약 20년 주기로 반복되는 주인공의 환생을 소설의 근본적인 전제로 깔고 있는 본 소설은, 과학적 합리성에 근거해 소설의 동일성을 구성하려고 하는 근대소설의 전통을 거부하고, 죽은 자들의 그림자가 현생을 지배하는 독특한 세계관을 표출한다. 서구 중심의 근대화에 대한 전면적인 거부는, 제2부 『분마奔馬』에서 근대화에 반발하여 민란을 일으켰다가 진압되어 근대사에 망각된 신풍련神風連 사건을 액자소설의 형태로 삽입한 대목에서 노골적으로 나타난다.

이 사건은 1876년 메이지 정부의 폐도령廢刀令에 반발해 구마모토의 신관과 그들을 따르는 사족士族 약 170여명이 '경신당敬神黨'이라는 결사를 조직해 정부군을 습격했다가 진압당한 민란인데, 이에 참여한 이들은 신도의 의례인 우케이宇気比라는 신탁에 따라 행동했고, 이에 실패하자 상당수가 집단 자결한 것으로 알려져 있다. 미시마는 이 사건을 소설 속에서 '신풍련사화神風連史話'라는 액자소설의 형태로 삽입시키면서, 『고사기』 주석학을 통해 만들어진 수구적인 일본 국학에 근거해 메이지 정부의 근대화 정책에 정면으로 대립하고 신탁을 따라 행동했다가 패배한 자들의 할복을 일일이 숭고한 죽음으로 기록하며 애도한다.

이러한 미시마의 역사관은 서구화된 일본제국군에 대한 거부를 통해 일본의 근대화를 깡그리 부정한다는 점에서 일반적인 우익과는 결이 다른 매우 급진적인 반근대주의라고 볼 수 있을 뿐만 아니라, 전후를 '제2의 근대화'의 공간으로 규정하며 사회과학과 논리 중심의 가치체계로 민중에게 '민주주의'를 내면화하고자 한 전후 지식인들을 신도의 신비주의와 이에 대한 미학화로 상대화하려고 했다는 점에서 반지성주의적이라고 할 수 있다.

『분마奔馬』에서 이러한 반지성주의적 태도는 역사적 사실을 신화화하는 텍스트를 문자 그대로 믿고 이에 따라 행동하는 근본주의적인 우익 청년을 순수하고 아름다운 민중의 모습으로 표상하는 대목에서 노골적으로 드러난다. 제2부의 주인공인 이사오는 '신풍련사화神風連史話'를 성경이나 코란처럼 받드는 모임을 주도적으로 조직하고, 오직 칼로 부패한 관료들에 대한 테러를 모의하는 청년인데, 정치 관료들을 내심 언짢아하는 황족과의 대면에서 다음과 같이 천황에 대한 충성을 맹세한다.

> 충의忠義란 제게는 자신의 손이 델 만큼 뜨거운 밥을 쥐고, 오직 폐하에게 바치고 싶다는 일심으로 주먹밥을 만들어, 쟁반에 담아올리는 것이라고 생각합니다. 그 결과 만약 폐하가 공복이 아니셔서 매정하게 돌려주시거나, 혹은 "이런 맛없는 것을 먹으란 말인가"하고 말씀하시고, 얼굴에 주먹밥을 던지시게 되는 경우에도 얼굴에 밥풀을 붙인 채 물러가 감사하며 바로 배를 갈라야 합니다. 또 만약 폐하가 공복이셔서 기쁘게 그 주먹밥을 드시더라도, 바로 물러가 감사하며 배를 갈라야 합니다. 왜냐하면 민간의 손으로 직접 쥔 밥을, 수라상으로 올린 죄는 만사萬死에 해당하기 때문입니다. 그럼 주먹밥을 만들어 바치지 않고, 그대로 자신의 손에 둔다면 어떻게 되겠습니까. 밥은 결국 상할 게 틀림없습니다. 이것도 충의겠습니다만, 나는 이것을 용기없는 충의라고 부릅니다. 용기 있는 충의란 죽음을 두려워하지 않고, 그 일심으로 만든 주먹밥을 헌상하는 데에 있습니다.[16]

16 三島由紀夫. 2001.『決定版 三島由紀夫全集』. 新潮社. 582면.

"죽음을 두려워하지 않고 그 일심으로 만든 주먹밥의 헌상"의 비유를 통해서 충의를 증명하고자 하는 이 청년의 발언은, 애초에 합리적인 증명 방식에서 벗어나 있다. 즉 가난한 민중에 지나지 않는 자신이 공복의 황족에게 주먹밥을 바치면, 그에 대한 황족의 반응이 어떠한 것이든 이미 불경不敬을 행한 것이므로 죽어야 한다는 인식은, 오직 자기 존재의 부정을 통해서만 신적 존재에 도달할 수 있다는 점에서 부정신학적인 측면조차 엿보인다.

이러한 극단적 태도는 천황을 일종의 신적 존재로서 우상화한 국학 이데올로기의 맹종에 기인하지만, 다른 한편으로는 근대화 이후 천황을 위해, 혹은 천황의 이름을 드높이기 위해서 추진된 정치인과 관료들의 정책들이 실은 반드시 천황의 나라와 그 국민의 영광으로 이어지는 것은 아니라는, 다시 말해 그들에게 '진정성'이 결여되어 있다는 인식에도 뒷받침되고 있다.

메이지 유신 이후 추진된 근대화 정책이 천황의 권위를 등에 업은 정치세력과 신흥관료, 그리고 재벌들에 의해 추진되어 결국 그들의 이익을 증대시켰을 뿐, 천황의 권위는커녕, 민중의 삶을 개선시키지 못한다는 불만은, 러일 전쟁 이후부터 꾸준히 늘어났는데, 1920 중반 미국에서 시작된 경제 공황恐慌 이후 힘을 얻기 시작한 우익 단체들에게도 폭넓게 공유되고 있었다. 그리하여 1930년대에 들어서면서 천황의 이름을 내걸고 내각 관료들을 암살하는 테러가 우익사상에 경도된 청년 장교들에 의해 잇달아 일어나게 되면서 의회와 관료 중심의 대의제 민주주의가 기능부전에 빠지게 된다.[17] 예컨대 이 텍스트의 시간적 배경이 되는 1932년의 5·15 사건 때 당시 수상이었던 이누카이 쓰요시는 자신을 암살하러 들어온 청

17 1932년 3월에는 혈맹단사건이, 5월에는 당시 수상이었던 이누카이 츠요시가 살해된 5·15사건이 일어난다.

년 군인들을 설득하려다가 대화를 거부당하고 피격당했는데, 피격 후에도 그들을 다시 불러오면 설득하겠다는 말을 남겼다고 하는 역사적 에피소드는, 대화와 토론을 통해서 의사가 결정되는 민주주의 시스템이 이를 거부하는 힘에 의해 파괴된 대표적인 예라고 할 수 있다.

이러한 시대를 이야기의 배경으로 삼는 『분마』에서는 당시 일본의 기득권 세력의 가치관을, 부패한 권력의 상징으로서 우익 청년의 테러 대상 되는 일본 재계의 흑막인 쿠리하라 타케스케藏原武介라는 인물을 통해서 드러내고 있는데, 그는 상류층의 비밀 모임에서 다음과 같이 말한다.

> 일본국민이란 무엇인가라는 정의는 사람에 따라 여러 가지로 다르겠죠. 제 관점에 본다면, 일본국민이란 말이죠, 인플레이션의 재앙에 무지한 국민이라는 것이 됩니다. 인플레이션이 진행되면 환물해서 재산을 지켜야지, 하는 정도의 지혜밖에 없죠. 우리들은 나이브하고 무지하며, 정열적이며 감정적인 국민을 상대하고 있다는 것을 한시도 잊어서는 안됩니다. 몸을 지키는 것조차 모르는 국민은 아름답죠. 확실히 아름다워요. 나는 일본 국민을 사랑하고 있으니까 이 아름다운 무지(無知)에 달라붙어 인기를 얻으려는 패거리를 미워하지 않을 수 없습니다.[18]

경제적 불황을 타파하기 위해 정부가 돈을 푸는 행위는 화폐가치를 하락시켜서 인플레이션을 불러일으킬 뿐이며, 인플레이션은 일반 국민의 삶을 더욱 피폐하게 만들 수 있다는 그의 말은, 거시경제 지표와 역사적 경험으로 봤을 때 일견 타당하게 보일 수도 있다. 하지만 그것은 현물보다는 자본을 가지고 있는 자본가의 관점에서 봤을 때 그러한 것일 뿐,

---

18 三島由紀夫. 2001. 위의 책. 563면.

자본보다는 현물, 그리고 그것을 생산할 수 있는 노동자 입장에서 본다면 아닐 수도 있다. 따라서 일견 매우 지성적으로 보임에도, 계급에 따른 관점의 차이를 무시하고 고등 교육을 받은 인텔리의 관점으로, 일방적으로 일본국민을 '무지'하며 '감정적'이므로, 정치인들의 먹잇감이 되기 쉬운 이른바 '백치'와 같은 존재로 간주한다는 점에서, 그의 말은 매우 지성적이지 못하다고도 할 수 있다. 실제로 민중을 위에서부터 내려보면서, 그 존재의 역량을 바로 부인하는 관료나 엘리트, 자본가, 연구자들의 태도로부터 반지성주의를 설명하는 경우도 없지 않다.[19] 그렇다면 민중의 반지성주의를 낳은 것은, 결국 지식인 계급의 반지성주의와 윤리적 타락 때문일까?

그렇게 단정하기 전에 주의해야 할 것은, 이렇게 현재 당면하고 있는 공동체의 위기를 특정 집단에 의한 음모로서 설명하는 것, 그러니까 음모론이야말로 반지성주의의 전형이라는 사실이다. 예컨대 관동대지진은 말할 것도 없고, 천황의 영광이 주변의 간신들에 의해 차단되어 민중에 닿지 않는다고 하는, 이른바 군측의 간君側の奸이 바로 그것으로, 이는 2·26사건을 일으킨 주동자들 사이에서 공유되고 있었다.[20] 『분마』에서 미시마는, 이러한 반지성주의적 경향을 비판하기는커녕, 신비주의에 빠진 우익 소년의 정치적 테러를 정당화하기 위해 마치 당시 일본정치의 배후에서 천황과 민중을 연결하는 루트를 차단하는 존재가 있음을 드러낸다. 결국 『분마』는 천황가의 시조신을 모셨다고 하는 이세 신궁에서 쿠리하라가 범한 불경不敬-성스러운 신사에 참배하기 전에 금기인 고기를 먹었을 뿐만 아니라, 신에게 바치는 타마구시를 엉덩이 주머니에 넣었다

19 우치다 다쓰루. 2016. 김경원(역). 『반지성주의를 말하다』. 이마. 86쪽.

20 실제로 1936년에 일어난 2·26사건에 참여했던 장교들이, 천황의 영광이 주변의 간신들에 의해 차단되어(君側の奸) 민중에 닿지 않으므로 이를 제거해야만 국가를 개조할 수 있다고 하는 신념을, 국가사회주의 키타 잇키의 『일본개조법안대망』에서 참조했다고 밝히고 있는 것은 그 대표적인 예이다.

가 잃어버림-을 범했다는 이유로 우익 소년 이사오에게 살해당하고, 이사오는 스스로 할복하는 것으로 막을 내린다.

이렇게 근대적 법적 질서를 전복하는 폭력을 일종의 '미'로 표상하고 합리화하는 미시마의 텍스트는 당시 폭력시위를 주도하던 전공투 세력의 학생들에게는 폭발적인 반응을 얻었지만, 일본의 문학계와 소비문화 속에 적응되던 일본의 일반 독자들에게는 거의 무시당할 수밖에 없었다.

한편, 이렇게 민중과 지식인, 혹은 국민과 권력자를 대비시키며, 전자를 무구하고, 후자를 매우 반지성주의적인 존재로서 대비시키는 서사 구조는 김훈의 역사소설에도 마찬가지이다. 예컨대 신유박해로 인해 흑산도로 유배가서 『자산어보』를 남긴 정약전을 중심으로 조선후기의 종교 박해를 그린 『黑山』에서 김훈은 민중의 '말'과 권력의 '말'을 노골적으로 다음과 같이 대비시킨다.

> - 소학을 늘 읽는가?
> - 가진 책이 그뿐이라서……
> - 『소학』은 어떻던가?
> - 글이 아니라 몸과 같았습니다. 스스로 능히 알 수 있는 것들이었습니다.
> - 그렇지, 그랬겠어.
> - 그랬습니다. 물 뿌려 마당 쓸고 부르면 대답하는 일이 근본이라고 했는데, 그 분명함이 두려웠습니다.
> - 아, 그랬겠구나. 그토록 쉬운 말이었구나.
> - 쉬워서 겁이 났습니다.
>
> …(중략)…
>
> - 늘 물고기를 들여다보는냐?
>
> 창대가 웃었다.
>
> 세상을 직접 대하라고 『소학』에서 배웠습니다. 섬에 책이 따

> 로 없으니……
> 맑은 소년이로구나. 황사영이구나. 황사형처럼 소년등고는 못 했어도 근본이 같은 인간이로구나……
> 창대를 부르는 날 밤에 정약전은 늘 취했다.[21]

> 가을에 서리가 내리면 땅에 묻힌 부모의 추위를 염려하여 군자의 마음이 서글퍼지고, 봄날 비와 이슬이 대지를 적시고 아지랑이가 어리면 돌아가신 부모가 살아 돌아올 것만 같아서 군자의 마음은 놀라고 또 슬퍼진다고 『소학』 명륜장에서 성인이 말씀하셨는데, 너희는 옛글을 읽지 않았느냐. 읽고도 그 지경이냐. (중략) 야소의 어미 마리아가 그 지아비의 정이 없어도 아들을 낳았다 하니 이 해괴하고 황잡한 요언이 바로 무부무군의 근원이다. 어째서 열성조의 백성들이 야소 앞에서 슬피 울고 야소 어미의 옷자락에 매달려 숨이 넘어가고 부모가 준 이름을 버리고 사호로 부르고 응답하느냐. (중략) 내 몸속에 아픔과 슬픔이 들끓어 몸을 뒤척이니 너희 감사와 수령들은 힘써 나의 뜻에 부합하라. 백성들이 개돼지의 길로 들어서고 있으니 내 어찌 거듭 말하고 또 말하지 않겠는가.[22]

위는 정약전이 흑산도에서 만난 창대라는 젊은이와의 대화이며, 아래는 천주교 신자들을 역적으로 다스리고 처벌하라는 금교령을 내린 대왕대비 정순왕후 김씨가 신료들에게 받아적게 한 '자교慈教'의 일부인데, 여기서 김훈은 둘의 말에 대한 가치판단을 『소학』에 대한 이해를 통해서 대비시키고 있는 것이 특징이다. 즉, 민중을 대표하는 창대에게 『소학』이

21 김훈. 2011. 『黑山』. 학고재. 116-7쪽.
22 김훈, 위의 책, 125-6쪽.

란 '글이 아니라 몸과 같'고 '스스로 능히 알 수 있는 것'이나, 한편으로는 '분명함이 두려'움을 불러일으키고, '쉬워서 겁'이 나도록 만드는 것임에 비해, 대왕대비에게 『소학』이란 내버려 두면 '개돼지의 길'로 접어들 것이 분명한 백성들이 익히고 배워야 할 '군자의 마음'으로 직접 인용되어 표현되고 있다. 이러한 대비를 통해서 김훈은, 『소학』밖에 읽지 못한 일반 백성을 맑고 순수하며 지혜로운 존재로, 권력층을 『소학』을 읽고도 그것의 깊은 뜻에 경외심을 갖지 못하고, 이를 정치적 폭력 행사의 근거로서 도구화할 뿐인 존재로 표상하고자 한다.

아예 글을 모르거나, 혹은 적은 글밖에 접하지 못한 민중이나 무신武臣의 눌변訥辯에 가까운 '말'에 대한 집착과 과도한 미화는 『흑산』만이 아니라, 『남한산성』, 『칼의 노래』에서도 발견할 수 있는데, 이는 앞선 장에서 지적한 바 있듯이 권력자나 혹은 지식인의 '말의 폭력'에 대한 그의 반발이 얼마나 뿌리 깊은지를 보여주는 것이기도 하다. 예수를 찬양하는 천주교는 충효를 근간으로 하는 『소학』에 반하는 사교邪教임을 주장하는 정순왕후의 말을 굳이 장황하고도 정념에 가득 찬 요설로 만드는 것도 그와 같은 맥락에서 이해할 수 있다.

이렇게 권력자나 지식인의 언어 세계를 적대화하고, 오직 한 권의 책의 말을 '있는 그대로' 내면화한 민중의 언어를 아름답게 옹호하는 경향은 미시마와 닮아있지만, 미묘한 차이를 지니는 것도 사실이다. 미시마의 경우, 평화와 민주주의, 그리고 소비를 탐닉하는 인간상을 거부했다면, 적어도 역사소설에서 있어서 김훈은 평화와 민주주의를 전면적으로 부정하지는 않는다는 점이다. 특히 미시마가 주먹밥으로 대표되는 현세적인 물질과 생명을 철저히 부정하고 초월적인 이념을 옹호한 데 반해, 김훈은 밥과 생존을 위한 현세적인 삶을 사는 민중이나, 오직 그편에 서는 지식인만을 옹호하고, 초월적인 이념을 우선하는 지식인을 강하게 비판했다. 김훈이 『黑山』에서 천주교에 대한 신념을 관철시키며 죽은 황사영이 아니라 정약전을 주인공으로 내세운 것도, 그가 바로 『자산어보』의 저자라는 사실과 관련된다. 김훈은 정약전이 이 책을 집필한 이유를 다음과 같이 적는다.

> 흑산에 대한 무서움 속에서 흑산 바다 물고기의 생김새와 사는 꼴을 글로 써야 한다는 소망이 자리 잡고 있었다. 물고기의 사는 꼴을 글로 써서 흑산의 두려움을 떨쳐낼 수도 없고 위로할 수도 없을 테지만, 물고기를 글로 써서 두려움이나 기다림이나 그리움이 전혀 생겨나지 않은, 본래 스스로 그러한 세상을 티끌만치나마 인간 쪽으로 끌어당겨볼 수 있지 않을까 싶다. 물고기의 사는 꼴을 적은 글은, 사장詞章이 아니라 다만 물고기이기를, 그리고 물고기들의 언어에 조금씩 다가가는 인간의 언어이기를 정약전은 바랐다.[23]

정치적 권리가 박탈당한 공간으로서 '흑산'에서 집필한 『자산어보』는, 인간 세상의 언어활동으로 오염되지 않고 있는, "흑산 바다 물고기의 생김새와 사는 꼴"을 표상한 책이며. 이는 정치 공간의 권력자와 지식인들의 언어를 받아쓰고 전파하는 것이 아니라, "본래 스스로 그러한 세상"을 인간 쪽으로 끌어오는 행위 그 자체로서 김훈은 의미화한다. 다시 말해 김훈에게 자연을 언어로 표상하는 행위는 인간이 인공적으로 만든 도덕적, 인간적 도덕 규범으로 인해 상실된 "본래 스스로 그러한 세상"을 끌어오는 행위어야 한다고 인식되고 있는 것이다.

하지만 주의할 필요가 있는 것은, "본래 스스로 그러한 세상", 혹은 사물이나 사태의 '있는 그대로'의 표상이라는 관념조차 이미 인간이 만들어낸 인공물이라는 사실이다. 예컨대 바닷속의 물고기처럼 인간의 일상

---

23 김훈. 위의 책. 323면.

생활에서는 잘 알려지지 않는 존재를 주목하여 언어화한 박물학도 기독교적 사상과 근대적 과학 사상과 무관하지 않음은 오늘날 잘 알려진 사실이다. 따라서 정약전의 『자산어보』가 천주교라는 이념을 버린 증거인지, 혹은 다른 방식으로 이념을 관철하고자 한 것인지에 대해서는 논의의 여지가 있다. 요컨대 흑산으로 유배된 정약전이 어떤 식으로든 탈출해 정치적 권리를 회복하려고 하지 않고, 순매라는 여성과 살면서 아이를 낳고, 한편으로는『자산어보』를 집필하면서, 다른 한편으로는 서당을 열어 섬 아이들에게 『소학』을 가르치면서 흑산에 뿌리를 내리는 행위를, 정치 세계, 혹은 천주교 신앙과 무관한 삶의 한 방식으로 봐도 좋은지는 비판적으로 생각해볼 여지가 있다.

그럼에도 적어도 표면적으로는 "말이나 글로써 정의를 다투려는" 지식인들의 언어를 상대화하고, "인간의 고통이나 소망에 대해서 말하려고" 하는 것처럼 보이는 김훈의 작품은 이념 논쟁으로 얼룩진 한국의 근대사와, 그 중심에 자리할 수밖에 없는 지성의 언어활동에 피로를 느끼며, 먹고사는 문제로 힘겨워하는 동시대 한국 독자들의 공감을 살 수 있었다. 하지만 동시에 그의 소설은, 김훈의 진정한 의도가 어떠하든, 개별자들의 '먹고살기의 고단함'을 핑계로 '정의'로부터 눈을 감고자 하는 자들에게, 그렇게 해도 괜찮은 알리바이를 제공해준다는 점에서 동시대 한국 사회의 신자유주의와 반지성주의와의 관련성으로부터 결코 자유로울 수 없을 것이다.

5. 나가며

이상에서 봤듯이, 김훈과 미시마는 인간과 자연의 합일 혹은 조화를 꿈꾸면서도 그것이 언어에 의해 방해된다고 하는 인식, 한국과 일본의 민주주의 발전을 '천민화'나 '세속화'로서 보는 인식을 공유하고 있다. 나아가 이러한 세계관이 투영된 역사소설을 통해 민중의 언어를 아름답게 '민중'을 얄팍한 지성의 관점으로 재단하고 지배하는 권력측의 언어를 매우 천박하게 그리고 있다는 점에서 공통점을 지닌다.

한편 민주주의와의 불화를 해소하는 방식으로서 직접행동에 대해서는 관점이 서로 엇갈린다. 미시마는 언어에 의한 설득·선동으로는 자신과 민주주의의 불화는 해소할 수 없다는 인식하에 일본도를 들고 자위대로 가서 쿠데타를 일으키자고 군인들을 선동하려 했지만, 실패하고 할복한다. 반면 김훈은 직접행동은 피하는 대신, 그저 역사의 풍경 속에서, 한국의 민주주의 과정에서 생긴 자신의 상처를 봉합하려고 애썼다.

그들의 반지성주의는, 본 논문에서는 충분히 드러내지는 못했지만, 역사와 철학, 종교의 관한 방대한 지식을 바탕으로 하고 있다는 점에서, 오늘날 반지성주의를 얘기할 때 자주 거론되는 지식인의 윤리적 타락, 극우기독교인들의 반정부시위, 이민족과 다른 젠더에 대한 혐오발언 같은 현상과 같이 놓을 수 있는지에 대해서는 검토가 필요하다. 두 작가들은 자신의 언어로 자기의 세계관을 관철시킬 수 있었고, 그것을 발신할 수 있는 문학이라는 장을 가지고 있다는 점에서 자기 언어가 없는 오늘날의 '반지성주의'와는 결을 달리하기 때문이다.

그럼에도 김훈과 미시마는, 동아시아의 민주주의가 정착하는 과정에서 벌어지는 가치체계의 변화와 이로 인한 혼돈의 원인을, 대중과 유리된 지식인의 태도에서 찾는다는 점에서, 일종의 반지성주의적 포지션을 취하고 있다는 점은 틀림없다. 무엇보다도 지식인에 의한 대중이나 민중에 대한 계몽의 필요없음을 주장한다는 점에서 동아시아의 전통적인 '지식인'의 종언을 예언하는 징후적인 존재로서 볼 수 있지 않을까.

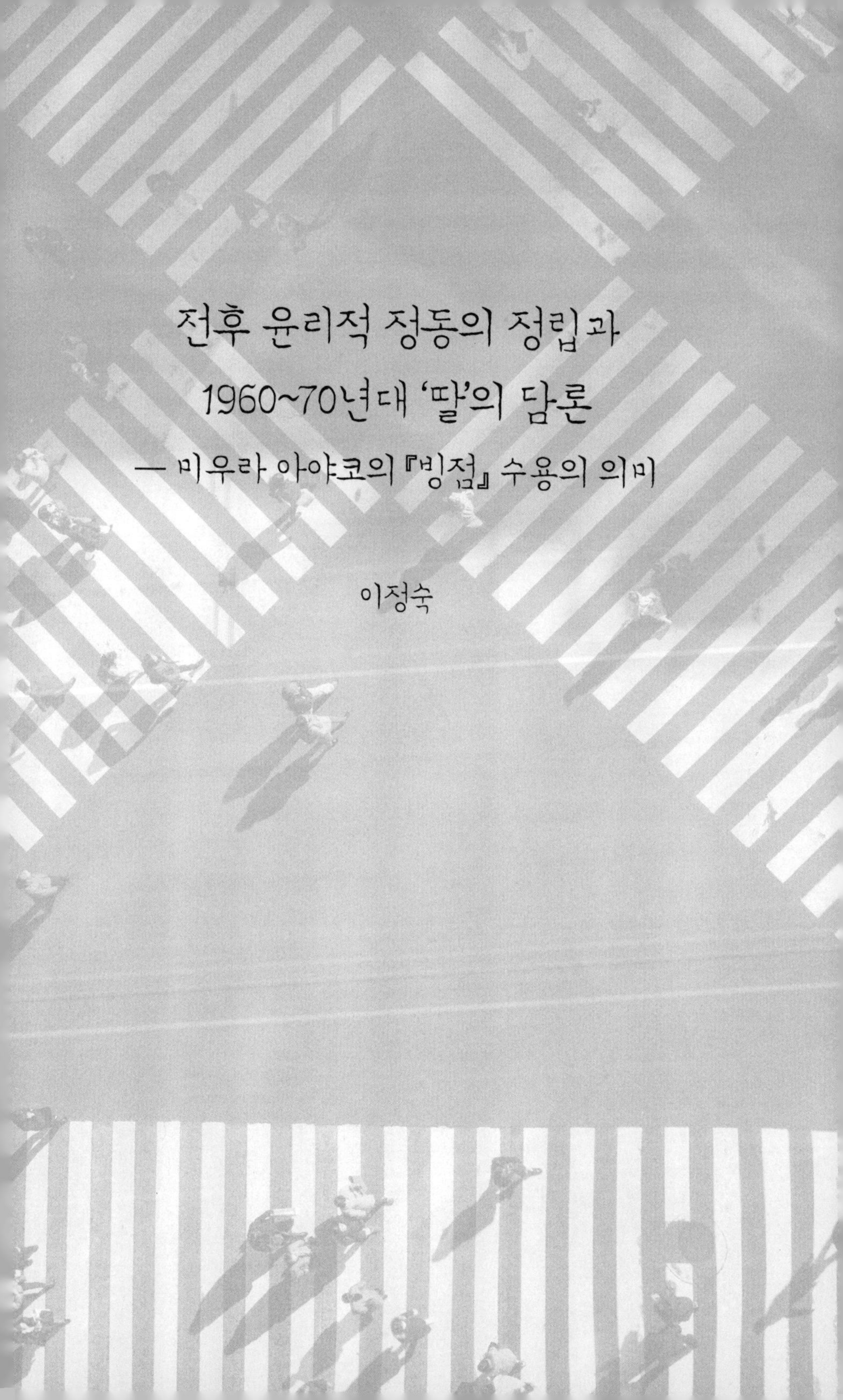

전후 윤리적 정동의 정립과 1960~70년대 '딸'의 담론

— 미우라 아야코의 『빙점』 수용의 의미

이정숙

전후 윤리적 정동의 정립과 1960~70년대 '딸'의 담론

― 미우라 아야코의 『빙점』 수용의 의미

이 정 숙

1. 『빙점』번역의 전후 사정

이 글은 한일협정 이후 속개된 일본문화의 유입 속에서 『빙점』 수용이 갖는 의미를 논하는 글이다. 한일협정은 1965년 6월 22일에 체결되었지만 그 1년 전인 64년 6월의 한일협정 반대 데모는 거셌고 체결된 후에도 비준반대 시위가 벌어지는 등 심리적 저항이 항존했다. 그럼에도 불구하고 한일협정 이전부터도 이미 일본의 출판물은 수입되는 실정이었다. 『빙점』도 그 흐름에 놓인다.

『빙점』의 시간적 배경은 소화 21년, 즉 종전 1년 후인 1946년 여름에서 시작한다. 홋카이도의 아사히가와에 위치한 병원 원장 게이조의 아내 나쓰에의 일탈이 시작된 시점이다. 『빙점』이 아사히신문사 '천만 엔 현상공모 소설'에 당선된 것은 1964년 7월 10일이고, 신문연재는 1964년 12월 9일부터 1965년 11월 14일까지였으므로 발표시점은 일본의 전후로부터 약 20년간의 시간 격차가 있는 셈이다. 세 살 배기 딸 루리꼬가 살해당한 뒤 부부가 입양한 요오꼬가 스무살 무렵 자살시도로 혼수상태가 되는 것이 『빙점』의 결말이므로, 작품의 엔딩과 발표시점은 거의 같은 시대에 속한다.

한국에서 『빙점』은 해방 이후 번역된 일본문학 작품 중 반향이 가장

켰던 작품으로, 아사히신문의 연재가 완료되기도 전에 이미 상권이 번역돼 나왔고 연재완료 후 엿새 만에 하권이 마저 번역 출판되었을 만큼 시간차 없이 수입되었다.[01] 상권이 출간된 시점은 협정일보다 열흘이상 앞선 시점이다. 연재중인 가운데 한국의 라디오 방송사에서 심야에 낭독방송을 내보내기도 했다.[02] 이로 인해 『빙점』은 '해적출판'의 사례로 번번이 지목되었고 한국의 해적출판을 일본 측에서 비웃은 일이 수치스럽게 다뤄지기도 했다.[03] 당대 한국의 평단은 일본 소설 번역서가 베스트셀러가 되는 현상을 "감미롭고 얄팍한 일서"[04]의 영향력으로 짚는 소극적인 대응에 그쳤지만, 『빙점』은 60년대 중반뿐만 아니라[05] 70년대 중후반까지도

---

01 『빙점』번역본의 현황을 살핀 이한정에 따르면 1965년에 출간된 번역본은 두 버전이 있다. 춘추각에서 손민 번역으로 간행한 『빙점』 상 · 하권 및 한국정경사에서 이시철 번역으로 간행한 『빙점』 상 · 하권 중 이한정은 전자를 최초번역으로 특정하였다. 손민 번역의 상권 간행일은 1965년 6월 10일, 하권 간행일은 1965년 11월 20일이다. 이한정. 2016. 「미우라 아야코 『빙점』번역본의 여러 양상」. 『일본문학의 수용과 번역』. 소명출판사. 105-106쪽. 한편 같은 손민 번역본으로 1975년 풍성각에서 재출판(1975년)된 『빙점』 상 · 하권은 초판본과 동일한 페이지로 편집돼 있다.(*이점은 학술대회에서 토론을 맡아주신 이한정 선생님이 개인 소장본과 비교하여 직접 확인해주셨다.) 본 논문은 이 판본을 저본으로 삼는다.

02 이점을 언급한 기사는 「일본소설의 졸속절도수입」. 『경향신문』. 1965. 9. 1.

03 일본에서 연재 미완료 상태에서 한국에서 『빙점』의 일부가 번역 출판되자 일본의 아사히신문이 사회면 톱기사로 다뤘다고 한다. "마치 우리나라 문화가 일본의 식민지 문화 구실밖에 못하는듯 그들은 비웃었다."고 기사는 전하고 있다. 이와 관련 한국예술문화윤리위원회는 "국가위신을 추락시키는 비양심적 출판"으로 해당 출판사를 지목하고 등록취소를 건의했다. 「땅에 떨어진 출판윤리」. 『경향신문』. 1966. 10. 8. 이 기사에서 문제서적으로 지목한 책이 각주 1)에서 언급한 두 판본 중 어느 출판사의 판본인지 밝히지 않았다. 한편 이임자는 미우라 아야코의 일련의 소설 번역판이 "전부 해적출판"이라고 적시하면서도, 1966년도 베스트셀러 1위, 1967년도 베스트셀러 7위 목록에 오른 『빙점』 서지를 이시철 번역본으로 제시하고 있다. 이임자. 1998. 『한국출판과 베스트셀러』. 경인문화사. 180쪽 및 352-353쪽 참고.

04 「한일문화교류 받아들일 것과 막을 것(6) 출판부문」. 『동아일보』. 1966. 2. 8. 협정 전의 일본 출판물 수입 현황은 「일본은 들어오고 있다: 문화」, 『경향신문』. 1965. 2. 22. 참조.

05 기자 시절 김병익이 쓴 기사에 따르면, 대한출판문화협회에서 10월 한 달간 1천 3백 명을 대상으로 조사한 결과 '읽은 책 중에 가장 훌륭한 것'으로 『빙점』이 남자부 4위, 여자부 2위에 올랐다. 그러나 설문에 참가한 독서층의 1,2위가 10대층이라는 점을 고려해야 한다고 부기하고 있다. 김병익. 1966. 12. 7. 「66년을 되돌아보며 다시 생각해

여러 버전으로 재출간되었을 만큼 파급력이 상당했다.[06] 『빙점』이후 미우라 아야코의 소설이 나오는 대로 모두 번역이 된 점에서도 알 수 있듯 한 작가에 대한 취향을 형성할 만큼 『빙점』의 매력은 독자들에게 파고들었다.

『빙점』(손민 번역판)의 「머리말」에 정비석이 쓴 글에는 아사히신문을 구독하던 당시 동양라디오 사장이 신문 연재본을 받아 매회 아껴 읽고 있다는 말을 듣고 자신도 아사히신문을 구해서 처음 읽었다는 대목이 있다. "재미가 있기로도 으뜸이지만 질적으로도 매우 우수한 작품이었다. 이렇게 재미있고 세련된 작품이 일개 無名 中年女性에 의해 창작되었다는 것이 일종의 기적 같기도 하였다. 빈틈없는 사건의 짜임새라든가, 남녀간의 미묘한 심리 갈등의 推移라든가, 간결하면서도 正鵠을 찌르는 문장력이라든가, 한 번 읽기 시작하면 끝장을 보기 전에는 책을 놓지 못하게 하는 그 魔力에는 재삼 감탄을 아니 할 수가 없었다."[07]고 그는 소개의 변을 썼다.

정비석이 『빙점』 최초 번역본의 머리말을 썼다는 점은 한편 흥미로운데, 정비석의 『자유부인』이 전후 댄스열풍 속에서 벌어진 도덕적 가치의 훼손과 일탈을 다루면서 큰 반향을 일으켰기 때문이다. 『자유부인』은 한국전쟁 직후인 1954년 1월부터 8월까지 『서울신문』에 연재된 후 곧바로 단행본으로 출간되고 뒤이어 영화화(56년, 한형모 감독)된 궤적이 『빙점』과 유사하다. 도덕성을 회복하는 결말의 기제는 두 작품이 서로 다르지만, 일본의 전후를 배경으로 인간의 도덕성을 재고하는 『빙점』의 주제는 한국에서 새로이 점화되고 있었다고 할 수 있다.

볼 일들(1) 베스트셀러」. 『동아일보』. 동아일보사. 또한 이화여대에서 조사한 독서실태에서도 『빙점』이 최근에 읽은 소설 목록에서 수위를 차지했다. 「이대독서실태」. 『동아일보』. 1966. 9. 7.

06 이한정. 앞의 책 참고.

07 정비석. 「머리말」. 三浦 綾子. 1975. 『氷點』 상 · 하. 손민 역. 춘추각.

최근 『빙점』을 '전후'의 지평에서 해석한 글에 따르면 『빙점』은 한국문화에 깃든 복수와 증오, 죄의식을 수면 위로 올린 작품으로 "전후의 음울하고 무거운 죄의식을 증오로 바꿔내는 막장의 신공으로 한국인의 심성에 찰싹 들러붙었다."[08] 이 대목은 그 시점까지 한국에서 '전후'가 심정적으로 정리되지 않았다는 점을 전제로 하는데, 잠복해 있던 감정들이 이 작품을 통해 카타르시스를 얻었다는 것이다. 그런데 여기서 '죄의식'은 전쟁이 남긴 '상흔'을 상정했을 때 납득가능하면서도 다소 모호한 측면이 있다. 당대 한국은 태평양 전쟁과 한국전쟁이라는 두 개의 전쟁을 동시에 사고하고 있었으며 전자의 경우 피해의식이 크게 잠복해 있었기 때문이다. 또한 『빙점』은 복수의 실현이나 증오의 부여보다 도덕성의 회복에 초점이 맞추어진 작품이라는 점을 놓쳐서는 안 된다.

실상 전후 46년 무렵은 작가인 미우라 아야코 자신에게도 하나의 분기점이 되는 시기이다. 패전 후 국가주의 및 군국주의 교육에 회의를 갖게 된 작가가 7년간 근무해온 초등학교 교사직을 그만 둔 시점이 46년인 것이다.[09] 더구나 일본에서 1946년은 패전의 충격과 빈곤 속에서도 여성들이 평화를 위해서 참정권을 요구하고, 대대적으로 결집하고자 의지를 모았던 시기이다.[10] 이런 점으로 미루어 작가의 이력에서 읽을 수 있는 결단은 전후의 윤리 감각이 한 개인의 선택에 작용한 결과라고 할 수

---

08 박숙자. 2017. 『살아남지 못한 자들의 책읽기』. 푸른역사. 32-36쪽. 직접인용은 36쪽.

09 패전 후 미국 점령군은 일본 국정교과서 안에 기록되어 있는 군국주의적 내용들은 모두 지우라는 지시를 내렸고 이 명령에 따라 미우라 아야코 역시 학생들에게 먹을 갈게 해 교과서의 내용을 지우도록 지시했다. 자서전의 첫 머리에 이 일화를 놓을 만큼, 순수한 열정으로 교사로서의 자부심을 실천하던 저자에게 패전 후의 이 경험은 영혼의 상처로 남았다. 미우라 아야코. 2015. 『길은 여기에』. 최봉식 역. 지성문화사. 15-16쪽 참조. 한편 『빙점』의 후기에 번역자가 이 사실을 소개했는데, 표현은 이렇다. "종전 후 신국일본(神國日本)의 우상이 깨어지자 가르칠 자신과 목표를 잃어 자포자기적으로 퇴직을 했다." 손민. 「일천만원의 주인공: 잡화상의 주부 三浦綾子」. 三浦 綾子. 앞의 책(하권). 788쪽.

10 이은경. 2014. 「〈일본모친대회〉. 각성하는 '모성'과 평화」. 『전후일본의 생활평화주의』. 78쪽 참고.

있다.

요컨대 60~70년대에 『빙점』의 영향력은 일본과 한국 두 나라의 전후의 현실과 연동하여 이해할 수 있다. 고도성장기였던 60년대 일본에서도 『빙점』은 잊혀져가는 전쟁의 기억을 불러일으킨 점이 붐을 만든 이유가 되었던바, 전쟁체험이 바탕이 되어 전후문학으로서의 텍스트성을 지닌 점이[11] 한국인의 심성에도 유효하게 작용한다. 70년대 초반 '신항일주의'의 조짐이 가시화되기 시작한 데서 알 수 있듯 이데올로기의 방향성에서 '반공'=친미의 도식은 점차 공고해지는 와중이었고 여전한 '반일'의 정서가 대중정서였다. 따라서 『빙점』수용에는, 한일 공통의 항인 미국/연합국에 대한 일본의 태도와 미국에 패전한 일본 사회에 대한 관심이 투영되었다고 할 수 있다. 일본과 미국이라는 두 개의 보이지 않는 항, 이점이 『빙점』의 구조에 숨은 서사적 힘이기도 하고, 당대 한국 독자들의 호기심과 감정을 자극한 점이기도 하다.

이 글은 이런 문제의식으로 『빙점』의 영향력을 멜로드라마의 관점에서 논하고자 한다. 『빙점』은 반향이 컸던 점에 비해 많이 연구된 작품은 아니다. 번역 양상을 살핀 연구가 소수 있으나[12] 저자인 미우라 아야코가 일본에서는 보기 드문 독실한 기독교 신자인 점이 부각된 탓으로, 작품의 주제를 기독교적 원죄의식으로 설정하고 접근하는 경우가 압도적이다.[13] 본고는 멜로드라마적인 특성 중에서 『빙점』이 특히 '딸'을 중심으

---

11 『빙점』은 초판 오만부 발매 1년 후 칠십만부의 베스트셀러를 기록하고 TV드라마로 방영되었다. 김보영. 2011.「미우라 아야코 『빙점』론: 원죄의식의 재구축과 전후문학의 가능성」. 숙명여자대학교 석사. 3쪽. 김보영의 논문은 『빙점』이 요오꼬의 유서에서 출발하는 점에 전후문학적 인식론이 집약돼 있다고 보며, 하층노동계급인 사회적 약자와 오시마 나기사(大島渚)를 통해 60년대에 국제영화제에 소개된 재일조선인의 문제를 미우라 아야코의 반성적 인식과 겹쳐서 '원죄의식'으로 읽는다.

12 이한정. 앞(각주 1번)의 책 및 김응교. 2005.「일본문학 번역의 왜곡상: 일본문학 번역의 교두보인 『빙점』을 중심으로」. 『문학사상』 제34권. 문학사상사.

13 김주영. 2008.「기독교 문학으로서의 『빙점』: 한국 독자의 입장에서 본 텍스트 고찰」. 『문학과 종교』 vol.13. 한국문학과 종교학회./김응교. 2011. 1.「미우라 아야코 『빙

로 진행된 비극이라는 점에 주목한다. '딸'에게 고통과 수난을 입히는 서사는 한국에서 유행한 멜로드라마의 오랜 관습 중 하나이기도 하거니와[14] 악의 수위와 고통의 지연에 비례하여 선의 승리가 주는 카타르시스가 존재한다는 점이 일반적인 특징이다. 이러한 보편성에 비추어 『빙점』의 특이성은, 요오꼬의 고난 끝에 악한 인물들에게 주어지는 징벌이라는 파국을 통해서 도덕성을 회복하는 것이 아니라 어린 요오꼬의 편에 선, 나쓰에의 친구 다쓰꼬의 거실이 선험적인 선의 한 축이라는 점에 있다. 이점은 일본의 전후 민주주의와 '권선勸善'이 겹쳐진다는 의미이기도 하다.

2. 다쓰꼬의 거실, 전후 도덕적 결집의 공간과 '모성'

사실 『빙점』은 가정사의 복잡다단함으로 인해 전쟁에 패한 전후 일본의 시대상을 플롯으로 끌어오는 데까지 이르지 못한다. 전후의 분위기는 환영처럼 어른거린다고 하는 것이 맞을 텐데, 게이조는 범인의 아이를 입양하기로 결정하고 번민에 쌓여서 자기만이 시대와 동떨어진 사람인 것 같다고 괴로워한다. "전쟁에 지고, 지금 이 세상은 야단 법석들이다. 그런데 나는 나 한 사람이 증오감이나 슬픔 속에서 헤어나지 못하고 있다."(상권, 160쪽) 여기서 미우라 아야코가 '전후'를 '종전'으로 인식하고 있었는지 '패전'으로 인식하고 있었는지는 드러나지 않지만, "전쟁에 지

점』의 원죄와 원복」. 『월간 복음과 상황』 제243호. 복음과상황.

14 『빙점』의 영향력이 희미해졌을 무렵 다시 한국의 독자와 시청자를 강타한 『오싱』(하시다 시가코. 1984. 『오싱』. 김균 역. 청조사.)이 『빙점』의 자리를 대신하는 붐을 만들었다는 점이 이해를 돕는 하나의 단초가 될 것이다. 『오싱』 역시 발간직후 베스트셀러 목록에 올랐다. 「주간 베스트셀러」. 『동아일보』. 1984. 6. 18. 참조.

고"라는 번역에서 후자의 인식을 유추할 수 있다. '종전'이 아니라 '패전'으로 인식한다는 것은 미국에 의해 점령당했다는 인식을 동반하는 것으로 오에 겐자부로에 따르면 '패전'이라는 용어는, 수치스럽지만 군국주의의 과거와 단절하고 전후 민주주의 국가로서의 일본을 모색하는 의지를 표명하는 쪽에 선다는 것을 의미한다.[15]

『빙점』에서 한 가지 의아했던 점은, 패전 직후인데도 미군이나 미국 문화에 대한 거부감은커녕 미국 문화를 생활로 받아들이는 장면이 여러 차례 나온다는 점이다. 어린 데쓰는 영어노래를 부르고 영어단어를 외우면서 미군 병사가 되고 싶다고 말하는가 하면, 게이조의 친구인 다까끼는 게이조와 나쓰에의 집을 방문할 때 자신이 운영하는 병원의 주요 고객인, 미군을 상대하는 여자 환자들로부터 받은 초콜릿과 버터 등속을 잔뜩 선물하는데 부부는 거기 번번이 감탄한다. 이런 점들을 자연스럽게 처리한 것이 당대의 일상에 대한 작가의 해석을 반영한 것이라면, 그리고 그것이 친미를 자연화함으로써 우방으로 동급화하는 자기기만이 아니라면, '패전' 즉 미국을 점령국으로 인식함으로써 우월하게 느끼는 일상적 감각에 가깝다고 할 수 있다. '패전'의 감수성이 성찰의 문제라면 "피점령국 일본이지, 식민지 재팬" 혹은 "끈이 달린 독립국"(하권, 477쪽)이라는 세간의 표현에 담긴 열패감을 통해 이를 피력한다. 미우라 아야코는 후일 이재신과의 만남에서 군국주의 일본이 한국인과 한국에 저지른 죄에 용서를 구하며 한국에 가고 싶지만 일본의 죄가 너무 많은데 한국인들에게 무슨 말을 하겠느냐고 답했는데,[16] '전후'가 남긴 그림자를 통해 드러나는 제국주의 열강의 형상이 작가에게는 지속적인 성찰의 기제였음이 드러난다.

---

15 유승창. 2011. 6. 「오에 겐자부로 초기문학의 전후인식과 미국표상」. 『일본어문학』 49. 한국일본어문학회. 192-193쪽.

16 이재신. 1990. 8. 「아야꼬 선생 방문기」. 『기독교사상』 34(8). 163-165쪽.

흔히 주인공이 작가의 분신일 경우가 많지만 『빙점』에서는 다쓰꼬가 그 역할을 맡고 있다고 할 수 있다. 다쓰꼬는 내포작가의 역할을 감당할 만큼 도덕적 결함이 없을 뿐만 아니라 주변인들의 도덕적 방향을 제시하는 인물로, 다쓰꼬와 어린 요오꼬는 서로를 비추는 거울과도 같은 존재라고도 할 수 있다. 새로운 시대를 향한 도덕적 결집이 다쓰꼬의 거실에서 이루어지고 있는 점이나, 다쓰꼬가 요오꼬의 멘토이기도 하거니와 노동의 가치나 선에 대한 의지 등 다쓰꼬의 가르침과 연민이 요오꼬의 정신에 스며든다는 점에서 그렇다.

처음 다쓰꼬의 거실이 언급된 것은 요오꼬가 초등학교 1학년 때, 나쓰에에게 목이 졸린 요오꼬가 무작정 집을 나와 "춤추는 아줌마한테 가자"(상권, 284쪽)고 생각하고 당도했을 때다. 게이조의 일기를 우연히 읽다가 요오꼬가 범인의 아이라는 구절을 읽고 나서 나쓰에는 그 자리에서 우발적으로 요오꼬의 목을 졸랐던 것이다.

> 다실은 열 칸, 이 다실이 재미있었다. 춤과는 별로 관계가 없는 학교교사, 의사, 은행원, 집주인, 신문기자 등, 잡다한 직업을 가진 사내들이 그냥 모여드는 것이다. 낮이나 밤이나 틈만 있으면 나타났다. 다쓰꼬가 있거나 없거나 서슴치 않았다. 누워서 딩굴기도 하고 창가에 걸터앉기도 하고, 마음 내키는 대로 마음 내키는 곳에 자리잡고 잡담들을 하는 것이다. 개중에는 바둑을 두는 사람, 술을 마시는 사람, 밥을 짓는 사람-, 이래서 자기 집인지 남의 집인지 알 수가 없었다. 「쌀이 떨어졌다」하고 누군가가 말한 그 이튿날에는 누가 가져오는 것인지 이미 쌀독은 가득 차 있었다. 이 다실에서 니체도 피카소도 싸르트르도 베토벤도 친한 친구같이 화제에 오르고 있었다.
>
> 연습을 하지 않을 때는 다쓰꼬가 기둥에 기대어 서서 포키

> 트에 손을 찌르고 여러 사람의 이야기를 듣고 있는 것이다. <u>다자이·오사무太宰治가 죽었을 때 한 번 만난 적도 없는 그를 위해서 이 방에서 이상하게도 밤샘을 한 적이 있었다. 다쓰꼬는 여기에 모이는 사람들을 〈다실의 사람들〉이라고 부르고 있었다.</u>(강조는 인용자: 상권, 285쪽.)

아나키스트들의 모임처럼 조성된 '다실의 사람들'은 자유롭고 자발적이며 민주적이다. 모이는 방식이나 대화의 내용이 모두 그러한데, 그 바탕에는 다쓰꼬에 대한 친밀감과 그녀의 발언에 대한 신뢰가 놓여있다. 이들이 밤을 샜다는 다자이 오사무가 죽었을 때란, 39세의 나이로 48년 6월 다자이 오사무가 자살했던 날을 말한다. 패전 후 몰락한 귀족가문의 남매를 그린 〈사양〉에서 방황 끝에 자살한 남동생 나오지처럼 다자이 오사무는 자살을 감행했고, 다쓰꼬의 거실에 모인 사람들은 이 죽음을 밤새워 애도한 것이다. 흥미로운 것은 다자이 오사무마저도 요오꼬에게 전수된다는 점이다. 오빠인 데쓰의 소개로 알게 된 기다하라를 만나고 온 것을 추궁하는 나쓰에에게 요오꼬는, "어머니, 다자이 오사무의 〈사양斜陽〉 읽어보셨어요?" "〈사양〉에서, 비밀을 간직하구 있는 건 어른의 표지라구 써 있었어요. 요오꼬두 어른이 됐나 봐요. 노 코멘트니까요"(하권, 655쪽.)하고 응수한다.

『빙점』에서 입양된 요오꼬는 서사의 대부분을 소녀의 형상으로 존재한다. 삼 개월 때 입양되었기 때문에 친부모의 존재를 모르는 채로 학령기를 맞고 여고생으로 성장하기까지가 주요 서사이기 때문이다. 애초에 아기의 신원을 모르는 상태에서 요오꼬를 입양했을 때 나쓰에는 맹목적으로 사랑과 헌신을 쏟는다. 이 때문에 게이조는 "조금 전까지만 해도, 보지도 못한 어린애에게 이렇듯 어머니다운 감정을 가질 수가 있는 것일까?", "자기와 같은 인류인 여성이라는 것이 몹시 기분나쁜 존재로 느껴졌다."(상권, 170쪽.)는 식으로 의아함을 드러낸다. 게이조는 애초부터 줄곧 잔인하리만치 요오꼬에게 냉담한 인물이다. 기독교적인 사랑으로 범인의 아이를 키우겠다는 자기실험은 '범인을 용서함으로써' 자신을 구원한다는 프레임으로 복수심을 정당화하는 데 그칠 뿐 인간적 한계를 초월하지 못한다. 나쓰에 역시 범인의 아이를 키우게 한 게이조에 대한 증오에 휩싸여 이미 '모성'을 탈각한 상태로 그려진다.

가족 구성원의 틀은 유지하고 있지만 심정적으로 버림받은 요오꼬를 지켜주는 것은 오빠인 데쓰의 연민이 유일하다. 그러나 요오꼬의 정신적인 버팀목으로 존재하는 인물은 다쓰꼬이다. 요오꼬는 어려움에 처할 때마다 방문한 다쓰꼬의 거실에서 따뜻한 휴식, 여러 사람이 자유로이 참여하는 대화, 춤에 대한 다쓰꼬의 무서운 집중과 완성도, 떳떳한 심성과 자립심 등을 배우면서 자란다. 이점은 다쓰꼬의 거실에 출입하는 '다실의 사람들'이 일조한 면도 있다. 그들은 요오꼬에게 언제나 환대를 베풀고 호의를 잃지 않기 때문이다. 나쓰에는 이러한 다쓰꼬의 거실이 문란하다며 틈틈이 비방하지만 요오꼬는 나쓰에의 주장에 아랑곳하지 않고 기꺼이 '다실'의 일원이 된다.

전후 일본에서 모성론의 핵심은 원폭피해를 겪고 패전의 비극에 눈뜬 평범한 어머니들이 군국주의에 휩싸이거나 국가적 이익에 얽매이지 않고 자신의 자녀를 오로지 보편 지식과 도덕에 의지해 살아갈 수 있게 하고 싶다는 것이었다.[17] 아이의 생활을 평화롭게 지켜내자는 공통의 방향성이 전후 모친운동을 뜨겁게 달군 이유라고 하는데 그 바탕이 되는 사상에는 전후 '민주주의'의 역할이 컸다고 한다. 다쓰꼬가 요오꼬를 지켜

17 이은경, 앞의 글, 110-113쪽. 논자(이은경)는 '모성'의 허구성이 최근 일반적인 상식으로 인식되고 있음을 의식해서인지, 전후의 모성론을 '모성'이라는 단어로 지시하는 점에 대해 즉 여과없이 용법을 받아들인 점에 몇 차례나 조심스러움을 표했다는 점을 밝혀둔다.

주는 품성에 명분을 달아주기 위해서인지, 하권에는 게이조의 병원장실을 방문한 날 다쓰꼬가 아이를 낳은 적이 있다는 비밀을 털어놓게 한다.

> 「상대는 마르키스트였어요. 절개를 굽히지 않으려구 옥사했어요. 〈망요오슈萬葉集〉같은 것을 읽고 있었는데, 죽게 버려둔 게 아까운 사람이었어요. 그런 남자하군 이젠 만날 기회 같은 게 거의 없을 것 같에요.」(하권, 503쪽.)

여학교를 나와서 잠깐 동안 도쿄에서 살던 전쟁기에 사내아이를 낳았고 낳자마자 죽었다는 것인데, 게이조는 다쓰꼬의 "자랑스런 비밀"에 "자신의 수치를 느꼈다."(503쪽.) 상처의 경험이 지닐 수 있는 고결함과 진실성에 비추어 자신의 도덕적 결함을 깨달았기 때문이다. 부유한 집안의 유산 상속자인 다쓰꼬에게 마르크스 사상의 외피를 입힘으로써 다쓰꼬의 거실은 조금 더 그 폭을 드러낸다고도 볼 수 있다.

다쓰꼬가 요오꼬를 보살펴주는 데는 요오꼬가 천성적으로 남을 미워하지 않는 유순한 캐릭터라는 점이 주는 감화도 있지만, 어떤 학대에도 원망보다는 오히려 자신을 도덕적으로 단련하려는 정신적 자세가 있기 때문이다. 다쓰꼬는, 양어머니인 나쓰에의 학대를 의식하면서도 자신에게 나쓰에의 험담을 하지 않는 어린 요오꼬의 정직하고 우직한 성격에 감동한다. 이후 다쓰꼬는 요오꼬의 불행을 감지하면서도 거리를 두고 요오꼬를 보살핀다. 학교에 입학하고 삼 학기를 맞은 어린 요오꼬가 학교에 낼 돈 삼백 팔십 원을 벌기 위해 차비가 없이 다쓰꼬의 집까지 걸어왔을 때, 다쓰꼬는 요오꼬에게 처음으로 무대청소를 시키고 약속한 돈만큼만 줌으로써 요오꼬가 다시 기대올 수 있는 여지와 자립의 힘을 터준다.

> 요오꼬가 소제하는 모습을, 다스꼬는 허리띠에 손을 끼운

채로 가만히 지켜보고 있었다. 연습장은 열평 가량의 넓이 외에 여섯평 정도의 무대가 있었다. 열평짜리 돗자리바닥을 요오꼬는 알뜰하게 쓸고 있었다. 빗자루 드는 것을 세 살 때부터 배운 요오꼬였기 때문에 쓰는데도 정성이 들어보였다. 빗자리 끝을 날리지 않고 눌르듯 쓸고 있었다.

쓰는 소제가 끝나자, 무대 위에 마른 걸레질을 하기 시작하는데 요오꼬는 구석바지부터, 끽끽 소리나도록 힘들여 닦기 시작했다. 무릎을 바닥에 대지 않고 닦는 자세를 보면 제자들보다 야무진 데가 있어 보였다.

몇 번인가 흐르는 땀을 씻으면서 무대를 닦는 모습을, 다스꼬는 제자들의 흠을 보듯이 엄한 시선으로 바라보고 있었다. …(중략)… 다스꼬는 오백원이나 천원이라도 주고 싶을 정도로, 요오꼬의 일하는 솜씨가 마음에 들었다. 그러나 삼백 팔십 원밖에 주지 않았다.(하권, 481-482쪽.)

다쓰꼬는 요오꼬의 장래를 책임질 마음으로 자신의 재산을 상속해 줄 결심까지 하지만 끝내 그것을 요오꼬 본인에게 발설하지는 않는다. 다쓰꼬의 유산상속 의사를 듣고 질투하던 나쓰에는 요오꼬의 음독으로 죄인의 형상을 입고 '주변화'되지만 다쓰꼬는 시간이 흐를수록 엄연한 '사랑'의 위상을 갖는다.

「유서는?」

한동안이 지나서, 다쓰꼬가 낮은 목소리로 게이조에게 물었다. 게이조는 좀 망설였으나, 아무 말도 하지 않고 자기들 부부 앞으로 씌어진 유서를 다쓰꼬에게 넘겨주었다. 다쓰꼬는 심각한 표정으로 유서를 읽었다. 다 읽자, 긴 손가락을(으로: 인용자 수정) 나란히 눈시울을 눌렀다. 눈물이 주르르 뺨 위를 스쳐 흘러내려 갔다.

그것을 본 데쓰는 비로소 슬픔이 치밀어 올라왔다.

…(중략)…

차를 담아오던 다쓰꼬가, 요오꼬의 얼굴을 가만히 어루만져 주었다.

「잘 만큼 잤으면 빨리 일어나는 거야. 전혀 다른 인생이 기다리고 있는걸.」(하권, 776-785쪽.)

요오꼬는 자살행위를 감행하기 위해 눈으로 덮힌 숲으로 걸어가면서 "정말 외로워"하고 중얼거린다. 데쓰와 다쓰꼬가 요오꼬에게 친밀한 애정을 갖고 있지만 요오꼬를 둘러싼 '서사적 환경'에서 그녀는 내내 수난서사의 주인공으로써의 적합한 임무를 부여받았다. '딸'의 수난사를 통해 멜로드라마가 구조화되는 대중서사의 도식과 『빙점』이 겹쳐지는 지점이다.

3. 멜로드라마로 전유되는 '딸'의 담론

1971년 6월 대한가족계획사업의 공식 표어가 바뀌었다. '많이 낳아 고생말고 적게 낳아 잘 기르자'에서 '아들 딸 구별 말고 둘만 낳아 잘 기르자'로 변경된 것이다. 물론 그 이면에는 당대적 가치관이나 의식구조의 변화가 반영됐다기보다 장기적으로 경제정책사업을 도모하기 위한 의도가 깔려있지만, 이 표어가 세태에 끼친 영향도 무시하기는 어렵다. 실제로 이 표어가 남아선호사상을 줄이는 영향력을 발휘한 것은 아니라 해도 '딸'에 대한 사회적 감수성의 변화에 일정 정도 기여했다고는 볼 수 있다. 그것을 반영하는 한 사례로써 70년대 중반 사회 각계의 명사들이 딸에게 보낸 편지형식의 글을 엮은 에세이집 출간을 들 수 있다.[18] 이 에세이집은 딸에게 쏟는 부모의 애정 어린 노력과 딸에 대한 당부가 다양하게 담겨 있다.

저자들 중에는 학식이나 명망이 높은 사람뿐만 아니라 출판업계의 조판 노동자로 가난하게 살아온 부모도 속해 있는 만큼 계층의 다양성도 염두에 두고 편집된 것 같다. '딸'이 아니라 어린 여공 노동운동가들을 대상으로 작가 이호철이 쓴 편지와, 시인 신경림이 농활을 가는 대학생 누이동생에게 쓴 편지도 있다. 이호철은 설날 문인 동료들과 자신의 집에 모여 떠들썩하게 명절음식을 즐기던 중 한 여공의 안부전화를 받는다. 이 전화로부터, 그녀들이 차가운 공장 지하바닥에 누워 투쟁을 벌이던 날을 떠올리면서 이호철은 염려와 애정으로 그녀들의 미래를 보듬는다. 이호철의 편지도 그렇지만 신경림이 다른 대학생들과 달리 방학을 농활로 보내려는 누이의 기특함을 찬하고 독려하는 데서, 말하자면 '딸'에 대한 인식의 확장이 발견된다. 한승헌 같은 진보지식인이 딸에게 당부하고 있는, '여성이 아니라 인간이 되어라' 같은 전언은 대자적인 스케일을 보여주는 도드라짐이 있지만 점점 건전성을 잃어가는 세태풍조를 우려하며 '정결한 여성'으로서 사회적 역할을 잘 해내야 한다는 소박한 염려도 다수다. 이런 대비들보다 중요한 것은 '딸'을 하나의 기표로써 사회의 다양한 현장에 놓고 사고하는 감수성의 변화야말로 시대를 읽게 한다는 점이다. 사실 엘리트 계층에 속하는 저자 대부분이 딸의 앞길에 소망하는 성평등과 인권은 시대상을 반영해 보면 공허한 점도 있기 때문이다.

여기서 상상을 조금 동원해보자. 한국 여성의 생애사에 전형적인 거

---

18 모윤숙 외 38인. 1979.『저명인사 39인의 친서 내 사랑하는 딸에게』. 태창문화사.

대서사가 존재한다면 어떤 모습인가? 남편 없이, 혹은 있다고 해도 '제구실 못하는' 남편을 대신해 혼자 가정을 꾸려가는 억척 일꾼의 모습이 떠오른다. 그렇다면 '딸'은? 고향을 떠나 도시의 하층 노동자가 된 누이의 모습이 당대 전형적인 거대서사 속 딸의 이미지이다. 서사적 차원에서 보자면 실상 1960~70년대 문학은 '딸'이 주요 모티프였다고 해도 과언이 아니다. 공장의 여공이 되거나 가정집의 식모가 되고 최악의 경우 창녀로 전락한 사례는 산업화 시대를 배경으로 생산된 수많은 한국 소설들이 증거한다. 알다시피 이런 가운데 탄생하여 대중적인 호응도를 얻으면서 동시에 이들 서사들과 경합한 것은 '가난한 여성'으로서의 자의식으로 여공과 식모들이 직접 쓴 수기들이다.

'여성'으로 지칭되어왔지만 한국의 현대사에서 '딸'은 특별한 의미를 구성한다. 산업화 정책이 견인한 당대 사회이동의 역사는 그 주체인 공장노동자, 특히 도시 빈민과 부랑노동자로 전락한 빈농집안의 남성을 비롯하여, 여공이나 차장 등 산업구조에 편입된 여성들과 거기에서 이탈하여 식모나 창녀로 전락한 딸들이 꿈꾸었던 멜로드라마의 역사이기도 하기 때문이다. 특히 이 시기 현실의 딸은 집밖의 '가장'이면서도 미래의 호주인 오빠나 남동생의 학업을 보조하기 위해 대리 노동을 해야 하는 가부장제의 희생양이었다. 알다시피 그런 악조건 속에서 딸은 전통적인 가부장제 질서를 유지하는 데 기여하는 순종의 이미지로 품행을 관리해야 했으며, 수난과 억압을 이겨내고 국가와 가족에 봉사하는 여성이 아름답고 훌륭하다는 젠더적 윤리에 구속되었다. 여성을 주인공으로 삼은 소설이 대개 남성작가들에 의해 생산되었음을 고려할 때 이들의 역정이 다소 전형적인 멜로드라마 구조로 단순화된 측면이 있지만, 그중 여성을 가장 덜 타자화한 작품이라고 할 수 있는 이호철의 『서울은 만원이다』(1966)나 조선작의 『영자의 전성시대』(1974) 같은 작품을 보건데, '딸'로서의 정체성을 애써 외면해야만 도시에서 살아갈 수 있었던 '직업'여성들의 고통은 역설적으로 '딸'이 처한 이중적인 상황을 보여준다. 이 시기 거대서사 속에서 '딸'은 젠더적 구조가 생산해 낸 호명이면서 다른 불순한 것들을 탈각시키고서야 살아남는 순결한 기호였던 셈이다.

아동의 경우에도 이런 점은 유사하다. 공교육 제도화에 따라 학령기를 준수하게 되면서 아동은 '미래의 주역'으로 대우받았지만, 이 역시 성별로 달리 적용됐다. 산간지역부터 순차로 중학교 의무교육이 실시되기 시작한 1985년 이후가 되어서야 비로소 중학교 취학률의 성차별이 줄어들었다.[19] 이조차도 성별 분화를 적용한 교육을 통해 사실상 근대적 현모양처 만들기로 학교 교육이 젠더 생산의 기제가 되고 있었다고 해도 과언은 아니다. 근대화 프로젝트라는 사회정치적 맥락 속에서 여성은 남성보다 더 빨리 노동하기 시작했고 더 일찍 철이 들었는데, 남성이 10대까지 보호와 교육 대상이었던 데 비해 여성은 교육이나 복지혜택의 수혜 대상으로 인식되기보다 남성을 성장시킬 책임을 일찍부터 져야 했기 때문이다.[20]

요컨대 사회적인 인식과 제반 제도는 '서사적 환경'까지 지배했다. '딸'이 수난서사의 주인공으로서 대중의 호응을 얻는다는 점은 말하자면 집단적으로 그리고 여성독자 스스로도 여성혐오를 깨닫지 못하는 한계를 보인 것과도 같다. 이 점이 『빙점』에 대한 호응도에서도 드러난다. '딸'의 위상은 전반적인 인권의 문제로써 다루어지지 시작했음을 앞서 살폈지만 '딸'의 수난사를 통해 멜로드라마가 구조화되는 점은 여전했다.

멜로드라마 양식을 미학적으로 정의한 피터 브룩스에 따르면, "순수하고 과잉된 감정의 충만함"이야말로 "멜로드라마의 호소력과 지속성의

---

19 김은실. 2003. 「식민지 근대성과 여성의 근대 체험: 여성경험의 서사화와 경험 해석에 관한 방법론적 모색」. 『한국의 근대성과 가부장제의 변형』. 한국여성연구원.

20 전희경. 2013. 「1960~80년대 젠더-나이체제와 '여성'범주의 생산」. 『한국여성학』 29(3). 한국여성학회. 54-56쪽.

근본적 원천"이다.[21] 피터 브룩스가 정의하고 있듯 멜로드라마는 탈신성화된 세계에서 가장 기본적인 도덕적 감정들을 재배치하고 재명료화하여 '옳은 것'의 기호들을 찬양한다. 이런 멜로드라마의 수사학이 돌파한 억압에서 왜 '딸'은 여전히 희생양이고, 성적으로 대상화되는 존재인가? 멜로드라마가 본질적으로 민주적이며, 도덕성과 기호들의 민주화를 재현하는 민주주의의 양식임에도[22] 말이다.

『빙점』의 수용에서 '딸'에 대한 인식에는 굴곡이 존재한다. 나쓰에가 요오꼬를 범인의 아이로 오인하기 전에는 입양한 딸임에도 친아들인 데쓰와의 차별 없이 무척 귀하게 길러졌다. 그러나 이내 요오꼬에게 '가난'의 형상이 씌워지고 수난이 시작된다. 게이조는 애초부터 요오꼬를 범인의 자식으로 알고 어린 아이임에도 냉담하게 대했지만 갑자기 돌변한 나쓰에의 학대 속에서 요오꼬는 부당함을 감수하면서 자라게 된다.

요오꼬가 겪는 수난은 우선은 돈이나 옷처럼 궁핍하고 곤궁한 상황에서 비롯한다. 차비가 없어 걷기에는 먼 길을 걷거나 학교에 낼 돈을 주지 않아 우유배달로 스스로 조달하고, 대학진학 대신 스스로 취업반을 택하는 등 병원장의 딸이 누릴 수 있는 것들을 요오꼬는 누리지 못한다. 집안의 부유함과 동떨어져 요오꼬에게 씌워진 '가난'의 형상은 『빙점』의 서사에서 주요한 학대의 기제이므로 나쓰에가 가하는 계략에 요오꼬가 반응하는 양상이 흥미를 주기도 하지만, 어린 요오꼬가 맞닥뜨린 가혹한 상황은 수난서사의 전형적인 틀에 요오꼬를 배치시킨다.

한국에서 '가난'에 부여된 잔혹성은 '가난'에 대한 1960~1970년대 사회의 정신적 관점중 하나이자, 잔혹성을 통해 카타르시스를 꾀하는

---

21 Peter Brooks. 2013. 『멜로드라마적 상상력』. 이승희 · 이혜령 · 최승연 역. 소명출판. 86쪽.

22 위의 책. 86-89쪽.

소설의 미학적 방법이다.[23] 요오꼬가 자신의 힘으로 필요한 돈을 마련하겠다고 마음먹고 우유배달을 시작한 배경에는 땀과 노동의 즐거움을 요오꼬가 흡수하게 만드는 주제가 담겨있지만, 5학년 어린이가 어른들도 외출할 엄두를 못 낼 정도로 눈보라가 치는 새벽에 우유배달을 나갔다가 조난을 당해 우유대리점 부부의 방에서 자신이 입양한 딸이라는 사실을 엿듣게 된다는 설정은 요오꼬 스스로가 '가난정동'에 자신을 동일시하게 만드는 기제가 된다. 폐를 끼치지 않고 스스로 벌 수 있는 데까지 돈을 버는 것이 온당하다는 '받아들임'을 요오꼬가 갖게 되는 것이다.

게이조와 나쓰에는 서로에 대한 증오심을 요오꼬에게 투사하고 있을 뿐 혈연주의에 빠진 시대착오적인 인물들인데, 이 때문에 요오꼬의 장점은 다쓰꼬에게만 발견될 뿐 양부모에게는 품성으로 인정되지 못한다. 우유배달을 하겠다고 나섰을 때 게이조는 요오꼬가 자립심이 강하다는 점을 발견했지만 바로 그 점 때문에 요오꼬의 친부이자 루리꼬를 죽인 범인인 사이시가 열여섯에 중노동을 시작했다는 점을 떠올린다. 나쓰에도 요오꼬가 무용이나 피아노를 배우려고 하기보다 우유배달을 선택한 점을 태생의 문제로 치부한다.

이로써 가난이 '범인의 더러운 피'를 이어받은 자가 겪어야 할 순혈적 운명이라는 점이, 가난이나 노동은 부끄러움이 아니고 인과응보로 주어지는 것이 아니라는 도덕률과 충돌한다. 다쓰꼬까지 동석한 날, 요오꼬로 인해 가족 모두가 노동과 직업의 문제를 토론하게 되었을 때 데쓰는 나쓰에에게, "그것 봐, 그 말투가 좋지 않다는 거야. 콩장수의 뭐가 나빠? 의산 좋은 직업이구, 콩장순 수치스런 일이란 말예요? 정말 우리 집 엄만 온통 낡은 사상에 빠져 있나 봐."(하권, 489쪽.) 하고 수치심을 안김으로써 요오꼬의 우유배달이 단지 돈을 벌기 위해 억지로 나서는

---

23 이정숙. 2014.「한국 소설에 나타난 가난의 정동화」. 서울대 박사. 134쪽.

걸음이 아니라 자립적인 노력이라는 가치를 부여한다. 이 가족에게는 거리에서 힘겹게 살아가는 사람들의 직업이나 가난을 사고해 본 이력이 없기 때문에 요오꼬의 노동은 게이조의 위선과 나쓰에의 속물성을 드러내는 방편이 되기도 하는데, 이 멜로드라마에서 '가난'이 단순한 수난을 넘어서 도덕성을 사고하게 만든다는 점은 가치가 있지만 요오꼬에게만 유독 씌어진 '가난'이 그 방편이 된다는 점은 가학적인 고통의 상태도 씩씩하게 헤쳐가는 '딸'의 모습이 멜로드라마적 장치로써 대중에게 어필한다는 점을 드러낸다. 요컨대 가난을 통한 잔혹성이 카타르시스를 자아내는 방식이 개입된 것이다.

『빙점』의 또 다른 중요한 특징은 '딸'이 성적인 대상화의 폭력을 겪는다는 점인데, 이 점이 여지없이 폭로됨으로써 멜로드라마는 새로운 정치성을 갖는다. 어린 요오꼬를 무릎에 올려 안아주면서도 성적인 감정을 느끼는 양아버지 게이조의 감상은 다분히 위협적이다. 게다가 요오꼬가 자라면서 보이는 아름다움이 나쓰에에게 질투의 대상이 된다는 점은 요오꼬의 수난을 배가시킨다. 그러나 한편 게이조가 범인의 아이인 요오꼬를 받아들여보기로 정하고 노력하는 과정에서 처음 요오꼬와 신체적 접촉이 생기고 이때의 자극이 게이조라는 인격체의 한계를 적나라하면서도 솔직하게 보여준다는 점이 양가적인 의미를 갖는 것이다.

> 어린 계집애를 안는 것은, 밀실에서의 혼자하는 장난과도 같았다. 계집아이는 아무것도 모르고 안겨 있을 뿐 하등의 유혹도 하지 않는 데 성숙한 여성의 유혹과는 다른 야릇한 매혹이 있었다.
> 게이조는 그것을 느끼자 당황하면서 무릎에서 요오꼬를 내려놓았다.
> 「정말 무거운데, 요오꼬는.」

요오꼬는 약간 목을 움츠리고 웃었다. 만약 이 조그마한 입술을 마구 비비고 빨더라도 요오꼬는 아버지의 사랑으로 받아들일 것이리라. 그렇게 생각하면서 게이조는, 그런 상상에 빠진 자신에게 스스로 놀랬다.
(요오꼬가 진정 내 딸이었다면, 결코 이런 상상은 하지 않았을 것이다.)
자기가 그 밑바닥조차 알 수 없는 그런 추한 인간이라는 것을 생각지 않을 수 없었다.
(나도 요오꼬를 사랑할 수 있다.)하고 자부한 얼마 전의 생각이 어느새 꼬리를 감추고 말았다.(하권, 419쪽.)

게이조는 그 허벅다리에서 시선을 뗄레도 좀처럼 그렇게 뗄 수가 없었다. 그 살결에 가 닿은 것 같은 전율이 몸안으로 흘러들자 게이조는 그대로 서재로 올라와 버린 것이다. 그 후에도 자칫하면 그때의 요오꼬의 자태가 생각혀서 게이조는 마음이 괴로웠으나 그러나, 속으론 즐겁기도 했다.(하권, 563-564쪽.)

이점은 마쓰자끼 유까꼬라는 존재를 통해서도 구현된다. 유까꼬는 게이조를 흠모하는 간호사로 소심하면서도 욕망에 있어서는 담대한 인물이다. 그녀는 병원에 처음 출근하던 날 고아인 자신의 신상을 듣고 난 게이조가 집세조로 월급을 삼할 올려주고 처지를 진심으로 연민해주자 그의 인품을 존경하게 된다. 유까꼬의 지속적인 관심에도 게이조가 흔들리지는 않지만 유까꼬는 의외의 인물에게 성적으로 짓밟힘을 당하고 자살한다. 무라이가 나쓰에를 유혹한다는 사실을 알고 무라이를 저지하려다 유까꼬가 희생되는 것이다.

유까꼬의 희생이 무라이 자신의 입으로 부부 앞에서 발설된다는 점도 죄를 폭로하게 만들려는 작가의 의도이겠지만, 게이조가 어린 요오꼬에게 성적인 감정을 느끼는 장면에서 서술자는 게이조가 어린 시절 성적인 방종으로 실수한 적이 있다는 점을 폭로하는데, "게이조는 자신의 소년시절의 과실을 잊어버리고 그것을 조소해 온 것이다."(하권, 419쪽.)라는 서술자의 말을 통해 작가는 도덕적 결함을 지닌 남성인물들이 성적 부도덕의 전력에서도 자유롭지 못한 인간적 결함을 지녔다는 점을 결부시킨다.

그 피해를 가난한 마쓰자끼 유까꼬가 오롯이 겪고, 요오꼬에게도 위협적으로 작동하고 있는 점은 가난하고 무고한 '딸'의 수난이 범람했던 당대의 서사문법과 통한다. 이 때문에 요오꼬가 혼수상태에 빠진 후 다까끼로부터 요오꼬가 범인의 딸이 아니라 동창생의 딸이라는 진실을 들었을 때 게이조 부부의 죄악을 만든 증오심 역시 명분을 잃고 만다. '징악'의 서사적 장력이 소멸되고 마는 것이다. 다만 요오꼬가 혼수상태에서 깨어나기를 간절히 바라는 다까끼들의 바람에 '용서'라는 단어가 허무하게 오르내릴 뿐이다.

4.『빙점』에 구현된 윤리적 정동

일본의 '전후'는 먼 이야기 같지만 비교적 최근 일본 지식인들은 '우리들은 전후를 모른다.'라든가 '일본의 전후는 아직 시작되지 않았다.'고 말한다.[24] 이 문장들은 달리 말하면 '전후에 대해서 이제/다시 성찰해 보

24 오구마 에이지.『민주와 애국-전후 일본의 내셔널리즘과 공공성』은 번역되지 않아서

아야 한다' 정도로 이해할 수 있다. '군국일본·귀축미영鬼畜美英'이라는 구호는 태평양전쟁 말기에 조선에서도 가르쳤던 구호였다. 패전 후 이 구호의 허상이 드러났을 때 미우라 아야코 역시 부끄러움과 회의를 느꼈다고 했지만 보다 직설적으로 배신감을 느꼈다고 말하는 전쟁세대도 있다.[25] '전후'에 대한 감각과 경험은 우리가 한국전쟁 전, 중, 후에 대해서 담론적으로 반응하는 양상이나 내용만큼 다양할 것이다. 아직 담론화 과정중이기 때문에 역사화된 것을 포함해 현재의 반응도 역사화될 것을 상정하면 더욱 그렇다.

다만 앞서 살폈듯 1960년대 일본에서 『빙점』이 큰 반향을 얻은 요인이 고도성장기 일본 독서대중의 감수성을 잠시라도 열 수 있었던 '전후'의 감각에서 비롯했다면 그것은 작가 개인으로서 미우라 아야코의 힘이 크다. 다쓰꼬의 거실에 모인 사람들의 성향과 대화가 중간 지식층의 전후 감각을 감당하는 한 축이라면, 사이시라는 살해범은 전후를 배경으로 서사를 배치하기 위해서 미우라 아야코가 설정한 시공간적 인식을 보여주는 심급이기 때문이다. 전후 지친 삶을 살아가며 신경쇠약에 걸린 사이시가 범죄를 일으킨 요인은 전전부터 전후까지 약자로서의 피폐한 삶을 살아온 데서 기인한다. 사이시가 다코베야노동자 출신이라는 점[26]을 신문기사라는 매체를 통해 드러나게 설정한 점도 사실성과 사회성을

직접 확인은 어려우나 이 책에 대해 요로 다케시. 2017. 『누구나 끝이 있습니다』. 장현주 역. 경향미디어. 101-105쪽을 참고함. 그리고 2018년 8월 학술대회장에서 만난 京都大學의 호소미 가즈유키 교수는 '일본에서는 전후라는 것이 아직 시작되지 않았다'고 언급한바 있다. 37년생인 요로 다케시를 제외하면 사실상 전후에 태어난 이 지식인들의 감각이 전후를 소환하고 있다는 점은 일본의 지식 사회가 홀로코스트를 현재적으로 소환하는 흐름과 두루 연동하는 점이 있다.

25 요로 다케시. 위의 책. 103쪽.

26 다코베야 일명 '다코'에 대해 『빙점』에서 사이시를 통해 소개하고 있기도 하지만, 김보영도 이점을 주목하여 1900년대 초 홋카이도를 개척·개발하는 인적자원을 보충하기 위해 시작된 비인간적 노동시스템을 작가가 부각한 점을 짚고 있다. 김보영. 앞의 논문(각주 11번).

부각하기 위한 작가의 의도로 읽힌다. '전후'의 전말에 대해 적극적으로 소환하려는 의지가 읽히는 대목이다.

『빙점』의 파국에서 남은 것은 인간이 서로를 덮어놓고 믿었거나 믿지 못하는 데서 비롯한 비극의 역설적인 동일성이다. 그 사이에서 아무 죄도 없는 한 존재가 오로지 자신의 도덕성에 기대 버티다 음독에까지 이른다. 무고한 요오꼬에게 씌워진 '범인의 피' 혹은 '죄인'의 정체성이란 실은 허무하게 비어있는 기호라는 점이 결말의 요체인 셈이다. 순결한 영혼을 지닌 요오꼬가 음독에서 깨어나지 못하고 혼수상태로 끝난다는 점은 『빙점』이 '용서'라는 주제를 적통하지 못하는 선에서 서로가 어정쩡한 반성의 상태로 그친다는 점을 알려준다. 본고는 속편을 다루지 않았지만, 속편에 대한 독자들의 반향(을 논하는 것)은 『빙점』의 주제를 어떻게 규정하느냐에 따라 이해가 달라질 것이다.

3장의 말미에서 언급했듯 '징악'의 서사적 장력은 상실된 것이나 다름없다고 판단하지만 다만 징벌의 주체는 존재한다고 본다. 데쓰는 사실상 게이조 부부를 서사적으로 응징하게 만들 수 있는 유일한 존재이다. 요오꼬 덕분에 부모의 도덕적 결함과 대비되는 시간을 살아오면서 데쓰는 응징의 주체가 될 수 있었던 것이다. 데쓰는 게이조와 나쓰에가 무라이의 일로 큰소리로 다투는 소리를 우연히 듣고 요오꼬를 입양한 내막을 알게 되는데, 데쓰를 통해서 독자 누구나 갖고 있는 항의가 발설된다. 도대체, 복수하기 위해서 "한 사람의 귀한 인간의 운명을 불행하게 하다니, 그렇게 인간을 귀중하게 생각지 않는 사고방식"(하권, 538쪽.)이 어떻게 가능하냐는 물음이다.

데쓰가 가하는 이 응징이 멜로드라마로서 『빙점』이 완성되는 절정이라고 할 수 있다. 멜로드라마의 주인공이 어린 경우 외부의 악에 대적할 힘이 없는 주인공이 가질 수 있는 유일한 보루는 악에 물들지 않은 순수한 심성이다. 『빙점』에서 어린 요오꼬는 가족들의 윤리적인 감성을 재고

하게 만드는 기제로 존재하면서 어떤 심정적 고통에도 도덕성을 향해 결집해가는 의지를 보이는 인물이다. '눈물'보다는 도덕적인 의지가 앞서는 외유내강의 인물형이 억울한 파국을 맞이함으로써 독자들에게는 연민의 '눈물'을 안기는 구조를 『빙점』은 보여준다. 결과적으로 요오꼬는 도덕적 주체로 성장하지만 게이조 부부는 서서히 인간성의 파괴를 겪는데, 그 동안 이십 년의 시간이 걸린다. 서사에 부여된 이 시간은 작가가 죄의식을 성찰하고 치유하는 데 부여한 시간관이자, 다름아닌 '전후'의 시간성이다. '전후'가 부과한 윤리적 문제가 60년대 중반 『빙점』을 통해 발현되는 셈이다.

수난을 부과함으로써 요오꼬를 향해 결집된 선의지가 발현되는 동안 전쟁세대인 사이시, 게이조, 나쓰에, 다쓰꼬, 다까끼 등 기성세대의 분열상이 요오꼬를 둘러싼 서사적 환경을 형성한다. 이점은 『빙점』을 수용하는 한국의 독자에게도 각별한 의미를 형성했음을 호응을 통해 알 수 있다. 요오꼬의 생애를 통해 시대를 성찰하는 새로운 감수성을 경험할 수 있었기 때문이다.

급격한 사회변혁의 시대와 장소에서 언제나 그러했듯, 특히 전후 감정의 변곡점이 심하게 요동을 쳤던 당대 한국 사회에서도 멜로드라마적 감성이 팽배해 있었다. '딸'의 고단한 현실과 극복방식이 독자에게 실감을 준 것은 당대 대중서사들이 플롯에 구현하는 멜로드라마적 장치와 독자의 기대지평이 접속했기 때문이다. 이때 '딸'은 대중서사에서 도덕감정을 구현하는 텅 빈 기호로써 존재했다.

전후체험의 인식과 민주주의의 상상력 : 김승옥과 다자이 오사무의 소설에 나타난 '생명'과 '여성'

백지연

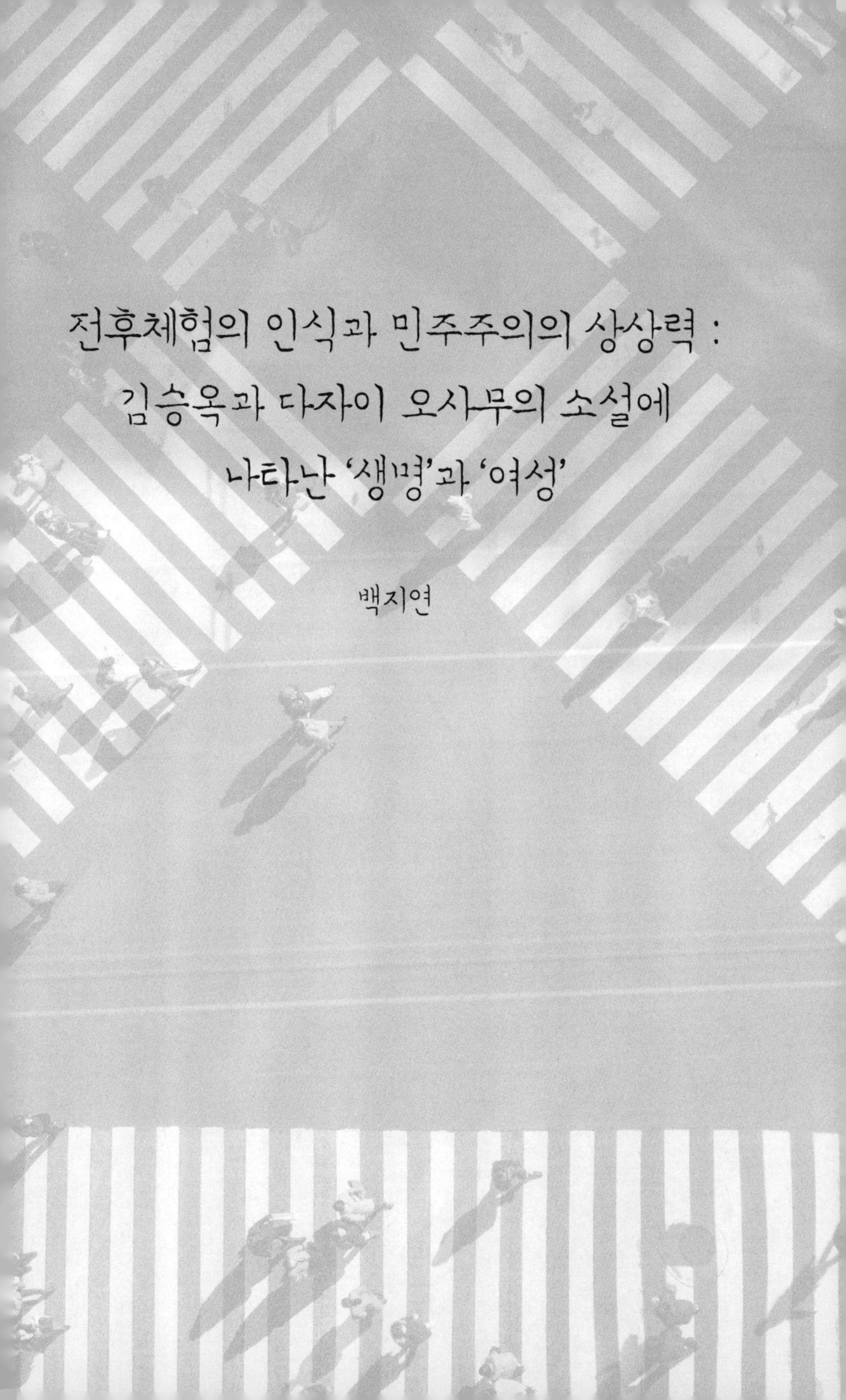

전후체험의 인식과 민주주의의 상상력 : 김승옥과 다자이 오사무의 소설에 나타난 '생명'과 '여성'

백 지 연

1. 4.19 혁명 이후의 한국문학과 일본문학

한국문학사에서 1960년대는 4.19 혁명과 함께 새로운 문학적 흐름이 펼쳐진 시기에 해당한다. 이 시기의 문학은 정치적 자유와 개인의 존재를 자각하는 민주주의의 상상력 속에서 자본주의 근대가 본격화되는 일상적 삶을 성찰하려는 시도들을 드러낸다. 1960년대 문학을 역사적 관점에서 바라볼 때 중요한 것은 전후소설의 의의와 한계를 동시에 잇는 연속적인 시각의 확보라고 할 수 있다. 그동안 개인의 자각, 새로운 언어와 감수성을 강조하는 일부 비평 논의들은 4.19 혁명과 관련된 새 시대 문학의 독자성과 세대적인 변별력, 전후세대와의 결별을 강조해왔다.[01] 이러한 세대론적 단절의 시각은 4.19 혁명의 의의와 좌절 과정을 전후문학과의 연속성 속에서 복합적으로 바라보려는 당대의 비평과 후속연구들에 의해 비판된 바 있다.[02] 그러나 시대적 단절성을 강조하는 관점 자체

01 세대론적 새로움을 강조한 대표적인 논의들로 다음을 참고할 수 있다. 김현, 「한국소설의 가능성」, 『현대한국문학의 이론』, 민음사; 김병익. 1974. 「60년대 문학의 가능성」. 『현대한국문학의 이론』; 김주연. 1969. 「새 시대 문학의 성립: 인식의 출발로서의 60년대」. 『상황과 인간』. 박우사.

02 백낙청은 "한국전쟁을 겪고 4.19를 향해 움직이던 1950년대와 4.19를 겪고 그 부분적 성취와 좌절 속에 살고 있는 60년대는 진정한 시민문학을 낳을 사회적 기반이 불

는 여전히 문학사의 주류적인 시각으로 온존하고 있는 것도 사실이다. 가령 문학과 근대성 담론을 통해 1960년대 문학의 독자성과 고유성을 살피는 근래의 논의들 역시 전쟁과 분단, 자본주의 근대의 본격적인 전개, 시민사회의 건설이라는 사회적 변화 요인과 문학적 주체의 관련 양상에 대해 면밀히 따져볼 필요가 있다. 1960년대 문학 및 4.19 혁명에 대응하는 문학작품을 읽는 일부 연구는 청년지식인 중심의 정치적 사건에 치중되거나 세대론적 입지점을 강조하기, 혹은 국가주의의 기획에 대응하는 문화론적인 집합적 반응을 추출하는 것에 경사된 측면이 없지 않다.

1960년대 이후 한국소설의 다양한 흐름을 살필 때 고려할 중요한 배경 중의 하나는 번역문학의 소개 및 대중적 수용 현황, 그리고 독서시장의 다변화 양상이다. 특히 1965년 체결된 한일협정과 문화교류는 일본 번역소설의 대중화를 더욱 확산시켰다. 이렇듯 문화적인 자유를 신장시킨다는 대내외적 요구 아래 일본문학 및 세계문학의 다양한 흐름이 적극적으로 소개되고 한국문학에도 신선한 자극의 계기로 작동한 점을 주목할 필요가 있다. 4.19 혁명 이후 일본문학의 소개 및 번역 출판 흐름이 한국의 작가 작품 현실에 끼친 영향에 대해서는 여러 논의가 있어왔다. 최원식은 "친일파를 자기 정권의 기반으로 삼았음에도 외교적으로는 대일강경對日强硬을 견지한 이승만 정권을 붕괴시킨 혁명 이후 비로소 일본문학이 본격적으로 번역되었다는 사실"을 강조한다.[03] 이 논의에서 일본문학이 '해금'되고 정권적 차원에서는 한일유착韓日癒着이라는 지탄을 받을 정도로 친일적이지만 일본대중문화에 대해서는 여전히 전면적인 봉쇄

충분하다는 점에서 역시 어느 정도의 연속성을 보여준다"라고 지적한다.(「시민문학론」. 『민족문학과 세계문학』. 창작과비평사. 1978. 61쪽) 이후 1960년대 문학이 안고 있는 연속성과 한계의 지점은 다음의 문학사 서술에서도 비판적으로 지적된다. 김윤식 · 정호웅. 1993. 『한국소설사』. 예하 ; 권영민. 1993. 『한국현대문학사』. 민음사.

03 최원식. 2002. 「4월 세대를 위한 문학적 변증」. 『4월 혁명과 한국문학』. 창비. 10쪽.

정책을 취했던 박정희정권의 문화정책의 특성을 짚은 부분이 흥미롭다. 일본문학, 일본대중문화에 대한 국가주의적 통제는 개별적 통제 사안을 벗어나, 국민적 반일감정을 빙자해서 문학예술에 대한 국가주의적 통제를 정당화하는 전략으로 읽힌다는 것이 논자의 주장이다.[04]

학계에서 일본문학 번역 및 수용이 한국문학의 장에 미친 영향에 대한 연구들은 다양한 문학사적 맥락에서 실증적인 축적 과정을 쌓아왔다. 윤상인은 개화기 이후 한국인들에게 일본문학이 다양한 면모로 존재해왔다고 설명한다. 근대문학의 역할 모델에서 식민지 지배 체제를 추동하는 헤게모니 문화의 역할을 해온 지점을 두루 짚는 이 글에서는 번역을 통한 문화적 교류의 활성화와 대중문학의 형태로 편입된 일본문학이 1990년대 이후는 '외국문학'으로 여겨지는 시대적 수용양상의 흐름을 살핀다. 무엇보다도 근대 이후 일본문학이 '한국문학의 의제 설정에 있어 부정적 타자로 호출된' 특수한 지점을 짚는 부분이 주목된다.[05] 이한정은 4.19혁명을 거친 1960년대에 이르러 전집, 선집, 단행본 등 광범위하고 무차별적인 형태로 일본문학의 소개 번역이 이루어졌음을 지적한다.[06] 특히 세계문학전집의 일환으로 간행된 일본문학 선집을 비롯한 출간 과정에는 수많은 선배 문인들이 참여하여 마치 "일본어를 독해하는 세대가 일본어를 모르는 세대를 위해 일본문학을 적극적으로 소개하는" 것처럼 보이기도 하였다.[07] 이러한 논의는 강우원용의 "해방 전 세대에게는 일종의 향수를 불러 일으킴과 동시에 일본문학을 모르는 해방 후 세대에게

04 이 지적에 따르면 "한일공동선언 (1998) 직후 정부가 일본 대중문화의 부분적 해금 조치를 단행하는 과정은 한국사회의 민주화의 진전 속에서 대중문화에 대한 국가주의적 통제가 이완되는 징표"라는 의미를 지닌다. 같은 곳.

05 윤상인. 2009.「한국인에게 일본 문학은 무엇인가」.『문학과 근대와 일본』. 문학과지성사. 35쪽.

06 이한정. 2014. 8.「일본문학 번역의 양상과 연구 향방」.『일본학보』100. 81-82쪽.

07 같은 논문. 82쪽.

는 호기심을 자극하는, 양가적인 의미에서 독자 확보가 가능했던 시기가 바로 1960년대였다"라는 지적과 맞물리는 내용이기도 하다.[08] 이종호는 1960년대 번역 소개된 『일본전후문제작품집』(신구문화사)을 중심으로 "세계문학이라는 구도 속에서 한국문학과 일본문학의 위상이 (재)설정되는" 압축적 과정을 분석하면서 "일본문학 수용을 찬성/반하는 논리 이면에는 그것이 비록 세계문학론이나 민족주의의 외장을 두르고 있다 하더라도 일본문화(문학)에 한 강한 열등의식이 작동하고 있음"을 확인할 수 있다고 주장한다.[09] 이러한 수용자 중심의 연구와 논의들은 1960년대의 일본문학 소개와 번역의 활황을 어떠한 방식으로 국내 문학계가 주도했는가에 초점을 맞추었다는 점에서 상호적 비교 고찰이라는 후속 연구를 필요로 한다.

1960년대 한국문학과 일본문학의 관계를 살펴보기 위해서는 해방과 전쟁 및 분단/ 패전이라는 각기 다른 종류의 경험을 지닌 양국의 현실이 고려되어야 한다. 특히 해방과 분단 이후의 한반도는 일본을 포함하여 세계체제의 냉전구조와 연관된 복합적인 지형고려가 필요하다. 각기 다른 전쟁 체험을 겪은 한국과 일본이 전후 복구의 과정에서 세계문학의 이상을 공유하는 과정, 아시아적 연대를 인지하는 과정, 민주주의라는 이상 속에서 새롭게 구성되는 개인과 시민의 의미 등 다양한 배경이 참고될 수 있다. 이 중에서 1960년대 일본 번역 문학의 소개와 창작 및 독서에 작용한 배경 중의 하나는 '전후'에 대한 인식이라고 할 수 있다. 일본과 한국에게 각각 '전후'는 시기적으로 구별되는 경험인 동시에 2차 세계대전과 냉전 체제라는 세계체제적 변동을 공통항으로 하는 복합적

---

08 강우원용. 2012. 11.「1960년대 일본문학 번역물과 한국 - '호기심'과 '향수'를 둘러싼 독자의 풍속」.『일본학보』 93. 87쪽.

09 이종호. 2015. 8.「1960년대 일본번역문학의 수용과 전집의 발간 - 신구문화사『일본전후문제작품집』을 중심으로」.『대중서사연구』 21(2). 33쪽.

인 개념이라고 할 수 있다.

이 글에서는 1960년대 문학과 직접적으로 연동되는 6.25 전쟁 이후의 시대 배경 속에서 '전후'(postwar) 의 의미를 살피되, 일본문학과의 비교 검토를 위한 전후의 다양한 의미를 참고하기로 한다. 먼저 논의의 배경으로 신구문화사에서 출간된 『세계전후문학전집』 기획을 중심으로 1960년대의 세계문학 및 일본문학의 번역 소개 수용 양상을 고찰하기로 하겠다. 그리고 해방 및 전쟁과 분단/패전 이후의 한일 문학의 변화 과정을 흥미롭게 드러내는 구체적인 사례로, 김승옥 소설과 다자이 오사무 소설을 살펴보고자 한다. 두 작가의 작품에 나타난 '생명'과 '여성'의 의미를 분석하는 작업을 통해 해방과 전쟁, 4.19 혁명 이후의 한국문학과 일본문학의 관계를 조망하고자 한다.[10]

2. 『일본전후문제작품집』과 '전후'의 개념

4.19 혁명 이후 문학계에서는 일본문학을 포함하여 세계문학의 다양한 흐름이 소개되기 시작하였다. 신구문화사, 을유문화사, 학원사, 민중서관, 정음사를 포함하여 다양한 출판사들이 문학선집, 전집을 기획하기 시작하였고 그중 일본문학의 번역 소개는 출판의 활황을 이끄는 핵심적인 계기기도 하였다. 신구문화사에서 출간된 『세계전후문학전집』(1960-1962)과 『한국전후문제작품집』(1960)은 그러한 흐름을 담은 새로운 기

10 이하 본문에서 인용 분석되는 작품은 면수만 표시한다. 김승옥. 1966. 『서울, 1964년 겨울』. 창우사 ; 백철 · 안수길 · 최정희 편. 1960. 8. 『일본전후문제작품집』. 신구문화사 ; 다자이 오사무. 『사양』. 신현선 역. 2015. 창비.

획이라고 할 수 있다.[11] 『일본전후문제작품집』(1960) 역시 『세계전후문학전집』의 일환으로 기획되었으며, 당대 일본에서 부상하는 주요 문학 흐름을 소개한다는 취지가 있었다. 『한국전후문제작품집』에 실린 작가들 상당수는 『일본전후문제작품집』의 번역자로 참여하였다.[12]

『한국전후문제작품집』에 소개된 작가는 장용학, 박연희, 손창섭, 최상규, 김광식, 정한숙, 서기원, 한무숙, 송병수, 선우휘, 박경리, 오상원, 오영수, 유주현, 전광용, 이호철, 이범선, 하근찬, 최인훈, 김동립, 강신재이며, 『일본전후문제작품집』에 소개된 작가는 이시와라 신따로, 가이꼬 다게시, 오에 겐자부로, 엔도 슈사쿠, 후까사와 시찌로, 오오까 쇼오헤이, 미시마 유끼오, 다자이 오사무, 시이나 린소이다. 각각의 선집에 소개된 작가와 작품의 경향을 살펴보면 전쟁을 겪은 후 새로운 시대의 목소리를 담는데 초점을 두었다. 이러한 선집 구성 과정을 가능하게 한 배경으로는 전쟁 후 본격적인 활동을 시작한 신진작가군의 새로운 흐름을 들 수 있다. 염무웅은 신구문화사에서 출간한 『세계전후문학전집』(1960-62)의 출현이 단순히 세계문학의 동향을 소개하는 맥락만이 아니라 "2차 대전 이후 등장한 작가들의 작품만으로 꾸려"졌던 것을 환기하며, 4.19를 계기로 과거 문협 중심의 기성문단과 다른 목소리를 내고자 했던 젊은 문인들의 움직임을 설명한다.[13]

1960년대 세계문학의 소개 및 번역과 신진작가들의 활동은 일본문

---

11 4.19 이후 '전후문인협회'(신동문 오상원 서기원 이호철 구자운 고은 등)와 '청년문학가협회'(서정인 김승옥 이성부 김현 이근배 이탄 조태일 박태순 이청준 염무웅)의 결성은 구시대와 결별하는 전후문학의 새로운 흐름을 보여주는 징표였다. 전후문인협회와 청년문학가협회의 구성 배경은 염무웅, 「정치적 억압과 글쓰기의 자유」, 『증언: 1970년대문학운동』, 한국작가회의, 2014, 140-142쪽 참고.

12 『일본전후문제작품집』의 역자로는 정한숙, 신동문, 김동립, 오상원, 계용묵, 안수길, 최정희, 선우휘가 참여하였다.

13 염무웅. 2014. 「정치적 억압과 글쓰기의 자유」. 『증언: 1970년대문학운동』. 한국작가회의. 140쪽.

학 수용에서 적극적인 개방의 분위기로 연결됐다. 물론 해방 후 한동안 금지되었던 일본문학의 번역 소개와 수용에 대해 불편한 심경을 토로하는 경우도 적지 않았다.[14] 대부분의 언론들은 일본문학의 존재를 무시할 수 없으면서도 일본문학의 영향력을 서구문학과의 관계 속에서 애써 정의하려는 불편한 심경을 드러냈다. "4.19 이후의 일서번역물의 범람은 어디까지나 이정권의 독선적인 쇄일정책붕괴의 반동에서 온 일시적인 현상"으로 치부하면서도 "본질적인 면에서 볼 때 일본의 문학은 이 역시가 서구문학의 영향을 받아 형성 개화된 것이고 보면 결국 우리나라 문학은 일본어와 일본문학을 매개로 했을 뿐 간접적으로나마 서구문학의 영향을 받아 형성된 것"이라고 의의를 한정하는 논의가 그 예라고 할 수 있다.[15] 이처럼 아시아 국가로서 한국과 일본이 지닌 주변성을 동일화하려는 반응은 서구와 아시아, 중심과 주변이라는 위계적 구도를 강화한다는 점에서 문제적이다.

언론과 지식인들의 일부 반응에 비한다면 일반독자 및 작가와 작가지망생들의 감상과 반응은 훨씬 긍정적이었다. 일본의 주요 문학상을 수상한 작가 작품을 중심으로 구성된 『일본전후문제작품집』은 전쟁체험과 인간의 실존의식, 성과 윤리 도덕의 문제, 전후세대의 가치혼란과 자유의 문제를 예민하게 다루고 있기에 대중독자들에게 상당한 반향을 불러일으켰다. 김남조는 『일본전후문제작품집』에 대한 감상을 소개하는 자리에서 "새로운 시대감정의 촉수를 가진 이른바 지성과 감각의 그들 기수들은 때로 어버이를 거역하는 탕아이기도 했고 천형의 가시관

---

14 이종호는 당시 언론과 비평들이 『일본전후문제작품집』에 보인 비판적인 반응에는 일본문화와 문학에 대한 불안과 상대적 자의식이 잠재해 있음을 지적한다. 세계문학으로서 '일본문학'을 호명하지만, 정작 '대등한 관계 속에서 이루어지는 문화적 가치교환이란 애초부터 한계를 지닐 수밖에 없었던 불완전한 기획'일 수밖에 없다는 것이 논자의 해석이다(이종호, 앞의 논문, 25쪽).

15 「일본문학번역과 작가」, 『경향신문』, 1960. 10. 12. 4쪽.

을 쓴 유랑의 구도자기도 했으며 더욱이 오매불손 오만한 자의식의 제왕이기도 한" 새로운 문학의 흐름에 "자못 현란한 차멀미 같은 것에 전심신이 사로잡히듯함을 몇 번이나 느꼈다"고 말한다.[16] "일본의 젊은이들 역시 선회하는 나사못같이 그들 스스로의 발랄한 감정과 생명에의 인지에 몸서리치고 있던 것"[17]을 느꼈다는 선배 문인의 토로에는 매혹과 망설임의 착종된 반응이 깃들어 있다. 이에 비하면 후배 세대의 작가들에게 한글로 번역된 일본문학은 호기심과 감각적 자극을 일깨우는 친근한 세계문학의 사례로 다가왔다. 가령 김승옥은 자신의 글쓰기의 출발점에 당시 번역되기 시작한 일본소설의 영향이 지대했음을 스스로 밝히고 있다.[18] 이러한 진술은 패전 후 일본인들이 보여주는 죄의식의 문제, 국가권력에 대한 비판적 의식, 개인의 자유와 실존에 대한 문학적 호소에서 동시대 한국문학의 감수성과 공유하는 지점들을 발견하고 상상력의 자극을 받았던 한 문학청년의 경험을 고스란히 드러내고 있다.

국내 번역문학의 출간 붐은 일본문학계의 출간 흐름과도 관계가 깊다. 일본에서 세계문학전집 시리즈가 집중적으로 기획되고 번역된 시기는 1950-60년대이다. 이때 소개된 상당수의 해외 작품은 '서구'에서 공인된 문학 정전이었다. 곽형덕은 일본의 세계문학전집 시리즈 출간 붐이 유럽중심주의적 교양을 공고히 하는 구심력으로 작용했음을 지적한다.[19] 이

---

16 김남조. 「신구문화사간 일본전후문제작품집」. 『동아일보』. 1960. 9. 22. 4쪽.

17 같은 곳.

18 "일본의 원로작가들보다도 이삼십대의 신인들 작품에 큰 자극을 받았어요. 일본사람들이 2차대전에서 패한 직후의 상황들, 말하자면 전쟁에 참여했다가 고통받고 전후에 경제적으로 몰락하고 정신적으로 황폐해져버린 상황을 아주 절실하게 썼단 말이죠. 나와 나이 차가 많지 않은 그런 일본의 젊은 작가들 작품을 보는 순간, 내가 과거에 막연하게 헤르만 헤세 읽고 앙드레 지드 읽고 하면서 서양문학에서 받았던 느낌과는 다르게 훨씬 실감나고 피부로 느껴지더라고요."(김승옥. 2002. 「좌담: 4월 혁명과 60년대를 다시 생각한다」. 『4월 혁명과 한국문학』. 창비. 30-31쪽).

19 곽형덕. 2018. 2. 「일본 전후문학의 제3세계적 상상력 – 원심력으로서의 세계와 문학」. 『일본학보』. 70쪽. 이 논문은 1960년대 일본 전후문학사에 큰 영향을 미쳤던 '제

논의를 참고하면, 한국전쟁을 계기로 고도경제성장의 전기가 마련된 이후, 일본 출판계의 세계문학전집 시리즈 기획은 서구적 근대의 가치를 향해 맹렬히 돌진하던 상황에서 서구적 가치를 습득하는 동시에 국민적 구심력을 오히려 강화하는 방식으로 작동했다고 볼 수 있다.

당시 세계문학으로서 '일본문학'을 받아들이고 새로운 흐름을 읽어내야 한다는 의식은 『일본전후문제작품집』의 머리말에서도 잘 나타난다. 책의 서장에 해당하는 「이 책을 읽는 분들에게」는 다음과 같은 말로 이 책의 기획취지를 설명하고 있다. "전후의 일본문학은 지금 세계에 널리 번역 보급되어 그 가치를 인정받고 있는 터이다. 우리만 쇄국주의적인 골목길에서 낮잠을 자서는 안될 것이다. 일종의 문화교류에 대한 가치교환이 시급하다. 따지고 보면 그네들이나 우리는 다같이 아세아적 후진성에서 번민하고 있는 황색 피부의 인종들이다. 서구문명의 바람 앞에서 같은 시련을 겪고 있는 사람들이다. 그들의 문학은 그런 의미에서도 우리의 호기심을 끌고 있으며 또 무엇인가 많은 암시를 던져주고 있다."[20]라는 대목은 단순히 전후문학으로서의 공통성만 거론하는 것이 아니라,'아시아'라는 지역적 정체성을 통해 연대를 형성하고 문화교류가 가능할 수 있다는 주장을 담은 구절이라고 할 수 있다.

한국문학과 일본문학이 아시아라는 정체성을 통해 공유하는 '전후'란 무엇인가. 박현수는 김우종과 백철의 논의를 경유하여 한국문학에서 '전후'의 개념이 지니는 중층성을 설명한다. 그에 따르면 한국문학에

3세계와의 연대'가 일본문학의 일체화된 자기 서사의 구심력을 흩트리는 힘으로 작동하는 과정을 살피면서 최근 이케자와 나쓰키(池澤夏樹)가 개인 편집한 세계문학전집(전30권. 河出書房新社. 2007. 11-2010. 10)이 제 3세계적 시각을 투영함으로써 이례적인 문학전집 붐을 불러일으키는 과정을 분석한다. 논자는 80년대 이후 소강상태에 이른 문학전집 붐을 새롭게 환기한 이 전집의 편집 구성은 일본 전후문학사에서 세계문학이 일본문학의 구심력을 흐트러뜨리는 계기로 작용될 수 있는 가능성을 보여준다고 진단한다.

20 백철 · 안수길 · 최정희 편. 1960. 8. 『일본전후문제작품집』. 신구문화사. 3쪽.

서 '전후'는 "2차세계대전이라는 서구적 기의와 태평양전쟁이라는 일본적 기의, 그리고 한국전쟁이라는 한국적 기의가 복합적으로 존재하는 중층적 개념"을 뜻한다.[21] 논자가 지적한 것처럼 한반도 현실에서 전후의 시간대는 식민지 시기와 해방과 전쟁 및 분단, 현재에 이르기까지 포괄적으로 작동하는 맥락에서 볼 필요가 있다. 더불어, 한국문학의 '전후'가 단순히 6.25 전쟁 직후의 상황만을 지시하는 것이 아니듯이 일본의 '전후' 역시 의미 범주가 넓은 개념이다. 남상욱은 일본에서 60년대 중반부터 쓰인 전후민주주의가 "패전 후에 존재한 여러 가지 사상조류나 개혁을 총칭하는 것으로 일반화되기 시작해 1968년 학생운동 시 일본이 극복해야 할 부정적인 것"으로 빈번하게 쓰였으며, "'민주주의'라는 말이 그 자체로 자립되지 못하고 '전후'라는 수식어를 붙일 수밖에 없는 상황에 대한 가치판단이 담겨져 있"는 말임을 강조한다.[22] 나카노 도시호는 '전후 일본'에 대해 다음과 같이 설명한 바 있다. "오늘날 일본에서 '전후'戰後라 하면 틀림없이 1945년 패전 이후의 시기를 가리킨다. 하지만 이 단어가 함의하는 것이 단순히 시간적인 시기구분만이 아니라는 점에 주의를 기울여야 한다. 군국주의에서 평화주의로, 군부 전제專制의 시대에서 민주주의 시대로, 전쟁 재난의 시대에서 경제 번영의 시대로. 일본에서 일반적으로 넓게 회자되는 '전후'란 이같이 '전중'戰中으로부터 그 시대 기조가 변화했다는 인식을 전제로 한다. 그리고 이 전제하에서 많은 일본인들은 지금도 '평화와 민주주의'라는 특별한 시대에 살고 있다는 자기의식을

---

21 박현수. 2016. 8.「한국문학의 '전후' 개념의 형성과 그 성격」. 한국현대문학연구 제49집. 330쪽.

22 남상욱. 2015. 12.「미시마 유키오와 '전후민주주의'-1968년의 '미국' 표상을 중심으로」.『일본사상』29. 3쪽. 이 논문에서 남상욱은 소설가 미시마 유키오의 '전후민주주의' 비판이 "전후 일본에서 거의 초월적인 가치로까지 격상된 '민주주의'를 '일본문화'의 힘으로 전복시키고자 한 매우 급진적인 시도"로 볼 수 있는 동시에 미국의 민주주의 관념으로부터 완전히 자유롭지 못한 이중적인 측면을 지닌다고 분석한다(50쪽).

공유한다."[23] 나카노 도시호의 말에서 인상적인 지점은 '전후'의 시간대와 '평화와 민주주의'의 가치를 연결짓는 지점이다. 그는 '전후 일본'이 패전 이후를 살아가는 일반적인 일본인에게 하나의 '가치개념'으로 존재함을 강조한다.

신구문화사에서 간행된 『세계전후문학전집』에서 환기한 '전후'는 세계문학의 맥락 속에서 보편적인 시대 경험을 공유하려는 의미를 담고 있다. 물론 이러한 보편성의 충동을 두고 서구라는 참조점을 기원에 둔 의식적인 지향성이라고 해석할 여지도 없지 않다. 비판적인 시각에서는 "미국 주도의 아시아-태평양 안보체제 속으로 편입됨으로써 제국주의적 과거와 무책임하게 단절되었던 일본, 그리고 식민지의 상처가 채 아물기도 전에 미·소 냉전의 구도 속에서 6·25라는 아픔을 겪을 수밖에 없었던 한국이 〈세계전후문학전집〉의 기획을 통하여 서로 어색한 조우를 하고 있는 것"으로도 볼 수 있을 것이다.[24] 그러나 세계문학 전집의 기획이나 일본번역문학의 수용양상을 출판사 및 제도, 국가와 정치의 시스템을 가늠하는 특정한 문화정치의 코드 속에서 독해하는 것은 일면적인 해석으로 귀결될 우려가 있다. 실제 삶과 마찬가지로 독서적 영감을 매개로 한 문학작품의 창조와 향유는 중심/ 주변, 지배/피지배의 위계적 질서라는 단순한 구도를 뛰어넘는다. 특히 식민지의 역사를 겪은 주변부의 국가에서 보여주는 혁신의 가능성은 일방적인 영향과 수용의 관계를 벗어난다. 호베루뜨 슈바루스가 브라질 문학의 창조적인 사례를 들어 설명한대로 문학형식이란 세계의 중심부와 주변부에서 동일한 방식으로 드러나지 않는다. "시간은 공간을 그토록 멀리 가로지를 때 매우 불균등해질 수 있어서 중심부에서 이미 죽은 예술형식이 주변부에서는 아직 살

23 나카노 도시오. 「'전후 일본'에 저항하는 전후사상」. 권혁태, 차승기 엮음. 2013. 『전후의 탄생-일본, 그리고 조선이라는 경계』. 그린비. 12쪽.

24 이종호. 앞의 논문. 14쪽.

아 있는 경우가 있"으며, 균형에 도달하지 못한 것처럼 보이는 예술의 형식은 종종 "중심과 주변이 상호연관된 현실"임을 증명하는 "역사적 과정 전체의 핵심적이고 종종 그로테스크한 불균형"을 통찰하게 해준다.[25] 특히 식민지 경험을 겪은 국가에서 문학의 상상력은 이중, 삼중의 구속 속에서 주변부 특유의 활력을 통해 그 창조적 성취를 이루어낸다고 할 수 있다.

3. 다자이 오사무 소설의 '모성'과 '혁명'

『일본전후문제작품집』에서 참조가 된 '전후' 문학의 특징 중의 하나는 성과 육체를 주시하는 새로운 감각이다. 자아, 혁명, 성, 모랄, 성과 육체는 당시의 새로운 문학적 흐름을 환기하는 주제어기도 하였다. "〈아프레〉적이며 〈비트·제너레이숀〉의 성폭로에 속하는 것"[26]으로 비판받기도 한 성과 육체의 감각에 대한 관심은 수록된 대부분의 일본 작품에서 집중적으로 다루어지고 있다. 한 예로 엔도 슈사구의 「백색인」(1955) 은 패전 후 일본 지식인들의 비판적인 자의식과 윤리의 모색을 담은 작품으로 의미심장하게 읽힌다. 이 소설은 1942년 1월 28일 주인공 '나'의 자신의 과거를 돌아보며 기록을 적어두는 것으로 시작한다. 주인공이 글을 쓰며 회고하는 시점은 제2차 세계대전 중 연합군이 프랑스로 진격하여 리옹 가까이 접근하며 독일의 패전이 확실시되는 때이다. 소설은 주인공

25 호베르뚜 슈바르스, 「주변성의 돌파-마샤두와 19세기 브라질문학의 성취」, 황정아 역, 2010, 『세계문학론』, 창비, 75-82쪽.

26 「일본문학번역과 작가」, 앞의 글, 4쪽.

'나'가 왜 비밀경찰이 되어 동포를 해치는 길을 선택하게 되었는가를 설명하면서 청년들이 경험하는 폭력과 성, 윤리적 혼돈의 과정을 성장플롯으로 다루어간다. 일본이 아닌 외국공간을 알레고리적으로 설정했다는 점도 흥미롭지만 이 소설에서 청년들이 느끼는 방황과 번민의 배경 속에 성에 대한 탐닉과 금기위반의 모티프가 집중적으로 부각되고 있는 점도 눈에 띈다.

함께 수록된 오에 겐자부로의 「사육」(1958) 역시 2차 대전 말기 일본 남부의 시코쿠 산에 추락한 미군 비행기에서 살아남은 흑인병과 마을 소년들이 함께 보낸 여름의 이야기를 그리고 있다. 이 소설은 오에 겐자부로 초기단편 세계의 대표작이라고 할 수 있으며, 작가가 평생 문학의 테마로 문제삼았던 인간의 '감금 상태'가 잘 드러나 있다. 소설에서 홍수로 고립된 산골마을은 전쟁의 열기로부터 비켜나 있는 폐쇄된 공간을 보여준다. 이 공간에서 아이들이 따분하게 화장터의 뼈를 줍는 모습은 패전 이후 무기력하게 살아가는 동시대 젊은이들의 심리 상태를 고스란히 반영한다. 비행기가 추락하면서 마을에 떨어진 흑인 포로를 인질삼아 그를 가두고 동물처럼 기르면서 아이들이 보여주는 호기심과 금기위반의 욕망은 소설 곳곳에 무료하게 성행위를 흉내내는 장면으로 표현된다. 오에 겐자부로의 이 소설에서 잔혹하고 끔찍한 전쟁은 이 고립된 마을에서 희미하게 감지되는 하나의 먼 풍경으로 포착된다. "먼 나라에서 양떼와 손질된 잔디밭을 휩쓸어 가는 홍수처럼 그것은 결코 우리 마을엔 미치지 않을 전쟁. 그런데 그것이 내 손가락과 손바닥을 짓이기려고 몰려온다. 아버지가 도끼를 휘둘러서 전쟁의 피로 몸을 마취시키면서. 그리고 마을은 갑자기 전쟁에 덮여버리고, 그 혼잡 속에서 나는 숨도 못 쉰다."(152쪽)라는 구절에서 드러나듯이 전쟁은 하나의 선명한 체험과 인식으로 다가오는 것이 아니라 정신적 트라우마가 남긴 신체의 감각과 열기, 피로와 슬픔으로 그 존재를 알려준다.

여러 작품들 중에서도 다자이 오사무의 「사양」(1947)은 패전 직후의 황폐한 사회의 분위기와 등장인물들이 겪는 가치관 혼란과 방황을 밀도있게 엮은 작품으로 주목된다. 이 작품은 『인간실격』과 더불어 다자이 오사무의 대표작으로 불릴 정도로 그의 작품들이 지닌 경향들을 종합적으로 압축한 작품이다.[27] "전후의 유행어 「사양족」을 낳게 한 장편 문제작"[28]으로 소개된 이 작품은 패전 후 일본사회를 지배한 전후민주주의에 대한 비판적 성찰과 이에 대응하는 지식인들의 방황과 타락, 새로운 삶의 의지를 복합적으로 형상화하였다.

패전 후의 일본 사회에 대한 비판적인 시선을 담은 「사양」은 주류 사상으로 부각된 전후 민주주의에 대해 날카로운 비판적 시선을 던진다. 민주주의를 내세워 전후의 지식인 사회에서 횡행한 저널리즘과 시류적 분위기에 저항했던 다자이 오사무는 「사양」에서 자기파괴적이고 혐오적인 제스처를 취하는 남성 인물들과 이들을 냉정하게 바라보는 여성인물들을 동시에 등장시킨다. 「사양」이라는 제목에서도 암시되듯이 몰락한 귀족 가문, 즉 천황제에 대한 다자이 오사무 소설의 메시지는 양가적이다. 일본 전후사회의 허무주의와 패배주의적 분위기가 스며있는 이 소설은 몰락할 수밖에 없는 귀족(천황)의 운명에 대해 향수와 애착을 보이면서도 한편으로 이것을 벗어나는 초월과 극복의 방식을 동시에 모색한다. 「사양」에서 천황제에 대한 미묘한 감각이 실질적인 제도의 권력자에 대한 지지라기보다는 유토피아적 몽상에 가까운 것으로 아나키즘적인 지향성을 띠고 있다는 지적도 이런 점에서 주목할 만하다.[29] 그러나 소설의

27 「사양」의 이후 한국어 번역본 현황에 대한 비평적 고찰로는 다음의 논문 참고. 김남경. 2017. 「다자이 오사무 『사양』의 한국어 번역현황과 오역 양상」. 부산대학교 대학원 석사학위.

28 『동아일보』 1960년 8월 15일자 전단광고.

29 박규철. 2014. 2. 「다자이 오사무의 유토피아론: 「사양」을 중심으로」. 인천대학교 일어일문학과 석사학위. 32쪽. 이 논문은 '천황제'에 대한 다자이 오사무의 반응은 전

주인공 가즈꼬가 시도하는 '혁명'의 의지는 전후 일본사회의 속물적 시류에 저항하는 의미도 지니지만, 천황제로 상징되는 이전 시대의 유물과 구습에 대한 극복 의지도 선명하게 드러낸다고 보아야 한다. 새로운 시대에 적응하지 못하는 나약한 지식인과 귀족에 대한 비판과 연민, 그리고 그들의 세계를 극복하려는 가즈꼬의 '혁명' 의지가 뒤얽혀 있다는 점에서 「사양」은 『일본전후문제작품집』에 실린 여러 작품들 중에서도 문제적인 작품이라고 할 수 있다.

이 작품은 일본의 귀족이던 주인공 가즈꼬의 집안이 서서히 몰락하는 과정을 어머니와 남동생 나오지의 죽음을 통해 서사화하고 있다. 소설은 1인칭 여성 주인공 시점의 독백체 서술방식을 기반으로 하여 나오지의 일기, 가즈꼬의 편지, 나오지의 유서를 분방하게 뒤섞고 있는 독특한 구조를 취하고 있다. 다자이 오사무 작품 연구들에서 지적된 바 있지만 이 소설에는 패전 후 일본을 바라보는 작가의 시각을 여러 인물 유형을 통해 드러내고 있다. 전형적인 일본 귀족으로서의 '어머니'와 폐하의 세계는 전후의 세계를 살아가는 사람들에게 강박과 극복의 대상이 될 수밖에 없다. 어머니가 구현하는 '귀족'의 품위와 우아함, 아름다운 제스처와 목소리는 동경과 거부를 동시에 불러일으키는 대상이다. 소설 속에서 인물들이 '어머니'로 상징되는 '사양'의 세계에 대하여 보이는 감정 역

후 일본의 속물적 지식인들에 대한 강한 비판으로 제기되어 현실세계를 초월하는 이상세계를 지향하는 하나의 상징성에 대한 지지로 보아야 한다고 분석한다. 이 논지에 따르면 「사양」에서 천황제의 형상화는 유토피아의 수호와 양면성을 지닌 통합적 제도로 해석될 수 있다. 등장인물 중 나오지와 우에하라가 피폐한 일본을 상징하고 이들이 이상세계 재건을 열망한다면 어머니와 가즈꼬는 초월과 수호의 양면성을 지닌다고 보는 것이다. 위의 논의는 다자이 오사무를 포함한 패전 후 일본 작가들의 작품에 스며있는 천황제에 대한 인식의 문제가 한일문학의 '전후'의 인식 차이를 살필 때 고려할 주요한 지점임을 환기한다. 천황제의 인식과 일본 전후민주주의의 문제는 기존의 여러 논의들을 잇는 별도의 고찰을 필요로 하는 바, 본고에서는 「사양」에서 여성 주인공 가즈꼬가 추구하는 '마음의 혁명'이 어머니와 우에하라, 나오지가 상징하는 과거의 유산으로부터 벗어나려는 극복의지를 지니고 있다는 점에 논의를 집중하였다.

시 복합적으로 표현된다. 아들인 나오지는 결국 어머니의 세계를 뛰어넘지 못하고 스스로를 파멸시키는 데카당의 삶을 추구하다가 결국 자살에 이른다. 그가 연모했던 여인 스가짱은 어머니를 대체하는 상징이기도 하다. 반대로 우에하라는 이러한 나오지가 보여주는 귀족의 허위적인 삶을 경멸하고 일부러 부도덕한 제스처와 소설창작을 통해 또다른 방식의 자기 파괴와 혐오를 추구한다.

주인공 가즈꼬의 자기 발견은 이처럼 어머니와 나오지, 우에하라의 삶 사이에 놓여 있다. 그녀는 우에하라의 아기를 낳겠다는 자신의 '반윤리'적인 결심이 결국은 어머니의 세계를 극복하지 못한 나오지의 희생을 자양분으로 한 새로운 '혁명'임을 선포한다. 나오지가 갈망했던 귀족의 세계와 모성은 영원히 가질 수 없는, 아름다운 꿈과도 같은 세계였지만 가즈꼬에게 어머니는 생존하기 위해서는 극복해야만 하는 패전의 잔상이라고 할 수 있다. 소설에서 '어머니'의 죽음은 뱀알, 뱀, 꿈 등의 상징을 통해 예고되며 가즈꼬의 행동은 겉으로는 어머니를 걱정하지만 끊임없는 불안과 초조 속에서 그 죽음을 기다리는 느낌마저 풍긴다. 가즈꼬가 저지른 뱀알 태우기와 화재사건은 가뜩이나 병약한 어머니를 결정적으로 악화시키는 한 계기가 된다. 아름다운 어머니가 점점 쇠약해지며 죽음을 향해 가는 과정은 가즈꼬의 임신과 맞물려 새로운 전기를 마련한다.

소설에서 가즈꼬가 다짐하는 '전투개시', '혁명' 은 무엇을 의미하는 것일까. 그녀는 기성의 윤리와 도덕에 맞선다는 의미에서 우에하라의 아기를 임신하여 낳은 후 우에하라의 부인에게 안겨주겠다고 말하는데 그것은 새 생명의 잉태를 통한 새로운 출구의 모색이기도 하다. 「사양」에서 모성의 열망은 "여성을 억압하는 남성이라는 기제에 맞서 여성의 본질을 새롭게 인식시키고 무한한 생장 이미지로서의 여성성"을 희구하는 과정으로 해석될 수 있다.[30] 여성 주인공의 독백체를 전면에 드러낸 다자이 오사무 소설들은 대체로 이러한 기성 윤리에 얽매이지 않는 '생존', '생명'의 의미로서 여성인물들을 강조하고 있는데 「사양」의 가즈꼬 역시 이러한 몰락한 귀족의 삶을 딛고 일어서는 자기 분투를 보여준다. 비현실적으로 보일 수는 있으나 가즈꼬가 의미를 둔 혁명은 '사랑의 모험을 성취'하는 것이었으며 그것은 다자이 오사무가 소설 속에서 자주 다루는 성서의 부활 모티프와 연결되어 새로운 출발을 기도하는 것으로 나타난다. 소설에서 우에하라가 "그러나 인제 늦었어. 황혼이야"라고 되뇌는 전후의 황량한 현실이 가즈꼬에게는 "아침인데요" (283쪽) 라고 말할 수 있는 새로운 세계가 된다.[31]

「사양」에서 드러나는 기성 도덕에 대한 거부와 새로운 윤리의 모색은 다자이 오사무의 여성화자를 드러내는 소설들에서도 공통적으로 발견된다. 「피부와 마음」이나 「비용의 처」, 「오상」에서도 여성인물들은 관념적이고 체면에 얽매이는 남성과 대조적으로 대담하고 현실적인 행동들을 보여준다.[32] 「피부와 마음」의 여주인공은 병원의 진료대기실에 앉아 '보바리 부인'을 읽으며 남편이 모르는 대담한 연애와 성매매의 상상에 휩싸이며 「비용의 처」의 부인은 가게 손님에게 능욕을 당하고 다음날 아이를 업고 일하러 나간다. 「오상」에서 연인과 동반자살하는 남편의 유골을 가지러 가며 부인인 화자가 내뱉는 말도 매우 현실적이다. "마음가짐을 가볍게 확 바꾸는 게 진짜 혁명이지요. 그렇게 할 수 있다면 뭐 그리 어려운 문제도 아닐 겁니다. 자기 아내에 대한 마음 하나 바꾸지 못하면

30 신현선. 2010. 「다자이 오사무 문학의 에코페미니즘 고찰」. 『일본어문학』 45. 149쪽.

31 소설에서 가즈꼬가 우에하라를 명명하는 표현이 바뀌는 지점도 흥미롭다. 우에하라 지로오님 (저의 체호프. 마이 체호프. M.C) → M.C 귀하 → M.C (마이 차일드) → 나의 무지개, M.C, 내 삶의 보람 → 미운 사람. 교활한 사람 → 마이 코미디언으로 칭하는 표현이 계속 바뀐다.

32 이하 작품은 다음 역서 참고. 다자이 오사무. 2015. 『사양』. 신현선 역. 창비.

서 혁명의 십자가라니"(「오상」 140쪽). 「사양」에서도 '나'는 우에하라와 결투하듯 정사를 치르지만 그로 인해 구속당하거나 훼손당하지 않는 모습을 보인다. 여기서 다자이 오사무의 소설에서 드러나는 여성인물들의 다변증과 독백이 스스로의 허위를 폭로해가는 과정에 초점을 두고 있는 점은 흥미롭다. 그것은 소설 속 상대방 남성 인물들의 나약하거나 허위적인 모습들과 대조를 이룬다. 한 예로 「피부와 마음」에서 '피부'는 '마음'과 대립되는 것이 아니라 '마음'의 혁명과 관계된 실질적인 '현실', '감각', '생활'의 발견이라고도 할 수 있다. 다자이 오사무의 여성인물들이 감당하는 이러한 '현실'과 '육체'의 감각적 수용은 무기력하고 공허한 남성인물들의 자기 파괴와 비교되는 부분이다.

「사양」이 강조하는 '마음'의 혁명은 일본의 전후민주주의가 고양시켰던 '자아', '자기'의 이상과 개념에 기반하여, 패전 후 지식인들의 위악적이고 허위적인 현실인식을 냉엄하게 되비춘다. 소설에서 여성인물이 보여주는 강인한 생존력은 당대 일본문학의 주류에서 발견되는 민주주의의 관념적 이상을 날카롭게 비판한다. 다자이 오사무는 '패전' 이후의 삶을 살아가는 문제를 여성인물이 추구하는 새로운 도덕혁명과 연관시켜 제시하고 있는 것이다. 가즈꼬는 천황제의 그림자로 상징되는 어머니의 죽음과 나약한 남동생의 자살, 연인 우에하라의 방탕한 삶을 모두 가로질러 실제 삶에 뿌리박는 강인한 생존력에 대한 열망을 담은 인물이라고 할 수 있다. 민주주의의 상상력이 모든 사람의 동등한 존엄성과 가치를 존중하는 공통적인 세계를 지향한다고 볼 때, 다자이 오사무 소설이 탐구하는 생명과 여성의 문제는 패전 이후 일본 사회의 도덕 혁명을 새롭게 제시하는 움직임을 담고 있다고 할 수 있다.

4. 김승옥 소설의 '여성'과 '생명'

전후 현실의 '생존' 문제가 주로 여성인물들의 일상적 삶과 가치를 통해 탐구되고 있다는 점에서 다자이 오사무의 소설은 김승옥 소설과 비교해볼 수 있는 흥미로운 지점을 보여준다. 다자이 오사무의 「사양」이 보여주는 '마음의 혁명'과 '생명' 의식은 여성화자의 목소리를 통해 적극적인 현실 발견 의지를 표현하고 있다. 다자이 오사무의 소설 인물들에서 남성지식인들이 일관되게 보여주는 자기 위악과 허풍, 모멸의 제스처는 여성인물들과 대조적인 것으로 그려진다. 여성화자를 전면적으로 부각한 다자이 오사무의 중후기 작품들과 비교하면 김승옥 소설의 화자들은 대체로 지식인 남성에 고정되어 있다.

한국소설의 흐름에서 김승옥은 전후소설 속에서도 감수성의 혁명, 새로운 감각과 문체로 개성적인 자리를 만들었던 작가이다. '한글세대'의 새로운 언어, 신세대적인 감수성, 도시공간의 감각적 포착은 김승옥 문학을 수식하는 대표적인 특징이기도 하다. 근대성, 탈식민주의, 개인주의, 젠더 담론, 문체와 형식 등 김승옥 소설에 접근하는 여러 논의들이 축적되어 있지만, 그 중에서도 여성인물 형상화와 관련된 젠더비평은 김승옥 소설을 읽는 중요한 코드 중의 하나이다. 김승옥 소설에서 여성인물들은 도시의 상징과 깊이 연관되어 있으며, 이는 고향-누이-순결한 이상향, 서울-창녀-타락한 일상으로 구분되기도 한다. 김승옥 소설이 자본주의 근대에 대한 양가적 반응을 '여성' 인물을 통해 표출하고 있는 점은 여러모로 시사적이다. 그의 소설 주인공들인 대개의 남성지식인들은 모멸감과 부끄러움, 자기기만을 통해 여성인물에 대한 양가적인 감정을 토로한다.

김승옥 소설에서 탐색되는 '전후 현실'은 남성이 부재한 현실 속에서 여성과 아이들만이 살아남은 황폐한 모습으로 형상화된다. 「생명연습」

(1962)에서 피난 생활이 끝난 후 가족들이 꾸려가는 일상은 완전히 허물어진 집의 모습으로 형상화된다. 생계 가장이 된 어머니는 남자들을 만나고 어머니의 연애 행각에 형은 폭력으로 대응한다. 이 소설에서 아버지의 질서를 대신하려고 시도했던 형은 오히려 궁지에 몰리며 결국 자살을 선택한다. 주목할 지점은 형의 죽음과 대조된 맥락에서 꿈틀거리는 '생명'과 '성'이 그려지는 부분이다. 애란인 선교사의 수음장면을 누나와 함께 몰래 지켜보던 주인공에게 전쟁이 가져온 윤리적 무질서는 오히려 아무런 제약도 없는 순수한 원초적 공간처럼 다가온다. "그러나 한 오라기의 죄도 거기에는 섞여 있지 않은 것이었다. 오히려 거기에서 우리는 평안했고 거기에서 우리는 생명을 생각하고 있었다. (……) 다시 한번 말하거니와 우리가 꾸며놓은 왕국에는 항상 끈끈한 소금끼가 있고 사그락대는 나뭇잎이 있고 머리칼을 나부끼는 바람이 있고 때때로 따가운 빛을 쏟는 태양이 떴다."[33]라는 구절에서 보듯이 '성'은 삶과 얽혀있는 순수한 '생명'의 본능으로 포착된다. 형에게 매맞는 어머니의 눈에 '파랗게 켜지는 불'처럼 삶은 "육지를 향해서 깜박이는 등댓불의 그 희미하나마 금방 눈에 띄는 빛"(25쪽) 과도 같은 것으로 다가온다.

전후체험의 폭력성과 여성인물이 연동되는 과정은 「건」에서 소년화자가 방관하는 윤간의 폭력적 장면을 통해 선명히 투시된다. 이 작품에서 전쟁이 남긴 폭력적 상흔은 폐가가 된 '방위대 본부'라는 공간을 통해 형상화된다. '소란스럽던 총소리', '수류탄 터지는 소리, 야포 소리'로 뒤덮였던 시가지는 '빨치산 시체'가 내팽겨쳐져 있는 장면을 통해 전쟁의 참상을 드러낸다. 이 작품에서 윤희누나의 윤간 과정이 윤리와 규범이 존재하지 않는, 생존경쟁과 약육강식의 체제 속에 희생당하는 대상으로서의 여성을 표현하고 있는 점은 매우 뚜렷하다. 그러나 한편으로 이 작

33 김승옥. 1966. 「생명연습」. 『서울, 1964년 겨울』. 창우사. 35쪽.

품에서 위악적으로 모방되는 성인 세계의 폭력성은 전쟁 현실과의 연관 관계 속에서 해명될 필요가 있다. 작품의 시대적 한계를 고려하지 않고 '훼손된 여성'의 양상만을 도식적으로 추출하는 구도 속에서는 김승옥 소설에 드러난 여성상의 의미를 온전하게 읽기 어렵다. 「염소는 힘이 세다」에서도 전쟁 후의 '남성 가장' 없이 여성과 어린이로만 구성된 가족들이 등장한다. 이 작품 역시 여성과 어린이가 생존의 폭력, 야만적인 도시에 노출되고 결국은 그 세계의 질서를 수락하며 살아나가게 과정을 성장서사의 형식으로 보여준다. '염소'는 소설 속의 단순한 상징을 넘어 이야기 전체를 아우르는 핵심적인 알레고리라고 할 수 있다. 거대한 강물 소리에 대응하는 작고 여린 울음소리를 내는 새끼 '염소'는 주인공인 '나'의 투사물이면서 분신이기도 하다. 집안에서 유일하게 힘이 셌던 염소는 말뚝을 풀고 바깥 세계에 나가자마자 사고를 저질러 생사탕집 영감에게 맞아 죽고, '죽은 염소'의 고기는 이 가족들이 폭력적 세계에 진입하는 매개물이 된다. 힘없고 약한 '집안'의 여성과 아이는 염소의 '죽음'을 통해 본격적인 생존 세계로 뛰어든다. '힘센 남자'를 동경하지만 그와 쉽게 동일시되지 못하는 주인공을 대신해서 소설 전반부에서는 나의 환상을 투사한 염소가 바깥 세계 속에서 먼저 훼손된다. 염소는 죽음을 거쳐 '염소고기'로 부활하면서 '더 힘센 남자들'을 집안으로 불러들이는 강력한 힘을 획득한다. '순수한 소년' 혹은 '집안에서만 힘이 센 무기력한 가장'이 상징적으로 제거되면서 누이와 할머니, 어머니는 기성 세계의 폭력 앞에 전면적으로 노출된다.

「건」의 소년은 폭력의 일부로 가담하면서 폭력적 세계에 대한 위악적인 혐오를 더욱 선명하게 드러내지만 「염소는 힘이 세다」의 소년은 가족 뒤에 서 있으며 자기의 자리를 다른 방식으로 도모한다. '나' 대신 세계의 폭력에 직접 부딪치는 타자들은 염소와 누나, 할머니 어머니가 된다. '귀머거리 할머니'나 어머니 역시 어느 정도의 기만성에 눈감으면서

부조리한 삶에 본능적인 생존 감각으로 적응해간다. '나'는 '안'의 세계와 '밖'의 세계를 오가는 경계인의 자리에서 이들의 '적응'을 바라본다. 할머니는 귀가 멀었지만 그 누구 못지 않게 현실적인 방식으로 삶을 살아간다. 어머니 역시 병석에 누워있지만 결국 생계를 도모하러 시내로 장사하러 나간다. 나는 기름 냄새에 구토하고 기만적 거래를 수락한 누나에게 경멸을 표하지만 결국 그녀가 탄 '버스'가 향하는 도시의 세계를 동경하는 감정을 숨기지 않는다. "내 가슴은 갑자기 뛰기 시작했다. 얼굴이 아무리 그러지 않으려고 해도 뜨겁게 달아올랐다."(55쪽) '집안'은 이제 더 이상 '거리'의 세계와 다르지 않다. 안과 밖, 남성과 여성, 아이와 성인, 도시와 시골, 강물소리와 염소 울음소리 등으로 대비되는 듯한 이분적 세계의 구도는 이미 허물어져 있음을 보여준다. 누이(여성)는 더 이상 내가 경멸하거나 연민할 수 있는 대상이 아니다. 소설의 마지막 장면에서 여성은 또다른 의미로 나를 두렵게 하는 '힘이 세진' 존재이며, 새로운 관계를 설정해야 하는 대상이다. 내가 아직 발딛지 못한 세계로 먼저 나아간 누이는 이후 김승옥의 소설들에서 더욱 집중적인 탐구대상이 된다.

「생명연습」(1962) 「건」(1962) 「누이를 이해하기 위하여」(1963) 「염소는 힘이 세다」(1966)는 전쟁 후 한국사회의 황폐한 삶을 그대로 물화하는 흔적을 드러내며 주인공의 욕망을 자극하고 쉽게 버림받는 타자의 이미지 속에 여성들을 가두어놓은 측면이 없지 않다. 그럼에도 김승옥 소설의 인물들은 근대의 분열과 모순을 감당하는 입체적 존재로서의 여성을 꾸준히 작품 속에 드러내온 편이다. 수작인 「무진기행」에서 위악적인 '윤희중'이라는 인물을 서사적으로 끌고 가는 핵심적인 인물은 바로 '하인숙'이다.[34] 소설에서 여성들은 현실의 폭력성에 노출되면서도 한편으

34 「무진기행」에 대한 선행연구 검토와 비평은 백지연. 「페미니즘 비평과 '혐오'를 읽는 방식」. 『창작과비평』 2017년 겨울호. 26-30쪽 참고.

로 모순적이고 균열적인 근대 일상의 삶을 드러내는 인물로 형상화된다. 「무진기행」에서 윤희중의 아내, 어머니, 옛 연인 희, 기차역에서 만난 미친 여성, 자살한 술집여자의 시체, 그리고 하인숙에 이르는 다양한 인물유형은 김승옥 소설의 여성들을 단순한 희생자로 읽지 못하게 하는 복합적 의미를 암시한다. 특히 하인숙은 고향에 내려온 온갖 위악적인 포즈를 취하고 있는 윤희중이 어느새 자신의 맨 얼굴을 들여다보게 만드는 인물이다. 윤희중처럼 하인숙 역시 도시와 성공에 대한 복잡한 열망과 자의식을 지닌 인물이다. 그녀는 윤희중에게 서울로 데려가 달라고 간청하지만, 실질적으로는 현실에서 적절히 세속적 삶을 추구하기를 바라기도 한다. 윤희중과 무진의 남성들은 하인숙의 이러한 복잡한 마음을 제대로 읽어낼 수 없는 자기중심적인 인물들이다.

하인숙이 윤희중의 어머니나 부인이 상징하는 '모성', '아내'의 범주에서 이탈하여 순수한 삶의 감각을 환기하게 하는 부분은 두 사람의 산책 장면에서도 잘 드러난다. "검은 풍경 속에서 냇물은 하얀 모습으로 뻗어 있었고 그 하얀 모습의 끝은 안개 속으로 사라지고 있"(81쪽)는 무진의 밤풍경은 고혹적인 모습으로 두 사람을 이끈다. 감각의 환기는 개구리 울음소리를 묘사하는 장면에서도 절정에 달한다. "우리는 논 곁을 지나가고 있었다. 언젠가 여름밤, 멀고 가까운 논에서 들려오는 개구리들의 웃음소리를, 마치 수많은 비단조개 껍질을 한꺼번에 맞부빌 때 나는 듯한 소리를 듣고 있을 때 나는 그 개구리 울음소리들이 나의 감각 속에서 반짝이고 있는, 수 없이 많은 별들로 바뀌어져 있는 것을 느끼곤 했었다. 청각의 이미지가 시각의 이미지로 바뀌어지는 이상한 현상이 나의 감각 속에서 일어나곤 했었던 것이다"(83쪽) 하인숙과 친근한 대화를 나누게 되는 산책길에서 유독 크게 들려오는 개구리 울음소리는 그의 과거 기억들과 더불어 현재의 권태롭고 세속적인 일상을 새삼 비춰보게 한다. 이 대목에서 '서울로 데려가달라'는 하인숙의 부탁은 주인공으로 하여금 새벽까지 밤잠을 이루지 못하는 상념과 흥분으로 몰아간다.

「무진기행」의 여성인물 하인숙은 '자연'과 '생명'의 감각을 일깨우는 살아있는 여성으로 읽힐 수 있는 지점들을 갖고 있다. 물론 소설의 결말에서 윤희중은 하인숙과의 약속을 어기고 부치지 못한 편지를 쓴 후 서울로 되돌아간다. 그러나 윤희중의 귀환은 '심한 부끄러움'을 동반하며, 이는 서울에서 살아갈 이후의 삶 역시 끊임없는 갈등과 균열의 연속일 수밖에 없음을 암시한다. 이 작품에서 결국 남성인물의 자기 균열이 실감나게 포착되고 있는 것은 폭력적 세계에 노출되면서도 쉽게 정형화된 틀로 수렴되지 않는 입체적인 여성인물을 관계적으로 그려내고 있는 덕분이라고 할 수 있다.

김승옥 소설에서 전쟁이 형상화되는 방식은 이처럼 전쟁 후의 삶을 살아가야 하는 현실적인 요구 속에서 스스로를 정립하는 문제와 맞물려 있다. 이때 소설의 여성인물들은 남성인물의 위악성과 속물의식을 비추는 거울이기도 하면서, 남성의 상념 속에 머무르지 않는 현실적인 인물들로 소설의 실감을 더한다. 김승옥 소설이 다자이 오사무의 소설과 공명한 지점이 있다면 이렇듯 전후의 현실을 살아가는 현실적인 생존의지를 지닌 여성들을 소설 속에 형상화한 부분이라 할 것이다.

5. 전후체험의 인식과 민주주의의 상상력

민주주의의 상상력이라는 시야를 바탕으로 문학사와 문학작품을 해석하는 작업은 근본적으로는 이 시대를 살아가는 평범한 사람들의 다양한 삶 속에 스며든 공공적인 관심사를 새롭게 해석함을 뜻한다. 문학사 연구는 작품이라는 개별적 고유성과 그것이 소통되는 공론장의 문학적 실천 양상을 함께 읽어낼 수 있어야 한다. 그 작업의 일환으로 1960년대 이후 한국소설의 다양한 흐름을 살필 때 고려할 중요한 배경 중의 하나는 번역문학의 소개 및 대중적 수용 현황, 그리고 독서시장의 다변화 양상이다. 1960년대 일본 번역 문학의 소개와 창작 및 독서에 작용한 배경 중의 하나는 '전후'에 대한 인식이라고 할 수 있다. 일본과 한국에게 각각 '전후'는 시기적으로 구별되는 경험인 동시에 2차 세계대전과 냉전체제라는 세계체제적 변동을 공통항으로 하는 복합적인 개념이라고 할 수 있다.

1960년대 세계문학전집의 출판 기획과 한글번역의 활성화를 통해 대중에게 소개된 일본문학작품들은 전쟁체험과 인간의 실존의식, 성과 윤리 도덕의 문제, 전후세대의 가치혼란과 자유의 문제를 예민하게 다루고 있기에 독자들에게 상당한 반향을 불러일으켰다. 특히 일본의 주요 문학상을 수상한 작가 작품을 중심으로 구성된『일본전후문제작품집』(신구문화사, 1960)은 창작과 독서에 새로운 호기심과 자극을 불러일으켰다. 이 중에서도 다자이 오사무의 소설에 나타난 전후체험과 여성의 의미는 독서와 창작의 영향관계에서 김승옥 소설과 비교 검토할 수 있는 맥락을 지닌다. 두 작가의 작품은 해방 및 전쟁과 분단/패전 이후의 한일 문학의 변화 과정을 흥미롭게 드러내는 구체적인 작품 사례라고 할 수 있다.

다자이 오사무의 소설은 여성인물을 통해 패전 이후 새로운 주체의 윤리를 모색하는 작품이라고 할 수 있다. 여성인물들이 보여주는 강한 생존 의지는 무력하고 공허한 남성인물들의 자기 파괴와 대조된다. '마음'의 혁명과 관계된 생명의 가치는 다자이 오사무 소설이 발견한 새로운 미래이다. 김승옥 소설에서 탐색되는 전후의 체험은 여성과 아이가 감당하는 황폐한 삶으로 나타난다. 그의 소설 주인공인 남성지식인들은 모멸감과 부끄러움, 자기기만을 통해 여성인물에 대한 양가적인 감정을 토로한다. 이때 여성인물은 남성의 속물의식을 비추는 거울인 동시에 남성의 환상을 벗어나는 현실적인 인물들로 나타난다. 김승옥 소설과 다자이 오사무의 소설은 불합리한 현실을 자각하고 개인의 평등과 자유를 새롭게 모색하는 민주주의의 이상을 공유한다. 두 소설이 형상화한 생명과 여성은 자본주의 근대의 분열과 모순을 감당하는 입체적인 의미를 지닌다.

이 글에서 김승옥과 다자이 오사무 소설의 비교 분석을 통해 살펴본 1960년대 한국과 일본의 문학에 나타난 전후체험과 민주주의의 상상력은 대중문화 교류와 연동된 후속 연구들을 통해 심화될 필요가 있다. 이를 위해서는 해방과 전쟁 및 분단, 패전이라는 각기 다른 경험을 지닌 양국의 역사적 현실의 변화 상황이 고려되어야 한다. 세계체제의 냉전구조와 연관된 복합적인 지형에서 한국과 일본이 식민지/피식민지 체험의 역사적 기억과 더불어 어떠한 방식으로 세계문학의 보편성과 주변부 문학의 창조성을 탐색하는지를 살피는 작업은 다음의 과제로 남긴다.

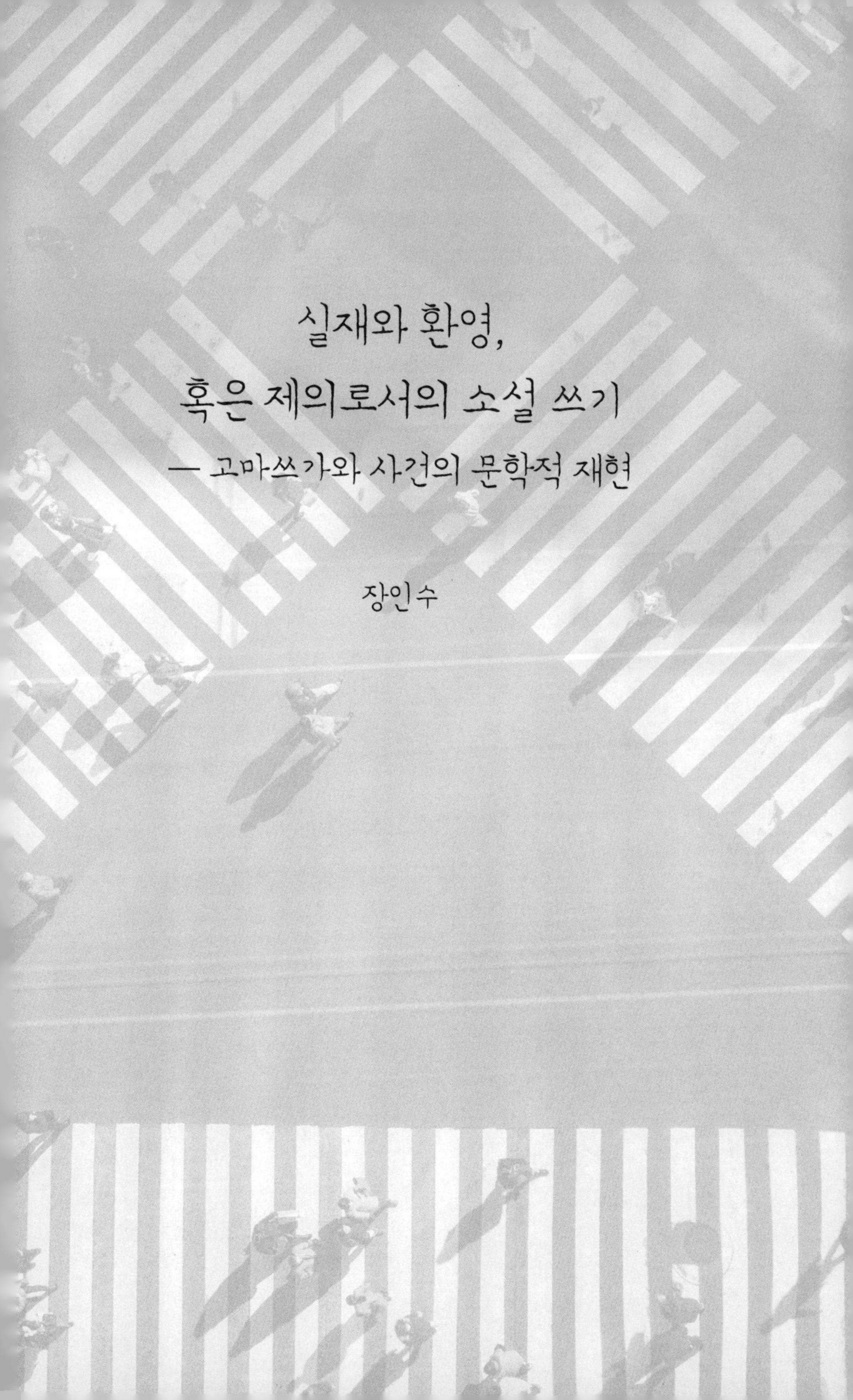

실재와 환영, 혹은 제의로서의 소설 쓰기

— 고마쓰가와 사건의 문학적 재현

장인수

실재와 환영, 혹은 제의로서의 소설 쓰기

— 고마쓰가와 사건의 문학적 재현

장 인 수

1. 머리말

고마쓰가와 사건은 1958년 8월 열여덟 살의 자이니치 이진우가 일본인 여고생을 살해·유기한 살인사건이다. 자신이 저지른 죄가 좀처럼 세상에 드러나지 않자 그는 요미우리신문사에 범죄 사실을 고지하는 전화를 몇 차례 걸었고, 그 목소리를 녹음한 경찰이 라디오에 그것을 공개함으로써 체포되기에 이른다. 그는 같은 해 4월에도 식당 여종업원을 살해했다고 경찰에서 진술한다. 또 「나쁜 놈悪い奴」이라는 살인을 소재로 한 단편을 요미우리신문 현상공모에 응모한 사실이 있다. 하타다 다카시旗田巍, 오오카 쇼헤이大岡昇平 등이 '이李소년을 돕기 위한 부탁'(1960.9.)이라는 성명을 발표하며 그의 구명에 나섰지만, 1961년 8월 17일 최고재판소에서 사형이 확정된 후 1962년 11월 26일 형이 집행된다.[01]

이진우는 자신의 범죄 사실을 매스컴에 알림으로써 세간의 관심을 받는다. 몇몇 매체에서는 그의 수기를 게재한다. 『신세대新しい世代』지 기자인 박수남은 옥중에 있던 이진우와의 왕복서간을 『죄와 죽음과 사랑과』

01 최신의. 2010. 「고마쓰가와 사건」. 재일코리안변호사협회 편. 『일본 재판에 나타난 재일코리안』. 박인동 옮김. 한국학술정보(주). 49-59쪽.

(1963), 『이진우전서간집』(1979) 등으로 엮어낸다. 박수남은 옥중의 이진우에게 가장 중요한 '타자'로서, 이진우의 2차 사회화에 큰 영향을 미치게 된다. 두 사람 사이에 오간 편지 자료는 이진우의 생애와 의식 변화, 문학적 체험과 습작을 가장 풍부하게 보존하고 있으며, 이후 고마쓰가와 사건을 '문학적인 사건'으로 기억하게 하는 데 일조한다.

고마쓰가와 사건은 단일 사건으로서는 예외적으로 큰 문학적 관심을 받게 된다. 오에 겐자부로大江健三郎의 소설 『절규叫び聲』(1963), 오오카 쇼헤이의 소설 『사건』(1977) 등은 고마쓰가와 사건에서 힌트를 얻은 작품이다. 물론 이 작품들은 사건 그 자체를 문제 삼았다기보다 그것을 통하여 일본 사회에 대해 성찰하고 있다. 특히 오오카 쇼헤이의 작품은 「어린 풀 이야기若草物語」(1961.6~1962.3)로 연재되었는데, 당초에는 미성년 범죄와 그 단죄를 주제로 하고 있었으나 도중에 일본 재판의 실상을 작가가 알게 되면서 재판소설의 성격을 띠어간다.[02] 영화로는 오시마 나기사大島渚의 「교사형」(1968)이 있다. 전후 일본의 대표적인 문화서클지 『진달래ヂンダレ』(1953~1958)의 중심인물인 정인鄭仁은 이진우에게 부채감을 느낀다고 표명했고, 1981년에는 김석범金石範이 이 사건을 소재로 『제사 없는 제의祭司なき祭り』를 출간한다.

고마쓰가와 사건이 이렇게 세간의 이목을 끈 것에는 몇 가지 이유가 있다. 자이니치에 의한 연쇄 살인 사건이라는 점, 열여덟 살 소년이 자신의 범죄를 매스컴을 통해 알려왔다고 하는 흥미성, 그리고 재판 과정의 역동성 등이 그것이다. 이 사건은 1957년 당시 21세의 주일 미군 병사 지라드(William S. Girard)가 미군의 실탄사격장에서 약초를 캐던 일본인 주부를 장난삼아 사살한 사건에 대해 상해치사죄로 징역 3년, 집행유예 4년을 판결한 것과 비교되는 면이 있다.

---

02 大岡昇平. 2017.「あとがき」.『事件』. 創元推理文庫. 534쪽.

고마쓰가와 사건에 대한 학술적인 관심은 국내에서는 아직 희소한 편이다. 「'조선인 사형수'를 둘러싼 전유의 구도」에서 조경희는 이 사건을 "탈식민화를 회피한 '전후 일본'이 잉태한 사회적 현실"이자 "고도경제성장의 길로 나아간 1960년대 전후 일본 사회의 이른바 음화(negative image)"였다고 규정하면서, 일본 및 자이니치, 한국 사회에서 이 사건을 전유해가는 과정을 살핀다.[03] 조경희의 글은 아키야마 슌秋山駿의 '내부 인간'에 대한 논의, '이李소년을 구하는 모임'의 경우, 스즈키 미치히코鈴木道彦의 '부정적 민족주의'에 대한 관심, 오시마 나기사의 「교사형」, 김달수의 산문, 한국에서의 '구명 선도 모임'의 경우 등 고마쓰가와 사건을 둘러싼 방대한 담론을 포괄하고 있어 이 사건을 전체적으로 조망할 수 있는 시야를 확보하는 데 기여한다. 조경희는 이진우를 자이니치의 '극한적 형태'를 체현하고 있는 존재이며, '사형수'임을 통해 '조선인'을 획득했다고 평가한다. 조경희는 주로 고마쓰가와 사건의 사회적 전유에 관심을 두고 있으며, 그것의 문학적 재현에는 큰 관심을 두지 않는다. 정치적인 맥락에서 자이니치가 이 사건에 대해 말하는 것이 어려웠다는 것은 사실이지만, 그렇기 때문에 오히려 자이니치가 이 사건을 전유해가는 시간을 확장해가면서 김시종, 김석범 등의 논의도 함께 다루었다면 자이니치의 이 사건을 전유하는 태도나 입장을 조금은 다른 관점에서 이해할 수 있었을 것이다.

고마쓰가와 사건의 문학적 재현은 이 사건을 누구의 입장에서 볼 것인가, 이 사건을 둘러싼 구체적 상황으로서 '실재'는 무엇인가 하는 문제 등을 내포한다. 현실을 살아가기 위해서는 일단 무엇이 '실재'인지, '실재'가 아닌지 파악하는 일이 필요하다. '이상, 꿈, 허구'와 같은 반현실의 준

03 조경희. 2012. 「'조선인 사형수'를 둘러싼 전유의 구도」. 『동방학지』 158. 연세대학교 국학연구원. 347-385쪽.

거점을 통해 그것을 묻는 것도 그런 맥락에서 의미가 있다.[04] '실재'란 객관적 사실성과 주관적 의미의 결합이라는 이중성을 띠기 때문에 선험적이거나 절대적인 것은 아니다.[05] '실재'는 여러 사람들의 공통된 인식 위에 구성되는 것이다. 그리고 누군가 '실재'라고 믿었던 것이 '환영'으로 드러날 수도 있다. 이 사건은 일본 사회에서 살아가는 자이니치에게 '실재'에 대한 사유를 촉구한다. 그리고 일본 지식인에게는 그들의 사회를 들여다보는 '거울' 역할을 한다. 자이니치와 일본 지식인 들이 이 사건을 어떤 관점에서 공유했는지, 혹은 공유하지 못했는지, 각자가 본 '실재'는 어떤 것이었는지 규명하는 것은 이 글의 최대 관심사이다. 더불어 문학은 그와 같은 '실재'에 어떻게 응전할 수 있는가에 대해서도 묻고 싶다.

2. 자이니치 2세들의 '실재': 정인의 경우

고마쓰가와 사건에 대한 자이니치 자신의 반응으로서는 정인의 산문 「도망과 공격」(1958)을 우선 점검하지 않을 수 없다. 자이니치 사회에서 이 사건은 적극적인 논의가 이루어지지 않았다. 이진우 일가가 조직의 영향하에 있지 않은 반공주의적인 기독교 집안인 탓도 있다. 1950년

04 현실의 반의어로 이상, 꿈, 허구를 거론한 것은 미타 무네스케의 구분법이다(見田宗介. 2011.「夢の時代と虚構の時代」.『定本 見田宗介著作集Ⅵ』. 岩波書店. 98-100쪽). 그는 패전 후 일본 사회를 프리 고도성장기(~1960), 고도성장기(1960~1973), 포스트 고도성장기(1973~1990년대 중반) 등으로 나누고 각각의 시대를 이상의 시대, 꿈의 시대, 허구의 시대라고 명명한다. 이 논문에서는 이 삼항의 획기성(劃期性)에 연연해하기보다는 어디까지나 이 삼항을 '실재'의 대립항으로 점검하는 데 그칠 것이다.

05 피터 L. 버거·토마스 루크만. 2013.『실재의 사회적 구성』. 하홍규 옮김. 문학과지성사. 36쪽.

대 말 북한의 귀국 사업이 개시되는 상황에서 자이니치의 살인 사건에 대해 말하는 것이 조심스러웠을 것이다.[06] 정인의 글은 고마쓰가와 사건 직후 거의 반사적으로 제출된 글이며 정인이 조총련과 마찰을 빚고 있는 상황에서 나온 것이라는 점에서 나름대로 의의가 있는데, 지금까지의 연구에서는 전혀 언급되지 않았다.

정인은 1931년 오사카 이카이노에서 태어난 자이니치 2세다. 사회과학 계열의 독서 서클인 '수요회'를 결성하여 활동하였고, 1954년 봄부터 오사카 조선시인집단에 가입하여 이 서클의 『진달래』지에 시와 산문을 발표한다. 『진달래』의 편집장과 발행인을 역임하는 등, 그는 김시종과 더불어 『진달래』를 실질적으로 이끈 인물이다.[07] 이 글에서 그는 '현실에서의 도망'과 '질서에서의 도망'을 구분하고 있다. '질서에서의 도망'을 극한까지 밀고 나가면 '공격'이 된다는 것이다. 그의 논리를 도식화하면 다음 표와 같다.

꿈	범죄
닛카쓰(日活) 영화에 나타난 야쿠자 이미지 매스컴의 현실 유지적인 기능	고마쓰가와 사건 실재(Real)를 확인
소시민의 환영(幻影)	사회의 적으로 전락=파멸
현실에서의 도망	질서에서의 도망=공격

정인은 닛카쓰의 영화라든지 매스컴의 현실 유지적인 기능을 경계하면서 차라리 '꿈'을 꾸지 않는 편이 낫다고 시니컬하게 일갈한다. 그 자신이 샐러리맨으로서의 무력감과 패배의식에 시달리면서 소시민적인 삶

---

06 조경희. 앞의 논문. 371-373쪽.

07 中村一成. 2017.「最後の『チンダレ』残黨－鄭仁」.『ルポ思想としての朝鮮籍』. 岩波書店. 74-112쪽.

을 살아가고 있다고 이 글에서 고백하고 있기 때문에 그와 같은 일갈은 더욱 자조적인 소리로 들린다. 그에 비해 고마쓰가와 사건의 이진우는 '실재'를 확인하려고 했다는 것이다. 여기에서 '실재'란 범박하게 말해 정인이나 이진우를 둘러싸고 있는 일본 사회의 객관적인 정세라고 할 수 있다. "여고생 살인사건과 나 사이에는 공통의 경제적 심리적 배경이 있는 것 같아 견딜 수 없다."고 정인은 말한다.[08] 정인은 고마쓰가와 사건 자체를 민족의식이 개입된 것으로 본 것은 아니지만, 그 근저에 있어서는 민족 모순이 문제의 시발이라고 보고 있다.

> 고마쓰가와 여고생 살인사건의 비극은 그 속에 집단 이미지가 부족했고, 새로운 질서에 대한 구체적인 프로그램을 가지고 있지 않았던 것에 그 이유가 있었다고 할 수 있지 않을까. 그리 말하면[말하는] 우리들 주위에는 새로운 질서에 대한 프로그램의 소유자가 엄청 많고 구체적인 담보가 바다 저편에 확실히 있다면, 고마쓰가와 여고생 살인사건 따위의 특수적인 예외에 구속받는 자체가 바보스러움의 극치로[극치일 것이기 때문에] 프로그램을 신속히 개진하는 편이 좋을지 모르겠다.[09]([]는 인용자)

여기서 "바다 저편"은 북조선을 의미한다. '공산당 제6회 전국협의회' 이래로 조총련계는 일본공산당이 아니라 북조선의 지도 아래 있었다. 자이니치는 공화국 공민으로서의 자긍심을 지녀야 한다고 일컬어지곤 했다. 조국(=북조선)은 그 자체로 하나의 '비전'이었고 "안심입명의 세계"였다. 문제는 정인 등에게는 "바다 저편"의 '비전'이 아직 불확실한 상태

08 정인, 「도망과 공격」, 『진달래 · 가리온』4, 재일에스닉잡지연구회 옮김, 2016, 지식과 교양, 319쪽(※『チンダレ』20, 1958.10).

09 같은 글, 318쪽.

로 남아 있었다는 점이다. 그는 사회주의에는 공명하고 있었지만, 일본 사회에서 살아가는 자이니치로서의 실존=특수성을 인정하지 않는 북조선과 조총련의 경직된 자세에는 불만을 느끼고 있었다. 그는 자이니치로서의 '실감'에 무게를 두면서 이진우에게서 자이니치의 처지를 읽어내고자 한 것이다. 이진우가 살인을 하게끔 한 객관적 정세는 자이니치인 자신들 모두에게 똑같이 작용을 하고 있다고 그는 본 것이다.

「도망과 공격」은 소위 '진달래 논쟁'의 여운 속에서 발표된 글이다. 김시종 시집 『지평선』(1955)을 두고 그 '유민 의식'을 홍윤표 등이 문제 삼은 데 대해, 김시종은 '유민적 기억'은 말살해야 할 것이라기보다 오히려 새롭게 파헤쳐져야 할 문제라고 하여 '진달래 논쟁'이 시작되었다.[10] 여기서 '유민 의식'이란 조국을 잃은 채 일본 사회에서 부유하고 있는 자이니치 자신들의 정서를 의미한다. 정인은 김시종의 입장에 공감하면서 '의식의 정형화'를 강요하는 조총련과 대립한다. 조총련은 전후 문화서클운동을 북조선의 통제 아래 두고자 했고, 『진달래』의 김시종, 정인 등은 그에 대해 거부감을 느꼈다. 그들에게 『진달래』는 일본 사회의 일상적인 차별로부터의 도피처로서 '안심감'을 느끼게 하는 '장소'였다.[11] 그러나 '진달래 논쟁' 이후 조총련의 압력으로 『진달래』는 그 명맥을 유지할 수 없었다. 결국 「도망과 공격」이 게재된 20호를 끝으로 『진달래』의 시대는 막을 내리게 된다.

이진우에 대한 정인의 공감은 그와 같은 문맥 속에서 읽을 때 더 잘 이해할 수 있다. 정인과 같은 자이니치 2세에게 조국은 관념 속에서만 존재하는 세계로서 생리적인 실감을 주지 못했다. 그에 반해 일본 사회는

10 김시종. 「내 작품의 장과 '유민의 기억'」. 『진달래 · 가리온』4. 같은 책. 14쪽(※『チンダレ』16. 1956.8).

11 장인수. 2018. 「문화서클운동의 정치성과 자이니치의 아이덴티티」. 『한민족문화연구』 61. 한민족문화학회. 137~167쪽.

제도적 차원에서든 일상의 차원에서든 자이니치를 타자화 함으로써 그 배타성을 일종의 실감으로서 그들로 하여금 경험하게 했다. 정인 등도 이진우처럼 되었을 수 있다. 후일 김시종은 '김희로 사건'에 대해 "무수하게 존립하는 '김희로'의 군락으로 누가 '김희로'인지를 분별하기 어렵게 만드는 적극성, 그 창조성을 거머쥐어야 한다."고 주장한다.[12] '이진우'나 '김희로'는 특정할 수 없는 존재로서 일본 사회에 산재하게 된다. 이때 일본 사회는 우유성偶有性의 극단적인 형태로서 예기치 않은 '죽음'을 항상 내포하게 된다. 그렇게 되면 예측 가능한 삶에서 자기동일성을 확보하기 어려워진다. 김시종이 말한 '적극성'이란 그와 같은 공세적인 자세를 강조한 것이다. 이진우와 김희로의 사건이 그 성격 면에서 반드시 일치한다고 하기는 조심스러운 면이 있지만, 「도망과 공격」의 사정射程에는 그와 같은 비전도 포함되어 있다.

3. 전후 일본 지식청년이 직면한 '실재', 혹은 실존주의자의 고뇌: 오에 겐자부로의 경우

오에 겐자부로 소설 『절규』(1963)는 고마쓰가와 사건을 통해 전후 일본 사회의 문제점에 육박해 들어간다. 이 소설은 그의 소설 세계에서 「사육」(1958)의 목가적인 소년의 세계에서 『개인적인 체험』(1964)의 어른들의 세계로 이행해가는 도상에 위치한다.[13] 이 소설의 제목은 "모든 이

12 김시종. 2017. 「일본어의 두려움」. 『재일의 틈새에서』. 윤여일 옮김. 돌베개. 61쪽(※初出:『朝鮮人』9. 1973.9).
13 서은혜. 2002. 「오에 겐자부로의 초기작에 나타난 문제의식」. 『일본어문학』 13. 한국

가 너무 늦어지는 구조를 고대하는 공포의 시대에는 누군가 아득한 구원을 찾아 소리칠 때, 그 절규를 들은 사람은 누구나 그것이 자신의 목소리가 아니었을까 하고 자신의 귀를 의심한다."고 하는 어느 프랑스 철학자의 말에서 따온 것이다.[14] 이 '절규'를 듣고 그것을 자신의 것으로 느끼는 자는 "다른 사람들 또한 해방되지 않으면 그 자신도 해방될 수 없는" 존재로서의 사르트르적인 관점에서의 '지식인'이다.[15] 『절규』에는 전후 민주주의라는 '이상'의 여훈이 남아 있다. '이상'은 그것을 현실화하고자 하는 한에 '현실'과 밀접하게 이어져 있다. 오에 겐자부로는 그와 같은 맥락에서 '현실'에 육박해 가지만, 그의 이상주의는 '실재'의 벽에 가로막힌다.

이 소설의 주인공은 세 명의 젊은이다. 흑인 혼혈인 열일곱 살의 '도라虎', 이진우를 모델로 하는-이 소설에서는 조선인 혼혈-열여덟 살의 '구레 다카오呉鷹男', 그리고 스무 살의 일본인 대학생 '나' 등이 바로 그들이다. 이들은 미국인 '세르베조프'의 집에 앞서거니 뒤서거니 하여 들어와 공동생활을 하게 된다. '도라'와 '다카오'는 혼혈로 일본 사회에서 그 '정통성'을 인정받지 못하고 내쳐진 존재들이고, '나'는 매독 망상으로 인해 이성과 제대로 성 관계를 맺을 수 없게 된 인물이다. '세르베조프'의 보호를 받음으로써 이들은 각자의 어두운 가족 환경에서 벗어나 의식주가 충족되는 데서 오는 동물적인 행복감에 젖는다.[16] 이들은 건조 중인 '세르베조프'의 요트 '레자미호'를 타고 함께 세계 일주를 하는 '꿈'을 꾼다. 그러나 '세르베조프'가 고베에서 소년을 유괴한 혐의로 일본에서 추방됨으로써 이들의 '태양족'풍의 '핑크빛 꿈'은 곧바로 위기를 맞게 된다. '도

일본어문학회. 133쪽.

14 大江健三郎. 1990.『叫び聲』. 講談社文藝文庫. 7쪽.

15 장 폴 사르트르. 2007.『지식인을 위한 변명』. 박정태 옮김. 이학사. 77쪽.

16 大江健三郎. 前掲書. 8쪽.

라'는 요코스카에서 은행털이를 하려다가 사살되고, '나'는 폐병으로 인해 요양원에 들어간다. '다카오'는 살인을 통해 자신의 존재를 증명해 보이고자 한다.

고마쓰가와 사건의 이진우는 1심 공판에서 자신의 범행이 꿈일지 모른다고 말한다. "꿈속에서 한 것처럼 여겨졌고, 또 이렇게까지 알려지지 않는 것을 보면 살아서 돌아간 것은 아닐까 하고" 생각했다는 것이다.[17] 그래서 그 확인을 위해 경찰에 전화를 건다. '다카오'도 자신의 범죄가 꿈일까봐 불안해한다. 그는 이 사회 속에서 자신이 이인異人임을 입증하기 위해 살인한다. 그런데 그것이 꿈이었다면, 또 다시 '사건'을 일으킬 수밖에 없다. 신문사에 전화를 걸어 그는 살인을 고백한다. "나는 나의 authentique한 현실 생활이 당신들의 세계에서는 용서받지 못한다는 것을 증명하기 위하여, 당신들의 현실 세계에서는 안전하게 살아갈 수 없는 인간이라는 것을 보여 주기 위하여, 당신들 중 한 사람을 마음 다잡고 살해한 것"이라고 그는 말한다.[18] '이인'이란 "안전하게 살아갈 수 없는 인간"이다. '이인'은 '우리'의 정체성을 확인하기 위한 필요에 의해 만들어진 존재이며, 공동체 내의 구성원이 의문을 품지 않는 거의 모든 것에 의문을 품는 자이다. 그리고 그것은 사회의 가장 취약한 고리이기도 하다.[19] '이인 다카오'는 스스로 '괴물'이 되고자 한다. 자신에게로 향한 '피격성'을 외부로 반사한다. 그렇게 함으로써 그는 '실재'가 되고자 하지만, 그는 매스컴으로 대변되는 일본어 담론 공간에서 일본 사회의 '경상鏡像'으로 수렴되어 버린다.

애초 '다카오'는 매스컴과의 관계에 고양된다. '다카오'는 그의 모방

---

17 朴壽南 編. 1979.「夢のような夢の中の－法廷陳述より」.『李珍宇全書簡集』. 新人物往來社. 36쪽.

18 大江健三郎. 前揭書. 163-164쪽.

19 야마구치 마사오. 2014.『문화와 양의성』. 김무곤 옮김. 마음산책. 104-106쪽.

자들이 신문사에 전화를 걸어 자기 행세를 하는 것에 당황한다. 일본어 담론 공간에서 그는 자신의 이질성, 자신이 이 '사회 안의 외부'라는 것을 입증하지 못한다. 자신이 거부하는 이 사회는 기실 '자신의 내부'에 '일본어'라는 형태로 그 음영을 드리우고 있기 때문이다. 일본어 담론 공간은 그의 신체를 포위하고 언제든지 그것을 왜곡하고 훼손할 수 있다. '다카오'는 피살자의 사체가 "설탕처럼 녹아" 버리고 범죄는 "꿈속"의 이미지로 변해 버릴까봐 불안해한다.[20] 이와 같은 불안은 이 소설이 '나'의 서술에 의해 진행된다고 하는 사실과도 관련이 있다.[21] 일본인인 '나'의 중개 없이 '다카오'는 자신의 삶이나 사상에 대해 제대로 말할 수 없다. 바로 여기에 근원적인 불안이 잠복하고 있다.

결국 '다카오'는 자수하여 법정에 선다. 그는 자신에게 '사형'이 내려지기를 청원한다.

> "나를 사형에 처해 주십시오. 내가 사형되는 순간, 내가 괴물이었다는 것을 아무도 의심할 수 없을 테니까."라고 피고석의 구레 다카오는 말했다. "한 사람의 청년이, 자기 본래 정통의 현실 생활을 하고 있다는 것을 실감할 수 있기 위해서는, 자기 정신의 진정한 나라가 있어서 현재의 불안은 그곳으로 돌아가면 해소될 것이라고 믿기 때문에, 사형 되는 것마저 거부하지 않았다고 한다면, 살아 있는 인간에게는 누구 한 사람 그 청년 내부의 진실을 의심할 권리가 없을 겁니다. 만일 내가 괴물이라는 사실을 알게 되면, 내가 무죄가 된다고 하더라도, 나는 사형당하는 순간에 무죄의 증거

---

20 大江健三郎. 前掲書. 162쪽.

21 심수경. 2009.「오에 겐자부로『절규』-빼앗긴 고유명을 중심으로」.『일어일문학연구』69. 한국일어일문학회. 278-280쪽.

를 얻을 것입니다."[22]

'다카오'는 사회가 자신을 죽이게 함으로써 자신이 이 일본 사회에서 결코 용인될 수 없는 존재로 살아왔음을 사회로 하여금 시인하게 하려고 한다. 그는 죽음으로써 자신의 '실재성'을 입증하고자 한다. 그는 목숨을 건다. 이는 무해하고 안전한 테두리 안에서만 평화를 누려온 전후 일본 사회의 지리멸렬함에 대한 공격이라는 점에서 의미심장하다. 법정을 나서는 순간 그의 어머니는 '오찬呉燦'이라고 그의 본명을 부르짖거니와, 그 순간 그는 왜 자신이 이 일본 사회에서 'authentique'하게 살고 있다는 안도감을 가질 수 없는 인간이 되었는지를 깨닫는다. '오찬'이 아닌 가공의 이름通名으로 살아옴으로써 현실과의 접점을 가질 수 없었었던 것이다. 그는 '꿈속'을 살아온 셈이다.

'다카오'는 적어도 현실 사회에서 도망만 치는 존재는 아니다. 그에 비해 '나'는 여성에게서, '다카오' 들과의 공동생활에서, 그리고 친구들이 사라진 일본에서 도망만 치는 존재다. 그의 성적인 불능 상태는 미국에 대한 일본 사회의 수동성, 주체성 상실에 대한 알레고리이다. 마지막에 그는 주체성을 회복할 수 있는 기회가 있었다. 그리스에서 만난 '아르크메느'라는 창녀를 통해서 구원 받을 수 있었던 것이다. 그럼에도 그는 그녀를 놓쳐버리고 만다. '나'는 이 소설의 도입부로부터 별로 성장하지 않았다. 애초에 대학 진료소의 '의사'는 그의 매독 망상을 치료하기 위해 창녀와 다시 관계를 맺고 진짜 매독에 걸리거나, 아니면 요트를 타고 지금 이곳이 아닌 다른 곳으로 가보는 방법을 제안한 바 있다. 창녀인가, '세르베조프'인가 하는 선택지는 이 소설의 결말에서 다시 한 번 반복된다. '아르크메느'인가, '세르베조프'인가. '나'는 예전에 공동생활을 택했

22 大江健三郎. 前掲書. 170쪽.

듯이 다시 한 번 동성애자인 '세르베조프'에게로 도망친다.

작가에게 '다카오'는 공포의 시대를 함께 살아간 한 사람이었다. 그리고 '나'는 그 절규를 자기의 것으로 느끼고 불안해하는 실존주의적인 인물로서 매 순간의 선택-타락이냐 도피냐-에서 심각한 책임의식을 느끼고 고통스러워한다. 실존주의자에게 선택과 결정이란 "자아와 동시에 전 인류를 선택하는 입법자"로서의 그것이기 때문이다.[23] 오에 겐자부로는 고마쓰가와 사건을 인간 실존의 문제로 독해하고자 한다. 다만 그는 '토라', '다카오'와 '나' 사이에 놓인 '사회적 차이'에 대해 과소평가했거나 아예 괄호를 쳐버린 감이 있다. 그들은 애초부터 '레자미(レ・ザミ=친구들)'가 될 수 없었다. 오에 겐자부로가 직면한 실재는 '지라드 사건'(1957) 피고인 주일 미군병사를 제대로 단죄하지 못하는 무기력한 전후 일본 사회였다. 그 안의 자이니치의 상황은 그 심각성이 제대로 그려지지 못했다. 타자의 절규를 내 것으로 듣는다는 것 자체는 기실 우월한 위치를 전제로 한다. 그 우월한 위치를 고수하는 한 '나'는 '다카오'와 같은 농도의 '이인'이 될 수 없다.

4. 공유 되지 않은 '실재', 혹은 '환영'의 역습: 오시마 나기사의 경우

오시마 나기사의 영화 「교사형絞死刑」(1968)은 이진우의 교수형 집행을 연극적인 수법으로 그리고 있다. 그 브레히트 극적인 면에 대해서는 선행 연구에서 이미 상세히 분석된 바 있다. 특히 자막과 내레이션에

---

23 장 폴 사르트르. 2012. 『실존주의는 휴머니즘이다』 3판. 방곤 옮김. 문예출판사. 21쪽.

는 관객이 영화라는 '환영'에 빠져드는 것을 막고 관객으로 하여금 비평가의 위치에 머물러 있도록 하는 소격 효과의 기능이 있다.[24] 애초 영화는 사형제 찬반을 둘러싼 다큐멘터리 형식으로 시작하여 이진우를 모델로 한 'R'의 교수형 집행 소동으로 이행해간다. 영화는 원고지에 볼펜으로 휘갈겨 쓴 문자 텍스트-자막-에 의해 몇 파트로 분절되는데, 이 분할이 일종의 '막'과 유사한 역할을 한다. 문자 텍스트를 순차적으로 열거하면 다음과 같다.

> ① R의 육체가 사형집행을 거부한다. ② R이 R임을 인정하지 않다. ③ R이 R을 타인으로 인식한다. ④ R은 R이 되어 보기로 한다. ⑤ R은 R인 것에 도달한다. ⑥ R이 R임을 인정한다.

발단은 R이 교수형 집행에도 죽지 않고 소생하면서부터다. 깨어난 R은 기억상실에 빠지고, R이 R임을 인정하지 않는 이상, 형의 집행이 어렵다고 판단한 집행관들은 R의 범죄자로서의 기억을 되찾아주어 다시 한 번 사형을 집행하고자 한다. R을 앞에 두고 '형무소장', '교육부장', '의무관', '교회사' 등이 R의 범죄를 연극적으로 재현함으로써 R이 R임을 기억해내고 범죄를 인정하게 하려고 한다(①~③).

④에 이르러 R은 스스로를 연기한다. 갑자기 일본어 신문으로 둘러싸인 세트가 등장한다. 세트에는 창이 뚫려 있고, 그 속에 일장기를 배경으로 한 '검사'가 앉아 연극을 관망하고 있다. '검사'는 전쟁 책임은 고사하고 전후 일본의 비참한 현실을 방관하기만 한 쇼와 천황을 표상한다.[25]

---

24 박동호 · 김겸섭. 2017. 「오시마 나기사의 영화 〈교사형〉에 나타난 생소화 효과」. 『글로벌문화콘텐츠』 31. 글로벌문화콘텐츠학회. 49-50쪽.

25 加藤幹郎. 2011. 「R氏の犯罪」. 『日本映畫論』. 岩波書店. 234쪽.

세트는 R의 단칸방으로, 거기에는 R의 가족들이 복작거리며 살아가고 있다. 그곳에서 자이니치의 궁핍한 현실이 극적으로 연출된다. R은 이 결여뿐인 세계에서 살아남는 방법으로서 '환상'에 의지하는 방법을 어린 동생들에게 가르친다. 그리고 R이 세트의 문을 열자 갑자기 야외 장면으로 전환된다.

R이 세트의 문을 열고 나갔을 때 잠깐 드러나는 조선부락의 장면은 영화에서는 환상인 것처럼 처리되지만, 그것이야말로 일본 사회의 내부에 존재하는 외부로서 일본 사회가 직시하는 것을 방기하고 그 존재를 부정하는 실재이다. R의 집 주위로는 조선부락 아낙들의 조선어 소리가 희미하게 들리지만, R의 방은 일본어 신문으로 철저하게 포위되어 있다. 일본어 신문으로 둘러싸인 공간에서 펼쳐지는 연극은 R로 하여금 일본어에 의해 구성된 자이니치의 집단적 정체성을 떠안도록 강요한다.

장면은 다시 형무소 안으로 전환된다. 이제까지의 '현장검증'은 환상으로 치부되지만, 관계자들도 일의 진위를 섣불리 단정하지 못한다. R은 몇 사람에게만 보이는 '누나'와 대화를 나눈다. 그들의 화제는 민족적 정체성에 맞춰져 있다. '누나'는 공화국의 입장을 대변하고 R을 포섭하려 한다. 그러나 R은 이데올로기적인 관점에 회의적인 반응을 보인다. 관계자들의 눈에도 서서히 '누나'가 보이기 시작하고, '누나'는 '검사'의 명령으로 교수형에 처해진다. 비논리적으로 출현한 이 '누나'로 불리는 환상을 일본인 관계자들도 보지만, 그것은 일본인들의 시각에서 '구성된 자이니치 여성상'이다. 한복을 입었고 눈썹이 없으며 일본인들을 대차게 비난하는 강단을 지닌 여성으로 '누나'는 그려진다. 그리고 무엇보다도 계급적인 관점을 견지하고 있다. 이 '누나'의 환영을 형무소 사람들 모두가 동일한 관점에서 공유하고 있는 것은 아니다. R과 일본인 캐릭터들은 각각 다른 환영을 본다. 관객은 일본인들이 R과 '누나'에 대해 자신들이 보고 있는 것과는 다르게 묘사하는 점을 주목해야 한다. R, 혹은 관객의 '의미'와 일본인 캐릭터들의 '의미' 사이에는 지속적인 일치가 없다. 자이니치와 차별적인 일본인들이 '실재'를 공유하지 않는다는 점을 감독은 중시한다. 그것은 이 영화에서도 널리 알려진 장면 중 하나인 '들고양이' 장면의 예에서도 확인된다. R만이 그 '고양이'를 보며 한눈을 판다. '교육부장'이 사건을 추리하는 중간에 R은 '고양이'와의 대화를 시도한다. 그것은 리버스 숏으로 강조된다. 그러나 형무소 사람들은 누구도 '고양이'에 대해 신경을 쓰지 않는다. '고양이'의 실재성은 인물들 사이에서 공유되지 않음으로써 결정적인 타격을 입는다.

R은 '누나'라는 자기만의 '환영'을 불러낸다. 그는 결여를 '환영'으로 메운다. 이러한 설정은 이진우가 범행을 하기 전 요미우리신문사에 투고한 단편 「나쁜 놈」에서 구원의 여성상으로 같은 반 여자 친구를 내세우고 있는 것과도 무관하지 않다.[26] 그는 자신이 설령 진짜 연쇄살인마이든 무엇이든 무조건적으로 자신을 감싸줄 수 있는 모성적인 존재를 찾고 있었다. 그리고 그것은 1961년 2월부터 이어진 박수남과의 서신 왕래를 통해 충족된다. 이진우는 박수남을 "나의 누나"로 불렀고 "나를 이해해줄 누나"에 대한 강한 기대를 드러냈다(1961.3.24.).[27] 그리고 박수남은 옥중의 이진우에게 『조선민요선』, 『현대조선시선』, 『조선민족해방투쟁사』 등의 책을 보내주면서 그의 민족의식을 일깨우려고 노력했다.[28] 박수남은 "역사는 지배자에 의해 씌어지는 것이 아니고, 우리가 만들어가는

26 이 소설의 줄거리는 간단하다. 중학 시절 스즈키는 우발적으로 학급비를 훔친다. 그것을 본 야마다라는 급우가 그것을 폭로하고 스즈키는 학교를 떠나게 된다. 오직 야노라는 소녀만이 그에게 격려의 편지를 보내준다. 스즈키는 공장에 다니면서 야간고등학교를 다니지만, 야마다가 과거의 일을 공장에 알리는 바람에 공장에서도 그는 쫓겨난다. 스즈키는 야마다를 찾아가 더 이상 괴롭히지 말아달라고 부탁하지만, 야마다가 거절하자 스즈키는 그를 교살한다. 스즈키는 죄책감을 느낄 필요가 없다고 생각한다. 스즈키는 우연히 물에 빠진 아이를 구해주고 그것이 신문에 난다. 그것을 본 야노가 집까지 찾아와서 그를 격려해준다.(朴壽南 編.「惡い奴」. 前揭書. 48-53쪽.)

27 朴壽南 編.「書簡」. 같은 책. 140쪽.

28 같은 책. 117쪽.

것"이며, "일본이라는 상황에 놓인" 자신들의 불행이나 비극을 아는 것은 중요하고 "당신의 사건도 그 중 하나"라고 말한다.[29] 오시마 나기사는 이 박수남과 이진우의 소통에 주목한다. R의 환상 속에 등장하는 '누나'는 박수남을 모델로 한 것이다.

⑤에 이르러 R은 '누나'와 함께 일장기를 덮은 채 이야기를 이어간다. R은 자신의 자기동일성을 떠맡기로 한다. R이 자이니치로서 자기동일성을 떠맡기로 하고 나서야 그의 몸에 일장기가 덮인 것은 아이러니가 아닐 수 없다. 그리고 형무소 관계자들은 R과 '누나'를 둘러싸고 경야의 술자리를 연출한다. 그들 역시 태평양전쟁의 트라우마에서 벗어나지 못하고 있다. '의무관'은 자신이 죽이지 않은 포로의 살해자로서 사이공 노파에게 지목된 뒤 줄곧 트라우마에서 벗어나지 못했으며, '교회사'는 밤마다 살인하는 꿈에 시달린다. '소장'과 '부장' 등은 전범으로서 전쟁 때 저지른 일을 천황을 위해 한 일로 합리화하기에 여념이 없다. 그들은 R의 자기동일성을 찾아주기 위해 애써 왔지만, 사실 자신들 역시 꿈과 현실을 분간하지 못하고, 천황제의 환상에 안주하고 있었을 따름이다.

R은 ⑥에 이르러 R임을 자인한다. R은 새로 태어났으므로 무죄라고 주장하지만, '검사'의 명령으로 형이 집행된다. 그러나 R의 시체는 없고 빈 밧줄만이 허공에 매달려 있다. '검사'는 '국가'의 바깥은 있을 수 없다고 하면서 R이 있을 곳이 없음을 준엄하게 선언하지만, '국가' 역시 일종의 환상일 뿐이다. R이 이미 새로 태어난 바에야 그를 교수대에 세울 수 있을지언정 R의 죽음을 일본 법정이 가질 수는 없음을 이 장면은 보여준다.

⑤와 ⑥ 사이의 긴 문자 텍스트를 통해 R은 다음과 같이 고백한다. "나는 누나를 사랑하게 되었다. 왜 누나와 그 희생자들이 혼동되는 걸

29 같은 책, 144-145쪽.

까. 머리에서 둘이 뒤엉킨다. 내가 사랑하는 사람이 죽는다는 생각에 불현듯 죽음의 참뜻을 깨닫는다. 나는 두 사람을 죽였다. 누나를 사랑하게 된 뒤로 나는 더는 상상 속에 머무르지 않는다. 사람들이 사는 세상 속으로 나가는 것이다." 이 고백은 '누나'라는 환영을 불러낸 R의 말로서는 사리에 맞지 않는다. R은 여전히 환상 속에 있다. 그는 자이니치의 정체성-일종의 환상-을 떠맡은 채 죽기로 한 것이다. 그러나 이 고백은 이진우에게는 유효하다. 그는 자신이 어떤 죄를 저지른다고 해도 무조건적으로 믿고 지지해줄 모성적인 타자, 초월적인 타자를 찾아 헤매왔기 때문이다. 박수남과의 왕복 서간이 그를 구원해준 것이다.

오시마 나기사는 이진우와 박수남 간의 왕복 서간을 토대로 하여 이진우의 죽음을 극화한다. 오시마 나기사는 박수남을 모델로 한 '누나'를 환상으로 처리하거니와, 이는 이진우에게 박수남과 그녀의 편지가 의미하는 바가 무엇이었는지 그가 어떤 관점에서 접근하였는가를 보여준다. 이진우에게 박수남은 자신을 무조건적으로 믿고 지지해주는 모성적 존재로서 그녀와의 편지 교환을 통해 그는 점차 민족의 의미를 깨닫게 되고 자이니치로서의 정체성을 떠안은 채 죽기로 결심한다. 정체성이란 행위를 통해, 타자와의 관계 속에서 형성되어가는 것이지 선험적으로 주어지는 것이 아님을 영화 「교사형」은 역설한다. 「교사형」은 '실재'를 확인하는 데 그치지 않는다. R은 차별주의적인 일본인들에 의해 구성된 '조센진'이라는 '환영'으로서 전후 일본 사회에 역습을 가한다. 마지막 장면의 '빈 로프'가 확인시켜주는 바는 바로 그것이다.

5. 의심 받는 '실재', 혹은 제의로서의 소설 쓰기: 김석범의 경우

김석범의 『제사 없는 제의』(1981)는 고마쓰가와 사건을 자이니치의 입장에서 다룬 소설이다. 김석범은 1925년 오사카 태생으로 '조선적'을 고수하고 있으며 제주 4·3과 관련된 「유방 없는 여자」(1981), 『화산도』(1976~97) 등의 소설로 알려져 있다. 일본어로 작업하면서 사회적인 문제에 적극 개입하는 글쓰기를 해왔으며, 허무주의를 극복하는 데서 소설적 활로를 찾고 있다.[30] 오시마 나기사의 「교사형」이 '사형의 집행'에 집중한 것에 대해, 김석범은 주인공 '김붕남金朋男'의 살인과 검거 과정에 치중하고 있다. '김붕남'의 원래 이름은 '김봉남金鋒南'으로, 그는 자신의 이름에 들어 있는 조선인 특유의 '돈[金]'자가 싫어서 개명할 만큼 자이니치로서의 정체성에 대해 회한을 품고 있으며, 조선부락에서 벗어나 가나자와 도모오金澤朋男로 살아가고자 한다.[31]

『제사 없는 제의』의 개성은 일단 전작들이 다루고 있지 않은 자이니치 삶의 터전인 조선부락을 그리고 있다는 데 있다.

> 가드 맞은편의 인간은 자신들의 예쁜 꼬까옷을 입힌 자손들에게 가드를 넘어 놀러가지 마라고 한다. 저편에는 조선인チョーセンジン이라고 하는 인간이 살고 있으니까, 그래, 저것이 조선인이라고 하는 인간이란다, 어딘지 그늘에서 손가락질을 해가면서 무언가 희귀한, 그리고 위험한 동물이라도 살고 있는 것처럼 말하는 것이었다. 조선인이라고 하는 인간, 그 조선인이라고 하는 이름의 어린 짐승ケモノ이 어두운 어딘가 변소와 같은 곳에서 홀로 절규하고 있다. 그리고 변소의 깊은 구멍에 떨어져 지구의 깊은 곳으로까지 빨려 들어가 버릴 것 같이 되는 꿈. 조선인이라고 하는 인간이 살고

---

30 김석범·김시종. 2007. 「대담 왜 계속 써왔는가 왜 침묵해 왔는가」. 문경수 편. 『왜 계속 써왔는가 왜 침묵해 왔는가』. 이경원·오정은 옮김. 제주대학교출판부. 78-79쪽.

31 金石範. 2005. 「祭司なき祭り」. 『金石範作品集Ⅱ』. 平凡社. 170쪽.

있는 쓰레기장은 성벽トリデ 안쪽의 부락. 어린 시절 꿈의 숲 속의 부락, 숲에 가려진 성벽의 부락. 개나 고양이의 사체가 꽃에 핀다. 그것은 가여운 개의 꽃, 고양이의 꽃, 성벽을 가린 숲속의 많은 꽃……. 언젠가 성벽의 바깥으로 가자. 숲속에서 벌벌 떨지 말고 바깥으로, 성벽의 바깥으로 나가자. 숲의 가장 높은 나무가 있는 하늘가에서 짐승이 날개가 돋아 새가 되고 성벽을 넘어 날아갔다. 날아간다고 정하고, 노방의 화전에 사냥감이 있고 그것은 네 다리의 인간, 아니 벌거벗은 아기다. 새가 그것을 노리기 전에 반드시 새를 노리는 놈이 있어서 새가 된 짐승인 나는 마을의 상공에서 맞아 떨어진다. 맞아서 일억 개의 빨간 입을 벌리고 있는 지상에 떨어진다.[32]

조선부락은 '꿈'의 세계로서 그로테스크하게 묘사된다. 이 그로테스크함은 조선부락의 열악한 환경에 그 근거를 두기는 하지만, "가드 맞은편"의 일본인에 의해 만들어진 이미지이기도 하다. 작가는 '조선인'을 가타카나로 쓰고 있거니와, 이것은 본래의 조선인과는 구분되는 것으로서 일본인에 의해 구성된 정체성임을 강조한 것이다. 조선부락은 "쓰레기장"으로 "개나 고양이의 사체"의 이미지로 뒤덮여 있다. 일본 사회는 도시에서 '죽음'의 이미지를 배제하는 방식을 통해 자신들의 생활공간을 순화해갔다.[33] 자이니치의 공간은 그 도시에서 배제된 '죽음'의 이미지를 떠안음으로써 일본 사회 내부의 외부가 되어간다. 도시의 인프라가 갖추

---

32 같은 책. 175쪽.

33 어디까지나 참고항이지만, 오오카 쇼헤이의 『사건』(1977)의 주인공 '히로시'가 범죄를 저지르는 공간적 배경도 농촌이 해체되고 공업화가 진행되어가는 교외 지역이다. 이 작품에서 작가는 이 농촌 해체와 공업화, 그에 따른 유입 인구의 증대와 범죄율을 연관짓기도 한다(大岡昇平. 前揭書. 7-0쪽). 근대 도시가 '죽음'의 이미지를 배제함으로써 성립했다고 하는 것은 우치다 류조(內田隆三)의 논의를 참고했다(大澤眞幸. 2009.『增補 虛構の時代の果て』. ちくま學藝文庫. 15-16쪽).

어지는 동안 조선부락은 여전히 '성벽' 안에 갇힌 채 정체된다. '김봉남'에게 부락은 현실감을 상실한 '악몽'의 세계로서 끊임없이 회귀한다. 아버지는 매일 일용직 노동으로 번 돈을 술로 탕진하고 돌아오며, '김봉남'은 공장에서 거의 똑같은 노동을 되풀이한다. 그의 방은 신문 사회면의 "도산, 자살. 밤거리의 악마, 부녀 폭행. 강도, 살인, 절도. 강간 살인"과 같은 "꿈같은 문자"들로 뒤덮여 있다.[34] 일본어로 둘러싸인 이 악몽적인 세계는 '김봉남'을 사로잡고 놓아주지 않는다. 이 일본어로 뒤덮인 '실재'야말로 '성벽 안쪽'으로 이어져 있다. 보통 그렇듯이 꿈의 세계는 일상의 지배적 지위를 강화한다. 양자는 공모 관계가 된다.[35] 그리하여 일상의 바깥은 꿈에서조차 찾을 수 없게 된다. '김봉남'은 이 움직일 수 없어 보이는 견고한 일상을 도저히 '실재'라고는 생각할 수 없다. 그는 일상의 '실재성'을 의심한다. 그것은 적어도 지금 이곳의 조선부락에는 없다. 일상이 실재가 되기 위해서는 의심이 중단되어야 한다. 의심 속에서 인간은 매일의 일상을 영위할 수 없기 때문이다.[36] 그는 '조선부락'을 '숲속의 성채'라는 '꿈속의 공간'으로 환치하며, 스스로는 '새'로 변하여 그 공간을 초월하고자 하는 욕망을 품고 있다. 그러나 인용된 부분에서 암시되고 있듯이 그 초월 욕망은 좌절의 예감을 수반한다. 아닌 게 아니라 그는 가출을 통해 초월을 시도하지만, 어머니가 위독하다는 아버지의 전보를 받고 부락으로 되돌아온다.

'김봉남'은 반 년 전 이미 식당 여종업원을 살해한 바 있다. 그러나 이 살인은 미제가 된다. 그의 기억에서도 이 첫 번째의 살인은 희미해져 간다. 거의 일어나지 않은 것이나 마찬가지다. '꿈'의 세계로 용해된 것이다. 그가 모교의 옥상에서 여고생을 살해한 것은 자신이 살고 있는 이

34 金石範. 前揭書. 181쪽.
35 피터 L. 버거 · 토마스 루크만. 앞의 책. 154쪽.
36 같은 책. 46쪽.

세계가 '꿈'이 아니라 '현실'임을 증명하기 위해서였다. 살인을 통해 자신의 존재를 증명하고자 한 것이다. 그에게는 '사라지지 않는 사체'를 통해 첫 번째의 살인도 꿈이 아니었음을 밝힐 필요가 있었다. 여고생 살인은 일종의 "희생제의犧牲の祭り"였던 것이다.[37] '실재'라고 여겨지는 세계, 공언된 실재에 도전하기 위해서는 그와 같은 극단적인 수단이 아니면 안 되었다. 그는 일본 사회가 자이니치 사회에 떠안긴 '죽음'의 이미지-'사체死體의 꽃'-를 일본 사회에 그대로 되돌려준다. 그런 의미에서의 '희생제의'이다. 그는 경찰에 체포됨으로써 자신의 살인을 꿈이 아닌 현실로 확정하고자 한다. 그는 그 힌트를 카뮈의 『이방인』에서 찾는다. '뫼르소'는 체포됨으로써 "아라비아인의 죽음이 사실이라는 것을 보증"한다고 그는 생각한다.[38]

'구레 다카오'처럼 '김붕남'도 소설을 남독하고, 자신의 소설을 대학 노트에 쓴다. 두 인물은 모두 '사라지는 사체'와 그로 인해 '반복되는 살인'이라는 테마에 매달린다. 이들이 '허구'에 매달리는 이유는 현실세계에 '이상理想'이 존재하지 않기 때문이다. 이들은 '이상'이 결락된 공백을 '허구'로 메우고자 한다. '김붕남'은 신문현상공모의 투고용으로 소설을 써나가지만, 작가가 되기 위해서 소설을 쓰는 것은 아니다. 그에게 소설은 자신이 저지른 범죄를 사회에 통고하는, 기정사실화하는 작업에 다름 아니다. "악마는 신의 나태에 대한 유일한 도전자이다."라는 말을 그는 그의 소설의 제사로 삼고 있다. 그는 '악마'를 자처한다. 미디어와의 '시소 게임'을 통해 "건전한 세포의 인간"들에게 충격을 주려고 한다. 자신의 '악몽'을 실재로 만듦으로써 현실세계에 대한 단죄에 나선 것이다. 그리고 궁극적으로는 자살, 자수, 체포 등을 소설의 결말로 상정함으로

---

37 金石範. 前揭書. 266쪽.

38 같은 책. 201쪽.

써 스스로를 단죄하는 데로 나아간다. 그가 가출했을 때 오사카에서 알고 지내던 '우메하라梅原'는 그와 같은 선택지에 의한 단죄는 '악마의 독립성'을 훼손하는 것이며 '악마'를 신 앞에 끌어내어 넘기는 것이라고 주장한다.[39] 그것은 이 『제사 없는 제의』가 비록 '김붕남의 체포'로 끝나기는 하지만, 그것이 이진우에 대한 심판 그 자체의 의미를 띠는 것은 아니라는 점을 은근히 보여준다. '우메하라'와 그의 대화는 어찌 됐든 '김붕남'의 악마적 행위의 의의를 그 나름대로 보존해주는 구실을 한다. '우메하라'는 갑자기 소설의 마지막 장에 등장하여 '김붕남' 소설의 제사題詞를 문제 삼음으로써 이 소설의 의의에 대해 새삼 생각하게 한다. 그런 의미에서 '우메하라'는 작가 자신의 분신으로서 소설에 개입하는 것처럼 보인다. 그는 계급적으로 '김붕남'과는 어울리지 않음에도, '김붕남'을 자신의 호텔로 부르고 그 소설에 대해서도 지나치게 친절한 관심을 드러낸다. 이러한 관념성은 일본의 사소설 전통과 대결해온 김석범 소설의 한 원리이기도 하다. 그는 제주 4·3을 직접 목격하지 않은 상태에서 제주 4·3에 대해 써왔는데, 김시종은 그 점에 대해 "허구야말로 사실을 넘을 수 있고 사실을 보다 보편적인 사실로써" 그려낼 수 있다고 평가한다.[40]

『제사 없는 제의』에서 김석범은 이 '소설 쓰기'에 '샤머니즘'을 맞세워 놓고 있다. '김붕남'이 경찰에 의해 체포되기를 기다리는 동안 조선부락에서는 큰 굿판お祈いの祭りが 벌어진다. 그의 어머니 '순남'은 이 제의적 공간에 나아가 자식의 복을 빌고자 하지만 아들의 눈치를 보다가 체념한다. 이 '미신'에 대한 맹목적인 믿음도 '김붕남'의 '소설 쓰기'와 마찬가지로 이상의 결락을 허구로 보완하는 것에 지나지 않는다. 김석범은 이 샤머니즘적인 것의 도입을 통해 '김붕남' 개인의 절망에서 더 나아가 자이

39 같은 책. 299쪽.
40 김석범 · 김시종. 앞의 대담. 158쪽.

니치들의 '이상 없는 삶', '현실감을 상실한 악몽 같은 삶'을 전경화한다. 즉, 큰 굿판은 개인의 개별적인 사건을 집단적인 것으로 전회轉回한다. 이 소설에서 '김붕남'의 가족이 부락에서조차 심정적으로 고립된 상태였다는 것은 주의를 요한다. 그럼에도 굿판은 그들에게 열려 있었다. 이 소설 마지막 장면의 어머니 '순남'의 '절규叫び聲'는 굿판에서 물리적으로 떨어진 공간에서 발해지지만, 그것은 굿판의 의식과 포개어진다. 굿판에 개입한다는 것은 공동체의 일원이 된다는 의미로 받아들여진다. 고마쓰가와 사건이 자이니치 사회의 공동성을 제고했다면, 바로 그런 상징적인 맥락도 무시할 수 없다.

이 소설 제목의 '제의祭り'는 상징성이 크다. 현대 일본어에서 그것은 신에게 비는 것祈い, 죽은 넋을 기리는 것慰靈, (제정일치 사회에서의) 정치적 의식儀式 등의 다의성을 띤다. 『제사 없는 제의』는 희생제의적 성격, 살해된 자와 처형된 가해자의 넋을 기리는 성격, 그리고 더 나아가 자이니치라는 정치적 존재에 대해 묻고 있다는 점에서 정치적인 의미마저 지니고 있다. 또한 그 '제의'의 양상은 일종의 '카니발(=マツリ)'로서 고마쓰가와 사건에 관한 선행 텍스트들을 암암리에 동원한다. 본질적으로 카니발은 '양의적인 세계 감각의 표현'이거니와,[41] 김석범은 이 소설을 통해 소설의 안팎, 실재와 허구, 일본 사회와 자이니치 사회 사이의 경계를 교란한다. 그렇게 함으로써 그는 일본 사회의 일상적 실재에서는 보이지 않던 잠재적인 의미를 가시적인 것으로 떠오르게 한다. 이 소설이 '김붕남'의 소설을 그 내부에 품고 있는 것은 그와 같은 맥락에서 주의가 필요하다. 그것은 이진우 '습작'의 반복이며, 김석범에 의한 각색이기도 하다. '사체'가 이 겹쳐진 텍스트 혹은 콘텍스트에서 되풀이하여 사라지고, 그에 따라 살인도 반복된다. '김붕남'에게 희생제의로서 여고생 살인이 필

---

41 야마구치 마사오, 앞의 책, 109쪽.

요했듯이 김석범에게는 '소설=허구'라는 제의를 통해 이진우의 '사건=사실'을 하나의 '진실'로 승화할 필요가 있었다. 이 소설 2장이 이진우의 습작 「나쁜 놈」을 부분적으로 '다시 쓰는' 방식으로 되어 있는 것 역시 '반복'을 통해 이진우가 「나쁜 놈」과 같은 소설을 써야만 했고 살인자가 되어야만 했던 '필연성'을 강화하는 구실을 한다. 김석범은 '우메하라'를 개입시킴으로써 '김붕남', 혹은 이진우의 살인을 '신의 나태에 대한 도전'이라고 하는 의미로 맥락화하면서도, 그 반인륜성에 대한 반성을 소설에 담아내고 있다. 그것은 재판의 절차라고 하는 형식이 아니라 '김붕남' 자신의 내면적인 갈등, 즉 희생자의 얼굴에 죽은 누이 '준코純子'의 얼굴을 겹쳐보는 것, 그리고 굿판의 소리에 섞인 어머니의 '절규'를 듣는 것을 통해 이루어진다.

그것은 『절규』와 비교할 수 있다. 『제사 없는 제의』에서 김석범은 '叫ぶ', '叫び聲'라는 기표를 빈발하고 있으며, 이는 『절규』를 그가 의식하고 있었다는 것을 보여준다. 김석범은 '절규'를 육친이 발하는 것으로 들음으로써 오에 겐자부로의 그것보다 일층 절절한 것으로 표현한다. 『제사 없는 제의』의 '절규'는 『절규』에서와 같은 타자의 '듣는 행위'를 기다릴 수 없다. 자이니치의 전망이 부재하는 '절규'는 샤머니즘적 제의에 의해 종교적으로 초월하거나, 소설이라고 하는 일종의 제의적 형식으로만 겨우 승화할 수 있는 것이었다.

6. 맺음말

이 글은 고마쓰가와 사건 그 자체라기보다는 그것이 문학자와 지식인 들에게 어떤 의미였는지에 대해 고찰해왔다. 그 사건은 일본 사회에서 살아가는 자이니치는 물론 자이니치를 타자화 함으로써 그 자신의 공동성을 강화해온 일본 사회에도 중요한 의의를 띤다. 소위 '양의성'을 띠는 일본 사회를 제대로 이해하기 위해서 고마쓰가와 사건은 우선적으로 음미해보아야 할 대상이다.

구체적으로 이 사건은 일본 사회에서 '실재'는 무엇인가 하는 의문을 품게 한다. 1950년대 말 자이니치에게는 '이상'으로서 북조선이라고 하는 선택지가 있었다. 그러나 그것은 지나치게 멀리 떨어져 있어서 '환영'과 다를 것이 없었다. '실재'는 그들이 몸으로 살아가는 일본 사회였다. 정인은 이진우야말로 '실재'를 확인하고 파멸의 길을 걸었다고 본다. 이진우는 '질서로부터' 탈주했다는 것이다. 그는 이진우에 대해 빚을 진 것 같다고 토로한다.

오에 겐자부로는 『절규』에서 고마쓰가와 사건을 다루었다. 이 소설에서 작가는 이진우를 모델로 하는 조선인 혼혈 '구레 다카오'를 '이인'으로 형상화한다. '다카오'는 자신이 일본 사회에서 배척된 '이인'임을 증명하기 위해 살인을 하고, 그 또한 사형에 처해짐으로써 일본 사회가 자신을 용인할 수 없음을 시인하게 하고자 한다. 작가는 미국에 대한 콤플렉스 때문에 미국에 대해 수동적인 태도밖에 취할 수 없는 전후 일본 사회를 '동성애적인 것'으로 비유한다. 그것이 작가가 본 '실재'이다. '다카오'는 그 '실재'에 목숨을 걸고 맞서지만, '나'는 '실재'에 맞서지 못하고 동성애적인 현실에 고착된다. '나'는 타자의 고통을 자기의 것으로 느끼면서도 '실재'와의 싸움에 나서지 못한다. 문제는 타자의 절규를 먼저 듣는 자로서의 우월한 위치에서 '내'가 내려오지 못한다는 점에 있다.

오시마 나기사는 「교사형」에서 이진우의 사형을 문제 삼는다. 그는 브레히트적인 극의 형식을 취해 가면서 이진우를 모델로 한 R의 자기동일성에 대해 묻는다. 자이니치로서의 집단적 정체성에 R을 옭아매려는 형무소 사람들과 자기를 상실한 R의 갈등이 영화를 끌고 가는 힘이 된다. 감독은 자이니치와 차별적인 일본인들 사이에 '실재'가 공유되지 않으며 서로 각자의 '환영'을 보고 있는 것에 불과하다는 점을 꼬집는다. 국가도, 민족도, 집단적 정체성도 선험적인 것이 아니라 일종의 '환영'일 뿐이며 사회적으로 구성된 것이다. 그 구성된 실재에 기대고 있는 한 이진우를 죽일 수는 있어도 그 죽음을 국가가 전유할 수는 없다.

김석범은 1980년대 초 『제사 없는 제의』에서 이 문제를 재조명한다. 그는 조선부락을 전경화 한다. 조선부락은 일본 사회가 근대 도시를 구축하는 과정에서 배제한 '죽음'의 이미지를 떠안음으로써 현실감을 상실하고 그로테스크한 환상성을 띠어간다. 작가는 이진우를 모델로 하는 '김붕남'의 살인을 일본 사회가 조선부락에 전가한 '죽음'의 이미지를 구체적인 '사체'로 되돌려주는 방식의 '희생제의'로서 의미화 한다. 『제사 없는 제의』는 '이상'을 '허구'로 대체하는 데 그치지 않고 소설의 안팎, 실재와 허구 사이의 경계를 교란함으로써 일본 사회의 일상적인 실재에서는 보이지 않던 잠재적인 의미를 새삼 가시적인 것으로 떠오르게 한다. 김석범은 허구를 통해 고마쓰가와 사건이라는 하나의 '사실'에 내재하는 '진실'을 가시화한다.

고마쓰가와 사건을 둘러싼 문학적 재현은 일본 사회가 자이니치를 타자화해 온 기제들을 적나라하게 폭로하는 한편, 국가나 민족, 집단적인 정체성의 허상성에 대해서도 의미 있는 반성을 보여준다. 그리고 그것은 결코 균질적이지 않은 일본 사회에서 일본인과 자이니치가 어떻게 '실재'를 공유하면서 대등하게 관계를 맺을 수 있을 것인지에 대해서도 반성을 촉구한다. 전후의 현실을 살아가기 위해서는 누구나가 이상과 꿈, 허구와 같은 반현실에 준거하여 현실과 실재를 정위할 필요가 있었거니와, 그것은 전쟁의 트라우마를 안고 있던 일본 사회나 그 내부의 '유민'이었던 자이니치 사회나 모두 마찬가지였다. 고마쓰가와 사건의 문학적 재현은 그 최초의 대대적인 시도라는 점에서 의의가 있다.

이 글에서는 이진우가 살해한 여고생의 '절규'에 대해서는 미처 다루지 못했다. 고마쓰가와 사건을 둘러싼 문학적 재현은 기실 희생자로서의 여성을 담론의 바깥으로 밀어낸 면이 있으며, 그 중 일부는 여성 혐오에 기대고 있는 면도 있다. 이 문제는 여기서 급하게 매듭을 짓기보다 별개의 연구 과제로 신중히 점검하는 편이 좋지 않을까 싶다.

그렇다고는 해도 고마쓰가와 사건은 한일 간의 복잡하게 일그러진 근대사를 바로 이해하고 새로운 미래 관계로 나아가기 위해 돌아가야 할 지점으로서 아직 우리에게 남아 있다.

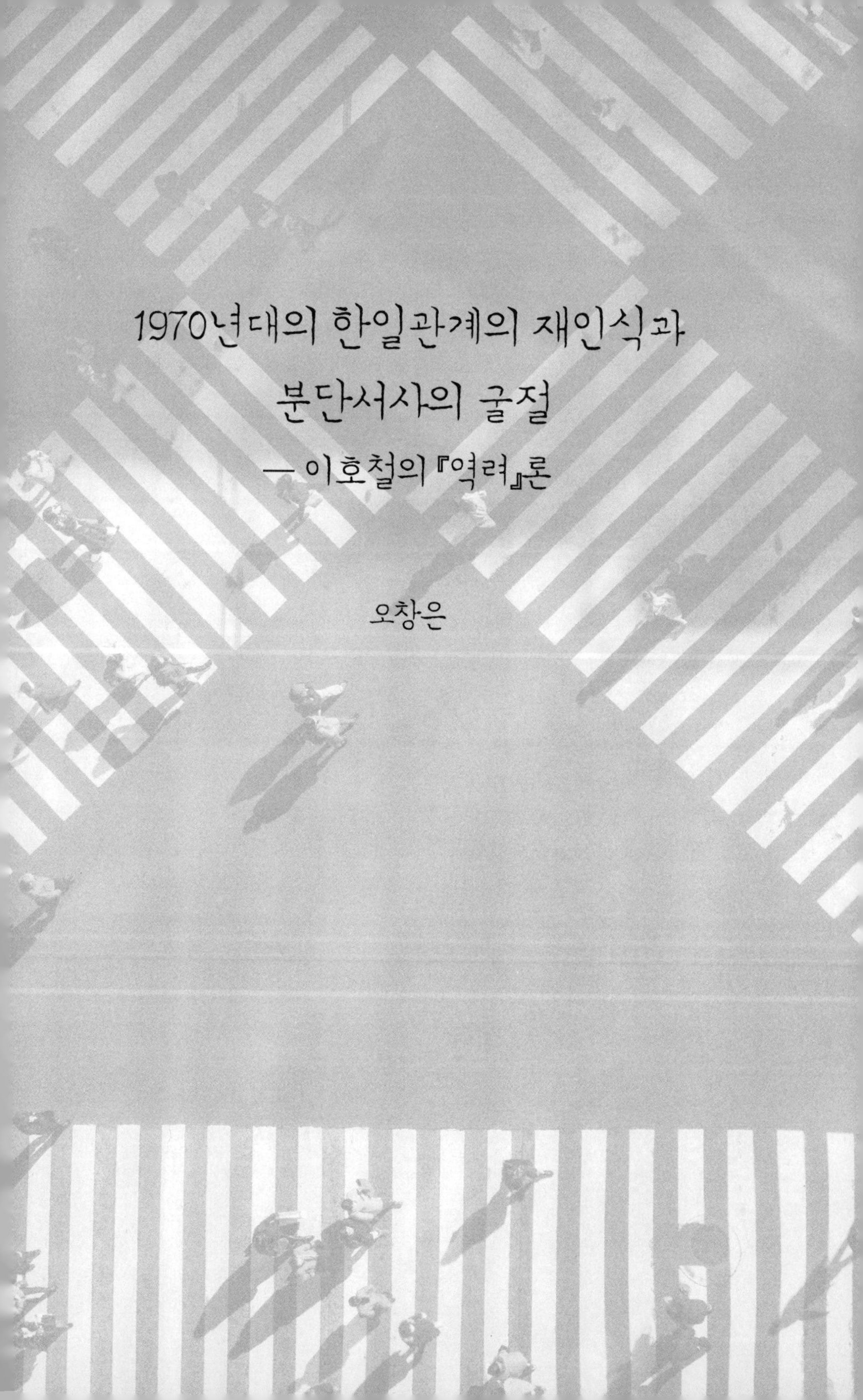

1970년대의 한일관계의 재인식과 분단서사의 굴절

— 이호철의 『역려』론

오창은

1970년대의 한일관계의 재인식과 분단서사의 굴절

— 이호철의 『역려』론

오 창 은

1. 마귀들림, 프랑스 루뎅과 한반도

1634년 8월 18일, 가톨릭 신부인 위르벵 그랑디에가 마법사로 지목되어 화형을 당했다. 그는 우르술라회 수녀원 소속의 수녀들을 악마에 사로잡히게 한 당사자로 유죄 확정 판결을 받았다. 그랑디에는 최후의 순간까지도 "범죄를 저지른 적이 없다"고 강력히 부인했다. 종교재판의 심판자들의 판단에 대해 그랑디에는 "그렇게 믿는 것을 자기가 어쩌겠느냐"고 체념했으며, 마지막까지도 오로지 "나약함의 죄입니다"라고 했다.[01]

이 사건은 유럽 역사에서 '루뎅사건(1632~1640)'으로 불린다. 사건의 전말은 다음과 같다. 프랑스 남부 루뎅의 우르술라회 수녀원은 이상한 사건들이 연이어 발생하면서 혼란에 빠졌다. 유령을 목격했다는 증언들이 나오고, 수녀들이 비명을 지르고 몸을 뒤트는 특이한 현상이 나타났다. 성직자들이 나서서 '마귀들림'으로 규정하고, '구마의식'을 했다.

흑사병이 휩쓸고 간 이후 유럽사회에서 '루뎅 사건'은 논쟁의 대상이 되었다. 사건 해결을 위해 시대를 대표하는 권력자들이 루뎅에 모여들었다. 각종 비방문, 증언록, 옹호문, 보고서 등도 쓰여졌다. 이 사건의 핵

---

01 미셸 드 세르토. 2013. 『루됭의 마귀들림』. 이충민 옮김. 문학동네. 293~295쪽.

심적 당사자인 주임신부 그랑디에가 화형에 처해지면서 사건은 해결되는 듯했다. 하지만, 그랑디에는 죄인답지 않게 의연하게 화형을 맞이했다. 오히려, 화형 이후 이스마엘 볼리오는 그랑디에에 대해 "그는 천사처럼(천사가 죽을 수 있다면) 죽었거나 악마처럼(악마가 필멸의 존재라면) 죽었습니다. (중략) 그가 만약 무고하게 죽었다면 그는 선인善人으로서 죽었고 놀라운 덕을 보여주었다"[02]고 했다. 파문은 더욱 확산되었다. 루뎅 사건에 연루된 사람들이 그랑디에 사후에도 마귀가 들러붙어 고통을 받거나, 광기에 사로잡히거나, 미쳐서 죽기까지 한다.

'루뎅 사건'은 20세기에 들어서도 다양한 방식으로 재현되었다. 올더스 헉슬리는 『루뎅의 악마들』(1952)이라는 책을 썼고, 켄 러셀 감독은 〈악령들〉(1971)이라는 영화를 만들었다. 예르지 카발레로비치 감독도 영화 〈잔 데장주 수녀〉(1961)를 제작했다. 프랑스의 저명한 문화연구자인 미셸 드 세르토는 『루뎅의 마귀들림』(1970)이라는 본격 연구서를 출간했다. 세르토는 위르벵 그랑디에의 처지를 '탈선자' 혹은 '타자'의 위치에 놓고 '근대 초기'라는 시대상황을 주목했다. 암흑의 시기, 전환의 시기에 '타자'는 만들어진다. '타자들'은 때로는 '마귀'로, '악'으로, '악마'로 호명되며 배제되거나 격리되어 왔다.

영어의 마귀 혹은 악마인 데블(Devil)은 독일어의 토이펠(Teufel)이나 스페인어의 디아블로(diablo)와 동일한 기원을 갖고 있다. 그 어원은 그리스어인 디아블로스(diablos)이다. 디아블로스의 뜻은 '학살자' 혹은 '위증자'로, 법정에서의 '대적자'를 지칭하는 말이었다. 그러다가 마왕의 의미로 쓰이기 시작한 것은 기원전 3세기에서 2세기에 구약성서를 그리스어로 번역할 때였다. 그 때 '대적자', '방해자', '적수'를 가리키는 헤브루어 사탄(satan)이 디아블로스(diablos)로 번역되었다. 마귀나 악마

---

02 위의 책, 303~304쪽.

는 사탄, 루시퍼, 메피스토펠레스 등 종교적 전통을 가진 언어로 쓰였다. 이는 유태교, 기독교, 이슬람교를 아우르는 전통적 용어라고 할 수 있다.[03] 따라서 마귀 혹은 악마의 개념에는 '대적자'로서 '적'의 개념이 기입되어 있다.

17세기 유럽사회와 1960~70년대 한국사회는 상징적인 적을 만들고, 극단적인 응징을 했다는 측면에서 유사하다. 한국사회에서는 1960~70년대 '조작된 간첩들'이 '악'의 자리를 차지했다. 마귀와 악마의 자리에 '간첩'을 놓으면 시대와 공간을 초월하여 반복되는 '권력의 작동 양상'을 살필 수 있다. 17세기 루뎅은 '종교전쟁'과 '흑사병' 이후의 상황 속에서 마귀들림이라는 극적 사건의 중심에 섰다. 1960~70년대 한국의 경우, 분단의 특수성으로 인해 '간첩'을 둘러싼 극적 사건들이 조작되거나 확대 재생산되었다. '간첩'은 '악'의 형상으로 그려졌고, 대중들에게 공포를 생산하는 폭력적 상징이었다.

2. '〈한양〉지 필화사건'과 '악'에 대한 공포

작가 이호철(1932~2016)은 1932년생으로, 함경남도 원산시 원동이 고향이다. 그는 원산중학교를 졸업하고 한국전쟁 시기에 단신 월남했다. 이호철은 '월남민'이라는 특수한 위치로 인해, 경계인의 정체성을 갖고 세상을 바라보는 태도를 내면화했다. 그는 초기 작품들에서 월남 과정에서 겪은 극한적 궁핍 등으로 인한 인간성의 위기를 그려냈다. 그는 1960

03 제프리 버튼 러셀. 1999.『악마의 문화사』. 최은석 옮김. 황금가지. 19쪽.

년대를 거치면서 한국문학의 주목할 만한 단편 「용암류」(1960), 「판문점」(1961), 장편소설 『소시민』(1964)과 『서울은 만원이다』(1966)를 발표했다.

1970년대 들어 이호철은 한국문학의 활동적인 중견작가로서 한국 민주화 운동에도 관심을 가졌다. 그는 1974년 1월 7일, 유신헌법에 반대하여 새로운 헌법을 제정하기 위한 '문인 61인 개헌지지 성명'에 참여했다. 1974년 경은 반공법·국가보안법의 억압 아래에서 지식인 연대서명이나 성명서 참여도 불온한 행위로 간주되던 때였다. 박정희 정권은 각계 각층에서 유신반대 운동이 발발하자, 1974년 1월 8일, 유신 헌법을 부정하는 일체의 행위를 금지하는 대통령 긴급조치 제1호를 발동했다. 1970년대 폭압을 시대를 알리는 '긴조시대(긴급조치시대)'의 서막이 '문인 61인 개헌지지 성명'과 함께 열렸다.

유신에 반대하는 지식인과 작가들이 연행됐고, 장준하·백기완이 긴급조치 위반 제1호로 구속되었다. 문인 개헌지지 성명에 동참했던 문인들은 '나도 한 번쯤 연행 조사를 받겠구나'라는 생각을 갖는 것은 당연한 수순이었다. 문인들이 통과의례처럼 생각하면서도 긴장하고 있었는데, 1월 14일 아침, 이호철에게도 기관원들이 찾아왔다. 이호철은 그 상황을 다음과 같이 회고했다.

> "74년 1월 14일 아침, 필자는 집으로 찾아온 모 기관의 젊은 두 사람에 의해 잠깐 조사할 것이 있다는 이유로 임의동행 형식으로 연행되었는데, 으레 '그 일'이겠거니 하고 이미 '감'을 잡고 있었다. 그런데 정작 조사를 받아보니 그 감은 180도로 어긋나 있는 게 아닌가. (중략) 이건 엉뚱하게도 1년 남짓 전 72년 겨울에 일본에 갔던 일을 문제삼고 있질 않는가. 그리고 그 일이라면 처음부터 한치인들 꿀릴 구석

이라곤 없어 너무너무 당당하였다. 그러나 그게 아니었다."[04]

1972년 일본 방문과 연관된 조사가 이뤄지자 의아했다고 한다. 이호철은 1972년 11월 17일부터 12월 2일까지 일본 교토에서 개최된 국제 펜클럽 '일본학 세미나'에 한국 대표단의 일원으로 참석했었다. 이 때 일본에서 간행되던 〈한양〉과 관련된 사람들과 만난 적이 있었다. 처음 조사를 받을 때만 해도 이호철은 〈한양〉이 주요하게 언급되자 안심했다. 재일 지식인들이 일본에서 간행하던 〈한양〉은 한국 문인들에게는 익숙한 매체였다. 많은 소설가·시인·수필가들이 이 잡지에 글을 게재했고, 원고료도 받았다. 일본을 방문했을 때는 〈한양〉의 편집진과 만나 회포를 푸는 것이 전혀 낯선 것이 아니었다. 그런데 어느 순간 월간 종합지 〈한양〉에 관계한 한국 문인들에게 '반공법' 위반 혐의, '국가보안법' 위반 혐의, 심지어는 어마어마한 '간첩' 혐의가 부가되었다.

공포는 권력에 의해 위계적 질서를 재생산한다. 그 사회에서는 권력의 의지에 따라 누구나 마귀나 악의 범주에 포함될 수 있다는 생각이 일반화된다. 특히, 비판적 지식인들과 작가들은 공포사회의 공공연한 표적이었다. '내부의 간첩 만들기'는 비판적 관점으로 현실을 바라보고, 다른 의견을 제시하는 이들에게 가해진 폭력이었다.[05] 1974년 2월 5일, 국내 주요 신문은 서울지검 공안부가 발표한 '문인·지식인 간첩단 검거' 사

---

04 이호철. 1994. 「소위 『한양』(漢陽)지 사건의 전말」. 『산 울리는 소리』. 정우사. 105~107쪽.

05 "사회적으로 간첩이란 비단 북한 인민만이 아니라 체제 내부의 반대 세력을 지칭하기도 한다는 것을 상기할 필요가 있다. 체제 내부에서 뭔가 다른 생각을 갖고 있는 사람들, 남한도 북한도 아닌 경계적 사고를 갖고 있는 사람들, 이른바 '중립세력', '제3세력', '회색분자', '불순분자'로 불리는 이들의 배후에는 항상 북한이 있으며 그들의 반체제 활동은 곧 반인륜적 문제를 일으키는 간첩 행위나 다름 없다는 식의 인식은 1950년대 이래 반공주의의 논리와 감성을 구성하는 대표적인 것이다." (이하나. 2015. 8. 「1970년대 간첩/첩보 서사와 과잉 냉전의 문화적 감수성」. 〈역사비평〉. 역사비평사. 396~397쪽.)

건을 1면에 크게 일제히 보도했다. 공안당국은 "작가 이호철(43·서울서대문구불광동221의45) 임헌영씨(34·문학평론가·중앙대강사) 김우종씨(45·문학평론가·경희대국문과교수) 정을병씨(40·소설가·문인협회소설분과위원장) 장병희(41·문학평론가·국민대 강사) 등 5명을 간첩 및 반공법위반혐의로 구속하고 언론인 천관우 씨 등을 이에 관련된 혐의로 계속 조사중"이라고 발표했다.[06] 이들 5명의 문인이 재일공작지도원 김기심에게 포섭되어 간첩활동을 해왔다는 것이다. 재일공작지도원으로 명시된 김기심은 일본에서 한국어로 간행되던 재일 조선인 교양종합지 〈한양〉의 발행인이었다.

검찰이 발표한 1974년 '문인 및 지식인 간첩단' 사건은 '〈한양〉지 필화사건'으로 일컬어진다. 이호철·임헌영·김우종·정을병·장백일(본명 장병희)은 모두 〈한양〉과 관계하거나, 글을 게재했다는 이유로 체포되었다. 이호철은 1972년 일본 펜클럽 회의에 참석해 김기심과 7회에 걸쳐 접촉한 것이, 임헌영은 「7·4 성명과 한국문학의 과제」라는 글을 〈한양〉에 게재한 것이, 김우종은 일본 와세다 대학에서 유학한 인연으로 10여 편의 원고를 〈한양〉에 실은 것이 문제가 되었다. 정을병의 경우도 「나병환자」·「모래섬」 등의 소설을 〈한양〉에 발표했다는 사실이, 장백일도 10여 차례에 걸쳐 〈한양〉에 글을 게재한 것이 문제가 되었다.

이 사건으로 이호철·임헌영·김우종·정을병·장백일의 운명은 급격히 바뀌었다. 모두들 1·2차 공판을 통해 무혐의나 집행유예로 풀려났지만, 박정희 정권 시절 내내 힘겨운 삶을 감내해야 했다. 2009년에 이르러서 '〈한양〉지 필화사건' 당사자들은 '진실화해를 위한 과거사 정리위원회'가 '국가의 사과와 재심을 권고'하는 결정을 받았다. 2011년에는 대법원에 37년만에 모두 무죄 선고를 내림으로써 명예 회복을 할 수 있었다.

---

06 「문인·지식인 간첩단 검거」, 〈경향신문〉 1974년 2월 5일자, 1면.

이호철은 '〈한양〉지 필화사건'으로 인해 1974년에 작가생활의 급격한 전환기를 맞이했다. 그는 1973년 12월호부터 〈한국문학〉에 장편 『역려』[07]를 연재중이었다. 한참 작품을 연재하는 도중에 '〈한양〉지 필화사건'으로 구속되었다. 이로 인해 그는 장편 연재를 중단할 수밖에 없다. 그는 10월 31일이 집행유예로 풀려난 이후 1975년 2월호부터 연재를 재개했다.[08] 『역려』는 이호철의 세 번째 장편소설로 1978년에 단행본으로 '세종출판공사'에서 간행되었지만, 사실상 문학사에서 그다지 주목하지 못한 작품이다.[09] 이호철은 『역려』를 발표한 이후에는 '〈한양〉지 필화사건'을 다룬 또다른 장편소설 『문』을 발표했다.[10] 『문』에 비해서도 『역려』[11]는 잊혀진 작품으로 간주되었다.[12]

---

07 이호철. 1978. 『역려』. 세종출판공사.

08 "월간문예지 「한국문학」은 그동안 중단됐던 연재소설 「역려」를 75년 2월호부터 계속하기로 했다. 「역려」는 73년 12월부터 연재되어 3회까지 나갔다가 작가 이호철씨가 구속기소되어 그동안 중단됐던 것." (「「한국문학」 연재 소설 「역려」 계속」, 〈경향신문〉 1974년 11월 12일자, 5면.)

09 정호웅의 글이 『역려』(『출렁이는 유령들』)에 대한 본격적인 평으로는 유일하다. 정호웅은 "『출렁이는 유령들』은 해방 직후 한국 땅에 살았던 패전국민 일본인들의 현실을 사실적으로 증언한 소설로서 우리 문학사에 기록될 만하다. 해방 직후 이 땅에 살고 있던 일본인들의 비참한 현실을 담고 있는 소설 가운데 대표적인 것은 허준의 『잔등(殘燈)』인데, 그 옆자리에 『출렁이는 유령들』을 놓을 수 있다"고 했다. (정호웅. 2010. 「'역려(逆旅)'의 정신, 성찰의 서사 – 이호철의 『출렁이는 유령들』」. 『출렁이는 유령들(2)』. 글누림, 250쪽.)

10 "작품의 주인물 '한모모'는 작가로서 재일동포가 발행한 잡지 『한성』에 기고하고 그곳의 초청을 받아 일본여행에서 돌아온 뒤 '간첩혐의' 사상범으로 독방에 수감된다. 이러한 사건의 설정이나 주인공의 인물 구성이 실제 작가의 행로와 그리 어긋나지 않는다는 점에서 간첩조작사건의 정치적 희생자였던 작가 자신의 자전적인 경험을 토대로 삼았다고 할 수 있다."(유임하. 2010. 12. 「닫힌 현실과 열린 분단의식 – 이호철의 장편소설 『문』」. 〈돈암어문학〉 23. 돈암어문학회. 277쪽.)

11 『역려』는 세 개의 판본이 존재한다. 〈한국문학〉 1973년 12월호부터 1974년 2월호까지 연재되었다가 중단되었고, 1975년 2월호부터 다시 재개되었다. 이 텍스트가 제1판본이다. 두 번째 판본은 1978년에 세종출판공사에서 간행된 단행본 『역려』이다. 2010년에야 '글누림'에서 『출렁이는 유령들(1 · 2)』로 간행되었다. 이 글은 제2판본인 '세종출판공사' 간행본을 저본으로 삼았다.

12 이호철은 『출렁이는 유령들(1 · 2)』을 간행하면서 '후기'에 "30여 년 동안 거의 버린 자식 취급하듯이 어느 구석에 처박아둔 채 그간의 선집이나 전집이라는 것에도 일체

『역려』는 1970년대 한일관계와 남북관계을 서사화한 작품이다. 이 작품은 다음 몇가지 사항 때문에 문학사적 맥락과 한국 사회사적 맥락에서 다시 해석할 가치가 있다.

첫째, 『역려』에는 한일 관계에 대한 경계인의 시선이 투영되어 있다. 이호철은 1930년대 일제강점기 북쪽에 거주했던 일본인 이즈미 가족의 생활을 그렸다. 작가는 1965년 한일국교 정상화 이후 8년여가 흐른 1973년이라는 시기에 한일관계를 새롭게 조명했다. 그는 이즈미 가족이 해방 이후 소식이 단절되어 있다가, 한일협정 조인 이후 만나게 되는 과정을 통해 새로운 '한일관계'를 제안하려 했다.[13]

둘째, 『역려』는 1970년대 초 한국사회의 시대상황을 한일관계와 분단이라는 관점에서 그린 작품이다. 국제적으로 냉전 질서의 전환이 이뤄지고 있는 상황에서 한반도는 1972년 '7·4 공동성명'의 화해분위기가 형성되다가 다시 극한적으로 대립하는 양상을 보였다. 이호철은 국가주의에서 벗어난 시민적 관점으로 한일관계를 바라보려 했고, 더불어 '악의 형상화'와 연결된 분단이데올로기에 저항하려 했다.

셋째, 『역려』는 이호철 작가의 작품세계의 변화와 연관해서도 흥미로운 텍스트다. 공교롭게도 이호철은 『역려』를 연재하던 도중에 간첩혐의로 체포되었고, 감옥에서 풀려나온 이후에 작품 연재를 재개했다. 이는 한국문학사에서도 특별한 경우다. 『역려』를 통해 체포와 구금이 작품 창

끼이지 못했"다고 밝혔다. (이호철, 「다시 작가의 몇 마디 말」, 『출렁이는 유령들(2)』, 앞의 책, 252쪽.)

13 이호철은 '〈한양〉지 필화 사건'으로 옥중 생활을 하고 풀려난 후 인터뷰에서 다음과 같이 현실과 역사에 대한 자신의 의견을 밝혔다. "옥중 생활을 글로 쓰지는 않고 있으나 투옥 중에 역사관계의 서적들을 탐독하며 시간을 보냈다는 이씨는 '우리 역사 속에 그토록 많은 소설자료가 있는 줄 몰랐다. 앞으로는 역사 속에서 명멸한 인물들을 들추어내 현대에 재생시켜보겠다'고 말하고 있어 이제까지 작품세계에 소시민 의식을 통한 현실 감각을 반영시켰던 그의 필봉은 역사소설 쪽으로 급전환될 가능성을 보인다."(「풀려난 문인들 문제의 작품」, 〈경향신문〉 1974년 12월 21일자, 5면.)

작에 미치는 영향을 추론적으로 재구성할 수 있다.

논자는 '악'과 '간첩'을 겹쳐냄으로써, 1970년대 한국사회가 대중의 공포를 동원하는 방식에 대해서도 비판적으로 다룰 것이다. 이를 위해 일제강점기를 바라보는 한국인의 시선과 일본인의 시선의 겹쳐짐, 과거 '제국과 식민'을 기억하는 세대간의 차이, 그리고 '간첩 서사'가 한국사회에서 작동하는 양태를 규명하려 한다.

3. '악'과 간첩서사, 세대 인식의 전이

작품의 표제인 '역려逆旅'는 '일정한 돈을 지불하고 손님이 묵는 집'이나 '손님을 맞이하는 여관'을 의미한다.[14] 이 작품은 발상부터 여행과 관련이 있으며, 소설의 도입부도 여행의 장면을 묘사하는 것으로 시작한다. 이호철은 "내가 옥고를 치른 계기가 1973년 초겨울[15] 일본에 약 보름 동안 갔던 일로서였는데, 그 때 본 일본 나라의 그런저런 분위기는 나대로 이 소설을 쓰는데 거의 결정적인 참고가 되었다는 사실은 약간 아이

14 정호웅은 제목 '역려(逆旅)'를 역사서사로 파악해 '거꾸로 가는 여행'이라는 상징적 의미를 부여했다. (정호웅, 앞의 책, 240쪽.) 필자는 '역려(逆旅)'에 주체성을 강조하려는 작가의 의도가 기입되어 있다고 보았다. 게이조오가 한국을 방문하며 묵으면서 발생하는 일련의 사건에 주목할 필요가 있다. 서사의 중심에 게이조오가 있지만, 사실은 게이조오는 손님일 뿐이고 한반도의 주체는 경자를 비롯한 거주민임을 강조한 것으로 해석 가능하다. 역사적 서사에서도 비슷한 해석을 할 수 있는데, 일제강점기라는 역사적 상황도 '손님으로서 한반도를 방문'했을 뿐이라는 상징적 의미를 부여하는 것으로 볼 수 있다.

15 이호철은 1973년 초겨울이라고 했지만, 이는 작가의 착각이다. 1972년 11월 17일부터 12월 2일까지 일본 하네다 공항을 통해 입국했다. 『역려』의 도입부는 게이조오의 시선으로 하네다 공항을 묘사하는 장면으로 시작한다.

러니가 아닐 수 없다"고 했다.[16] 1972년의 일본 방문 경험을 통해 작가는 한국에서 일본에 대해 논하는 것과 직접 일본 땅에 발을 딛고 일본을 경험하는 것의 차이를 확연히 실감하게 된다. 이 소설에 곳곳에 이즈미 게이조오는 '한국 방문' 이후 자신의 혼란에 대해 언급하고 있다. 이는 이호철이 일본 방문 이후 직접 일본과 연루됨으로써 느꼈던 곤혹스러움의 반영이다.

『역려』의 전체적 서사는 다음과 같다. 소설은 도꾜에 살고 있는 이즈미 게이조오泉敬三가 1973년 5월 남한 조치원에 거주하고 있는 이복여동생 게이꼬敬子, 박경자 가족을 방문하려 하는 장면에서 시작한다. 이즈미 가족은 1965년 6월 22일 한일국교정상화 이후부터 꾸준히 한국에 남겨두고 온 가족을 찾으려고 주한일본대사관을 통해 수소문을 해 왔다. 그러다가 1970년 경에 연락이 되어 서신 교환이 이뤄졌다. 일본에 있는 이즈미 게이조오의 아버지 이즈미 다쯔오達夫의 안달하는 모습에 비해 한국 가족들의 대응은 냉담하다고 할 정도였다. 3년여의 편지 교환 후에 게이조오는 아버지의 성화에 못 이겨 직접 한국의 이복동생들을 찾아나섰다.

한국에 살고 있던 이즈미 다쯔오의 둘째 부인인 조여사와 아들 박성갑(게이스께)과 딸 박경자(게이꼬)는 게이조오의 갑작스러운 방문에 혼란해 한다. 조여사는 해방 이후 만주의 일본인 토건회사에서 일했던 박훈석과 재혼했고, 이후 월남하여 조치원에서 살고 있었다. 아들 성갑은 조치원 근처의 저수지에서 양어장 사업을 하여 큰 성공을 거두었다가 자금난을 겪고 있는 상황이었다. 게이조오의 한국 방문으로 박훈석과 박성갑은 양어장 사업에 일본 자본을 끌어들이면 큰 전환이 일어날 수도 있다는 기대감을 품게 된다. 하지만, 경자는 일본의 도움을 요구하는 것은 자존심이 허락하지 않는다는 입장을 취한다. 문제는 게이조오가 일본

16 이호철, 「후기」, 『역려』, 앞의 책, 345쪽.

으로 귀국한 이후에 발생한다. 야마나까山中 무역상사의 한국 대리점 대표라는 나가노 사부로우라는 인물이 박성갑의 양어장 사업에 대한 일본의 투자를 주선하겠다고 나선다. 나가노는 박훈석과 적극적으로 교섭하면서 일본 투자를 가시화함으로써 오히려 남북관계와 한일관계를 둘러싼 상호교류에 대한 불안감을 고조시킨다. 이 소설은 나가노가 북쪽의 에이전시였고, 밀정이었다는 사실이 한국 기관에 의해 포착됨으로써 서사가 급격하게 마무리된다.

『역려』의 전체 서사에 갈무리되어 있는 주제의식은 무엇일까?

『역려』의 초반부 핵심 모티프는 28년만의 상봉현장에 이복동생들이 마중 나오느냐, 안나오느냐이다. 사소한 문제처럼 보이는 이것이 중요한 이유는 한일회담으로 상징되는 전환기적 사건에 대응하는 자존심의 문제와 연결되어 있기 때문이다. 이러한 자존심의 상징화는 게이조오의 양면적 태도를 통해 확연히 드러난다. 게이조오는 이복동생인 박성갑과 박경자가 김포공항에 마중 나오지 않을까 봐 염려하며 안달한다. 그러면서도 "배짱 가진 한국인"[17]으로 성장했다면 응당 나오지 않아야 한다는 바램을 갖고 있다. 마중 나오느냐 마느냐의 문제는 이즈미 가족 형성에 얽혀 있는 일제 강점기의 비화秘話와 관계가 있다.

일본인인 게이조오와 한국인인 이복동생 박성갑·경자의 상봉을 앞둔 긴장관계는, 1965년의 한일협정이 '굴욕외교'였는가 아닌가에 대한 정서적 대결의 우회적 표현이다. 이호철은 게이조오를 박성갑과 박경자가 마중나오지 않게 함으로써, 한국인의 자존심을 지켜내는 방식으로 이야기를 이끌어냈다. 특히, 박경자는 시종일관 당당하게 이복오빠인 게이조오를 대함으로써, 한일관계의 현실과는 다른 문학적 표현으로서 한국민중의 정서를 대변한다.

---

17 이호철, 『역려』, 앞의 책, 14쪽.

게이조오 가족은 1930년경부터 북의 안변 석산리에서 과수농장을 경영하며 살았다. 게이조오의 아버지인 이즈미 다쯔오는 조선에서 지구헌병대에서 특무로 근무하다가, 한때 국민학교 교사도 했던 인물이었다. 안변 석산리에 과수원 경영에 욕심이 생겨 지구헌병대를 동원해 석산리 야산 임자인 종갓집 중늙은이를 지구헌병대로 연행해 강제적으로 매매계약을 성사시켰다. 다쯔오 가족은 석산리 사람들에게 〈일본집〉 〈이즈미집〉이라 불리며 특권적 지위를 누렸다. 더 나아가 이즈미 다쯔오는 일본인 본부인이 있음에도 불구하고, 스무살의 조선인 처녀를 둘째 부인으로 거느리기까지 했다. 다쯔오의 행태는 과거 역사 속에서 일본인들이 식민지 조선에서 어떤 방식으로 부를 축적했으며, 조선인에게 군림했는가를 보여주는 것이다.

이호철이 일본인 이즈미 가족의 석산리 정착 과정과 석산리에서 특권적 지위를 누린 과거를 통해 이야기하려 했던 맥락적 진실은 무엇이었을까? 1965년 한일국교 정상화 회담이 진행되는 과정에서 논란이 되었던 것은 '식민지 근대화론'과 '식민지 수탈론'의 논리적 대결이었다. 1965년까지도 '식민지 근대화론'의 관점에서 일본인들에 의한 이른바 '망언'을 끊이지 않았다. 이에 대해 한국 지식사회는 '분열과 매수의 정치, 수탈의 정치, 합리화 등'이라고 강하게 비판했다. 한일 국교정상화가 이뤄졌던 1965년에 발표한 글에서 사회학자 김원은 "분열, 매수정치가 40년간의 통치기간 중, 무난하게 이루어진 요인은 그들이 처음부터 끝까지 토착귀족세력인 지주, 양반과 타협 제휴하는데 신경질적인 노력을 했다는 점에 있을 것"이라고 했으며, "토착계층을 장악하므로서 하층구조를 형성하고 있는 절대수의 농민(소작민)과의 제휴를 맺기에 용이하기 때문"이라고 했다. "한국에 있어서의 민족자본의 대두를 저해한 것이, 지난 세기의 수법이라면, 요즘의 경제침투는 비굴한 친일분자와 매판자본을 통해 '신

식민지화'의 과정을 밟는" 것이라고 비판했다.[18] 작가 이호철은 일제 강점기 이즈미 가족사를 제시함으로써, 과거 일본이 한반도에서 행한 일들에 대한 경제적이면서도 윤리적인 책임을 환기했다. 일본제국주의 정치권력이 조선에 행한 구조적 수탈보다는, 이즈미 가족이 석산리에서 행한 구체적 착취를 보여주었다. 더불어 독립운동가의 가족으로 고아나 다름없는 처지에 있었던 조씨 처녀까지 둘째 부인으로 삼았던 일들이 현재까지 영향을 미치는 모습을 그려냈다. 이를 통해 한일관계가 단지 과거에만 국한된 것이 아니라 현재에까지도 영향을 미치는 이웃의 관계임을 보여주었다.

『역려』는 해방 이후 북녘에 거주했던 일본인들이 귀환 과정을 상세하게 묘사하고 있기도 하다.[19] 패전국 국민이 된 순간 조선 내 일본 거주민들은 조선인들의 위협에 시달렸다. 이즈미 가족도 석산리 청년들이 삽과 쇠스랑을 들고 대문 앞에서 위협을 가하지만, 마을 어른들이 청년들을 만류하여 화를 면했다. '귀환 일본인', '재조선 귀환자', 혹은 '귀환자'라고 일컬어지는 이들의 행로를 보여주는 수기인 후지와라 데이의 『내가 넘은 38선』은 1950년대 초 한국에서 베스트셀러가 될 정도로 주목을 받기도 했다.[20] 이호철은 조선인과 일본의 혼혈인의 존재를 보여주면서, 한일관계를 겹쳐내는 방식으로 '재조선 귀환자'를 행로를 형상화했기에 인상적이다.

---

18 김원. 1965. 10. 「총독부 정치의 분석과 비판」. 〈세대〉 제10권 통권 27호. 세대사. 149~150쪽.

19 해방 이후, 조선에 거주하던 일본인들은 1945년부터 1961년도까지 총 6,288,665명이 귀환했다. 38도선 이남 지역에서 596,454명, 이북 지역에서 322,585명이 일본으로 귀환했다. 이들의 귀환은 대부분은 1945년부터 1946년에 이뤄졌고, 이 기간동안 38도선 이남 지역에서 571,765명, 이북 지역에서 304,469명이 일본으로 귀환했다. 총 876,234명이 귀환했다. (최영호. 2008. 9. 「한반도 거주 일본인의 귀환과정에서 나타난 식민지 지배에 관한 인식」. 〈동북아역사논총〉 21호. 동북아역사재단. 267쪽.)

20 후지와라 데이. 1950. 『내가 넘은 三八線』. 정광현 역. 首都文化社.

석산리를 호령하던 이즈미 가족이었지만, 조선이 해방을 맞자 둘째 부인 조씨와 게이스께, 게이꼬를 석산리에 남겨두고 일본으로 1946년에 떠났다. 다쯔오는 독립운동가 가족의 처녀를 겁탈하듯이 둘째 부인으로 맞이하고서는 망한 집안이니 "네 몸에서 나오는 아이들이 네 성(性)을 갖게 해서 네 집을 잇도록 하겠다"[21]라며 내팽개치는 무책임함을 보였다. 조씨는 두 아이들과 생계를 유지하기 위해 만주에서 흘러들어온 박훈석과 결혼한 후 월남하여 삶을 일궈왔다. 성갑과 경자는 일제 강점기의 역사적 흔적이다. 외가는 독립운동가 집안이고, 친가는 일본인 집안이기에 경계인의 정체성을 안고 있다. 그렇기에 게이조오의 방문을 통해 경자는 서른살에 이르러서야 스스로를 "일본인의 트기"라는 사실을 새롭게 인식하면서도, "한일 혼혈인으로서, 일본 쪽으로 서서든 한국 쪽으로 서서든 경자 자신의 자존심이 결코 용납할" 수 없는 상황에 당당히 대응하려 했다.[22]

해방 이후 20여년이 지난 상황에서 한일회담이 논란이 되고, 한일국교정상화가 이뤄지자 헤어졌던 가족이 다시 만났다. 문제는 과거를 기억하는 방식이 사람에 따라 다르게 나타난다는 점이다. 『역려』는 일제강점기에 대한 관점을 구세대와 젊은 세대를 분명히 구분해 보여준다. 이호철은 한일협정이 구세대의 야합이라면, 새로운 한일관계는 젊은 세대들의 주체적 의지로 형성해 나가야 한다는 관점을 제시한다.

구세대인 이즈미 다쯔오는 일본 헌병의 특무였고, 조선에서 농장을 경영했던 화려했던 시절을 낭만적으로 회고했다. 일본인이라면 제국의 영광을 향수적 관점으로 바라볼 수 있다. 다쯔오의 둘째 부인이었던 조씨와 결합한 박훈석이 오히려 더 문제적이다. 박훈석은 만주 하얼빈에서

21 이호철, 『역려』, 앞의 책, 225쪽.
22 위의 책, 27쪽.

일본 토건회사의 운전기사 역할을 했던 시절을 가장 화려했던 과거로 기억했다. 그는 이즈미 가족에게 자신의 부인(조씨)과 게이스께, 게이꼬를 "30년 동안 맡아 있었다"[23]고 하면서 보상을 요구했다. 이즈미 다쯔오와 박훈석은 과거를 낭만적으로 회고하는 공감을 형성했다. 그렇기에 둘은 상동성을 교감하며 상호 협조함으로써, 구시대적 한일관계의 복권을 향하는 가부장적이고 권위적인 위치에 서 있다.

게이조오와 경자, 그리고 성병으로 대표되는 젊은 세대의 관점은 다르다. 게이조오는 조선에서 17년 동안 생활했던 인물이지만, 아버지 이즈미 다쯔오와는 다른 도덕적 책무에 충실하려는 태도를 취했다. 일본제국주의 이후 세대의 감각을 표상한다고 할 수 있다. 게이조오는 한국방문에 따른 순응적인 일정을 거부하고, 게이꼬(경자)과 성병이와 함께 설악산에 오르는 일을 감행했다. 설악산에서 게이조오는 "나, 게이조오가 앞으로 한국에 전쟁이 일어나는 것을 반대하고, 일한 관계가 진짜로 한국의 자주적인 독립을 존중하는 쪽으로 이루어지고, 한국의 남북통일을 진심으로 지원하는 쪽으로 애를 쓸 것을 두 사람 앞에 그리고 청봉 앞에 서약"[24]한다고 선언하기까지 했다.

성병은 더 적극적이고 당당한 젊은 세대이다. 한국 새세대를 표상하는 성병은 한일협정 반대운동에 나섰던 대학생 세대를 상징한다. 성병은 농림모 차림으로 수박과 참외장사를 하여 학비를 스스로 벌며 아버지 박훈석으로부터 경제적으로 독립한 인물이다. 청년 세대로서 한일관계에도 과거에 구애됨이 없이 자립적이고 독립적으로 의사표현을 한다.

이 소설의 주요 인물인 경자 또한 독립적 주체로서 자신의 판단을 중시하는 인물이다. 경자는 자신이 '일본인의 트기라는 것'이 드러나는

---

23 위의 책, 71쪽.
24 위의 책, 122쪽.

것에 곤혹스러워하지만, "대체 한일 관계 전체라는 건 뭐지요? 그런 건 처음부터 없어요. 한 사람 한사람이 그때그때 부딪치는 한일관계가 바로 한일관계지요."[25]라고 당당히 말한다. 경자는 한일관계에 대한 주체적 관점을 갖고 있다. 국가적 혹은 민족적 관계에 포섭된 채 자신의 행위를 결정하지 않고, 낱낱의 관계 속에서 주체적으로 관계를 형성하자고 제안한다. 이호철은 실리적 관계나 현실적 관계를 극복하고, 정서적 측면까지 포괄하는 동등한 관계형성을 대안으로 그려냈다.

『역려』는 한일관계를 세대간의 차이로 인해 나타나는 역사적 경험에 대한 다른 접근법을 제시한다. 이를 위해 이호철은 '제유적 서사기법'을 활용했다. 제유는 전체와 부분의 관계를 지칭한다. 제유적 서사기법에 의해 표현된 부분은 전체의 한 요소가 아니다. 독립된 부분이면서도 전체의 본질적 속성을 갖는 것을 의미한다.[26] 『역려』는 서사적 문제의식인 한일관계의 복잡성을 '이즈미 가족'이라는 부분으로 표현했다. 일제강점기는 강압적으로 생성된 이즈미 가족 구성을 지칭하고, 태평양전쟁 종전 이후 한일간의 단교는 이즈미 가족의 이산으로 표현된다. 한일협정을 둘러싼 논란은 이즈미 가족의 상봉에서 나타나는 자존심의 문제와 연결된다. 이호철은 '제유적 서사기법'을 통해 한일관계를 이즈미 가족의 정서적 얽힘으로 표현했으며, 그 해결의 전망을 주체적 관점에서 상호평등적 관계의 재설정으로 제시했다.

---

25 위의 책, 51쪽.

26 박현수. 2008. 4.「수사학의 3분법적 범주 : 은유, 환유, 제유」.〈한국근대문학연구〉. 한국근대문학회. 316쪽.

4. 한일관계의 재인식에서 분단서사로

1965년 한일국교정상화 이후 1970년대의 시점에서 한일문제를 재구성해보려는 의도에서 『역려』의 서사가 시작되었음은 분명하다. 그런데, 『역려』의 서사는 '나가노'라는 인물이 등장하면서 서사의 흐름이 급격히 전환된다. 이 시점은 이호철이 '〈한양〉지 필화사건'으로 수감된 이후, 1975년 2월에 연재를 다시 재개할 때였다.

한국사회는 1970년대초 세계정세의 변화에 따라 남북관계도 요동쳤다. 리차드 닉슨 미국 대통령은 1969년에 '닉슨 독트린(Nixon Doctrine)'을 발표한 후, 1972년에는 중국과 소련을 방문해 세계적인 긴장완화를 이끌어냈다. 냉전체제가 전환기를 맞이하면서, 한반도 정세에도 변화가 찾아오는 듯했다.[27] 1971년 9월에 남북이산가족 상봉을 위한 '남북적십자 예비회담'이 개최되었고, 1972년 7월 4일에는 '7·4 남북공동성명'이 발표되었다. 이 역사적인 선언에는 '사상과 이념과 제도의 차이를 초월하여 평화적인 통일을 달성'하겠다는 의지가 담겨 있다. 이어 남북조절위원회가 설치되었고, 7차례에 걸친 적십자본회담과 두차례의 남북조절위원회 공동위원장 회담 및 세차례에 걸친 남북조절위원회 회담이 개최되는 등 화해의 분위기가 고조되었다.[28] 하지만, 남한에서는 1972년

---

27 〈세대〉 1974년 6월호에 게재된 '특별좌담'에서 성균관대 양홍모교수는 한반도 긴장상태를 다음과 같이 제시했다. "국제정치적인 視覺에서 東北亞를 俯瞰한다면, 닉슨의 北京방문이 시동한 解氷의 난류가 美中共간에 정체의 渦狀을 그리고 있는 것 같으면서도 美蘇, 日蘇의 협력 증진으로 신중한 진행상을 보이고 있읍니다. 그럼에도 불구하고 유독 韓半島에서만은 逆解氷의 寒流가 국제정치의 방향과 自然의 季節을 역행하고 있는 인상을 짙게 풍기고 있습니다."(신상초·양홍모·윤종현·최광석. 1974. 6.「特別座談 : 最近 北傀動向과 安保姿勢」.〈세대〉 제12권 통권 131호. 세대사. 228쪽.)

28 "우리가 다 아다시피 70년부터는 이른바 會談時代로 접어든다. 남북적십자회담, 남북조절위원회회담 등이 극적으로 개시되어 진행되었고, 南北聯邦制 등 구체적인「平

10월 박정희 정권의 '비상계엄 선포'에 이은 '헌법개정안 공포'(10월유신)가 있었고, 북한에서는 1972년 12월에 최고인민회의 제5기 1차회의에서 김일성국가주석제를 도입한 '새헌법'이 공포되었다.

냉전체제가 데탕트로 전환되면서, 남북관계에서도 새로운 전환을 맞이했다. 그 와중에 위험한 일본이라는 담론이 집중적으로 형성되기 시작했다.[29] 재일 조선인 간첩사건이 빈번했고, 재일조선인총련합회에 대한 공격적 문제제기가 끊이지 않았다. 박정희 정권의 '김대중 납치사건'으로 인해 일본 시민사회내에서도 한국정부의 공작정치에 대한 문제제기가 거세게 일었다. 더불어 한일관계도 악화되면서, 시민사회 영역에서 이뤄지는 한일관계에 대한 통제적 조치가 취해지고 있었다.[30] 게다가 '8·15 사건'이라고 명명되었던 '문세광 사건' 이후 남북관계와 한국·일본 관계에서 재일조선인들의 위치에 대한 관심 또한 고조되었다.[31] 바로 그 시기에

和案」이 제시되던 시기였다. 그러나 「風土造成」 전략은 별로 성과를 이루지 못했다고 判定한 듯하다. 北韓은 73년 8월 이래 사실상 南北會談을 중단하고 있으며 平和攻勢도 주춤하고, 대신 第3世界를 중심으로 한 국제사회에 적극적 外交攻勢를 펴는 일방 北韓內의 경제건설과 軍備擴充에 주력하고 있는 것이다." (이상우. 1975. 4. 「북한의 「평화통일」 전략」. 〈세대〉 제13권 통권 141호. 세대사. 250쪽.)

29 "분단의 내재화는 결국 한반도 분단이 동서냉전 구도가 아니라 남북한의 체제경쟁을 주요 동력으로 움직여가는 것을 의미했고, 이는 또한 분단유지의 주된 비용이 남북한에 떠넘겨지는 것을 의미했다. 데탕트기(1970년대) 남북한은 오히려 군비경쟁을 한층 강화했다." (홍석률. 2015. 2. 「냉전의 예외와 규칙 - 냉전사를 통해 본 한국 현대사」. 〈역사비평〉. 역사비평사, 124쪽.)

30 "73년 8월에 金大中씨 拉致사건 이후 朝青의 反韓的인 난동은 극에 달했고 북괴와 朝總聯은 이를 최대한으로 이용, 韓日間의 이간과 韓國의 국제적 고립화를 획책했다. 74년 4월부터는 일본에서의 反韓國데모의 선봉에 나섰으며 심지어 일본의 極左翼 단체인 中核派, 冲純鬪, 革마루, 제4인터내셔널 등과 제휴, 駐日 韓國대사관이나 공보관을 위협했고 韓國 政府의 타도를 선동하는 불온문서를 살포하기도 했다."(윤상철. 1974. 10. 「在日 反韓國 團體들」. 〈세대〉 제12권 통권 135호. 세대사. 129쪽.)

31 "8·15사건을 계기로 해서 그들의 존재가 우리의 새로운(?) 관심의 대상으로 크로즈업 되고 있는데, 그것은 현실적으로 재일교포의 韓·日關係 및 南·北韓의 관계 전개에 미치는 영향 또는 위치가 그 얼마나 큰 것인가를 새삼 인식하게 되었다는 것을 의미하는 것이다." (裵載湜. 1974. 11. 「日本속의 韓人들」. 〈세대〉 제12권 통권 136호, 세대사. 55쪽.)

『역려』의 후반부가 새롭게 집필된 것이다.

애초의 구상은 한일관계의 탐구였는데, 남북한과 일본 3국간의 정보 전쟁을 연상시키는 서사의 전개양상으로 소설의 중반부터 급변했다. 가파른 서사의 전환은 일본의 내각 조사실 산하 기관의 요원이 게이조와 면담하고, 다쯔오와 만나면서부터 발생했다. 그 핵심적 전환점이 '나가노 사부로우'의 활동이었다.[32] 나가노는 소설의 처음 부분에서 한국에 주재하는 야마나끼 무역상사 한국 대리점의 대표로 잠깐 등장할 뿐이었다. 그는 게이조오가 한국으로 입국할 때, 항공기에서 옆자리에 앉았던 인물이다. 그런데, 게이조오가 일본으로 귀국한 이후 나가노가 게이조오를 방문하고, 한국에서는 박훈석을 찾아가 투자를 약속하면서 서사는 모호해지고, 음모론적인 방향으로 나아간다.

나가노는 박성갑이 경영하는 양어장에 대한 투자를 약속하며 접근해온다. 박성갑은 농지개량조합에서 관리하는 십만평의 저수지를 5년 기한부로 임대계약을 체결하여 2,30만 마리의 잉어양식에 성공했다. 박성갑이 양식에 성공하자, 농지개량조합에서 계약을 해지하고 자신들이 잉어 양식 사업을 하겠다고 나선 것이었다. 박성갑으로서는 기업적 경영을 갖춰 일본 등으로 판로를 개척하는 방안을 적극 모색해야 하는 상황이었다. 그 때에 나가노가 접촉을 해오자, 박성갑의 양아버지인 박훈석이 일을 성사시키기 위해 적극적으로 뛰어들었다.

나가노는 무역상사 대표로서 국제무역을 하는 장사꾼이다. 역사적으로 '간첩'과 '장사꾼'은 이동성, 정보수집을 통한 이익 추구, 교역을 한

---

32 "재일조선인 간첩의 이야기는 분단 디아스포라의 표상인 간첩이라는 혐의가 재일조선인에게 벗어날 수 없는 질곡이라는 점을 알게 해 준다. 본래 간첩이 사이를 들여다보는 존재를 의미했다면, 재일조선인이야말로 냉전기 남한의 극우반공사회의 분위기 속에서 남과 북의 틈새에 끼인 존재가 되어 버린 것이다. 그들은 대한민국이라는 반공국가 구성의 과정에서 버려진 존재들이었고, 어디에도 속하지 못하고 소속을 상실하여 간첩의 협의를 지니게 된 자들이었다. (허병식. 2017. 11. 「분단 디아스포라와 재일조선인 간첩의 표상」. 〈동악어문학〉 73. 동악어문학회. 126쪽.)

다는 측면에서 비슷한 속성을 공유한다.[33] 게이조오의 표현에 따르면, 나가노는 "실리實利로만 뭉뚱그려진 전형적인 일본인의 생김새"로서 "이데올로그 쪽으로 맞는 생김새가 아니라, 프래그마티즘 쪽으로 맞는 생김새"였다.[34]

나가노는 박훈석과 이즈미 다쯔오와 속성상 닮아 있기도 하다. 이들은 유동하는 존재로서 상황에 따라 자신의 역할을 변화시킨다. 나가노가 등장함으로써 한일관계를 둘러싼 세대 갈등은 어느 순간 한반도 분단을 둘러싼 남북일의 관계로 전환된다. 나가노는 노골적으로 박훈석을 유혹하고, 박훈석은 불안감을 느끼면서도 편의적으로 나가노를 판단하게 된다. 여기에 게이조오의 전언이라는 "자기는 이 일에 처음부터 별로 홍미를 못가졌고, 한일 양국 국민의 밝은 내일을 위해서도 끝에 가서는 이런 일이 안 좋을 것이라는 생각이었는데, 지금 일이 진행되고 있는 과정은 전혀 다른 차원으로 여간 걱정이 되지 않는다. 조심하라! 이건 동생들의 신상에 관계되는 일이어서 가만히만 있을 수 없다. 조심하라!" [35]라는 말이 모호성을 배가시킨다. 이 말은 나가노가 자신의 신분을 위장하기 위해 게이조오의 말이라며 만들어낸 허구이다. '조심하라'가 소설의 후반부에 반복적으로 등장함으로써 불안감은 배가되고, 공포가 확산된다.

---

33 "1234년, 징기즈칸이 죽은 지 7년이 지났을 때였다. 오고타이는 유럽원정을 결심한다. 그에게 수부타이(速不台)가 있었다. (중략) 수부타이 장군은 적진의 정세를 탐지하는 특수비밀 부대원을 운용하고 있었다. 특수비밀부대원은 몽골인들로 구성된 것만은 아니다. 각 민족의 각계각층으로 구성되어 있었으며, 원정국이 정해지면 해당 국가의 민족출신이 주로 선발되었다. 첩보원, 그들의 대외적인 신분은 장사꾼, 악대, 떠돌이 등이었다. (중략) 비밀 정보원들은 가는 곳마다 상거래를 하면서 동시에 적정을 주의 깊게 탐지하여 본대와 후속부대에 보고했다. 보고 내용 중에는 침략 대상국의 성과 요새, 강이나 천의 위치, 그리고 식량상태 등이 반드시 포함되어 있었다."(손관승. 1999. 『우리는 그들을 스파이라 부른다』. 여백. 38쪽.)

34 이호철, 『역려』, 앞의 책, 256쪽.

35 위의 책, 297쪽.

'조심하라'는 이호철이 '문인간첩단사건'으로 당국의 취조를 받고 갖게 된 강한 전언으로 읽힌다. "국가 안보를 가장 지상至上으로 여기는"[36] 한국에서 '외부세력을 조심하라'는 말은 절대명령과 같은 의미를 지닌다. 하지만, 박훈석을 압도하는 것은 경제적 이익의 유혹이다. 박훈석은 '만주에서의 향수'와 '일본제국주의 시대'에 대한 동경 속에서 한일관계의 회복에 대한 강렬한 열망을 품고 있었다.

오오다니상사를 매개하는 것처럼 보이던 나가노의 정체는 북측 에이전시의 '밀정'으로 판명났다. 박훈석은 정보기관에 연행되어 조사를 받으며 자신의 시대가 이제는 갔음을 받아들이게 된다.[37] 정보기관은 모든 것을 파악하고 있는 압도적 권력으로 그려진다. 박훈석에게는 단지 권력이 파악한 정보를 확인하는 방식을 조사만 수행할 뿐이다. '알고 있음'은 공포를 조장한다. 권력이 알고 있는 정보와 자신이 알고 있는 사실이 다름을 증명하는 것은 어렵다. 이 어려움으로 인해 공포는 확대재생산된다.

1970년대 한국사회에 '돈의 위력'은 대단한 것이었다. 일본은 풍부한 돈을 가진 선진국이었고, 한국은 무역 등을 통해 돈을 축적해야 하는 '수출지향적 경제'를 추구하고 있는 상황이었다. 문제는 북한 에이전시를 통해 일본의 돈이 한국으로 흘러들어오면서 "돈의 불온성不穩性"이 형성된다는데 있다.[38] 한국 정보기관은 오염 혹은 균에 대한 방역 작업이라는 방식으로 '악'에 대한 방제작업을 진행한다. 게이조오와 접촉을 한 경

---

36 위의 책, 301쪽.

37 "냉전이 원칙없이 대체로 비생산적인 비밀전쟁을 정당화했던 것과 마찬가지로, 정보기관이 '확대재생산'되는 새로운 시대가 그와같은 위험을 안고 있음은 너무나 맹백하다. 만약 이스라엘이 이러한 시류의 가장 극명한 예를 보여준다면, 감시와 통제의 새로운 틀은 전지구적으로 그림자를 드리우고 있다고 할 수 있다. 무책임한 권력과 문명 사이에서 진짜 충돌이 빚어질 수 있는 상황을 만들면서 말이다."(폴 토드 · 조너선 블로흐. 2005.『조작된 공포』. 이주영 옮김. 창비. 58쪽.)

38 이호철,『역려』, 앞의 책, 271쪽.

자와 성병 등도 방제의 대상이 된다. 마귀 혹은 악마는 오염과 연결되어 금기시된다. 접촉하면 안되고, 접촉하는 순간 불온시되어 격리된다. 하지만, 그 위력이 막강하기에 박훈석은 '돈의 성격'을 어느 정도 알게된 순간에도 돈에 대한 숭배의 위력을 떨쳐버리지 못한다. 경자와 성병에 대해 한국정보기관이 방역작업을 수행하는 것도 비슷한 맥락의 상징적 행위이다. 체제에 반대하는 다른 생각의 소유자들을 체제 내의 사람들과 어울리지 못하도록 하기 위해 금지시키고, 격리시킨다. 이는 특정한 이데올로기 권역, 혹은 특정 공동체가 작동하는 원리이기도 하다. 그럼으로써 '배제를 통한 통합'의 강력한 원리를 구현하려 한다. 이는 배제를 내면화한 질서이다.[39]

박훈석과 이즈미 다쯔오의 옛 시대에 대한 공감, 그리고 경제적 이익을 앞세운 양국의 교감은 한일협정에 대한 은유적 서사다. 그 이면에는 일제강점기의 상황에 대한 구세대의 향수가 있다. 또한 일제의 패망 이후 일본인의 귀환과정이 담겨있고, 일본인과 결혼한 여성의 고통스러운 월남 과정이 그려져 있으며, 한일 혼혈의 자기 정체성 숨기기가 그려져 있다. 1970년대적 서사가 남북분단의 압도적 현실에 억압당하고 있다면, 해방기를 증언하는 서사는 풍부한 환기력을 제공한다. 한일관계의 얽힌 실타래가 미시적 상황을 통해 드러나며, 여전히 한국과 일본이 서로를 경원시하는 역사적 맥락도 그려진다. 하지만, 게이조오의 비중이 소설의 후반부에부터 약화된 것이 아쉽기만 하다. 마찬가지로 성병의 서사 또한 약화되어 있는 점에 비례해 박훈석의 서사가 강화되는 것 또한 징후적이다. 이는 현실에 압도당한 이호철이 소설적 서사에서 일종의 굴절 현상

39 "대부분의 종교는 신자들에게 일체성을 주는 한편, 불경스러운 생각을 심어줄 소지가 있는 비신자들과 어울리지 못하게 하려는 방법으로, 이루 말할 수 없이 많은 음식을 금지시켰다."(스튜어트 리 앨런. 2007. 『악마의 정원에서』. 정미나 옮김. 생각의 나무. 247쪽.)

을 경험하고 있는 것으로 해석할 수 있다.

『역려』는 게이조오와 박경자, 박성병 세대와 이즈미 다쯔오와 박훈석 세대의 갈등과 인식의 차이를 그리는 부분이 실제적이다. 반면, 나가노가 등장하는 부분에서의 서사는 너무 거대하고, 너무 그늘져 있어서 소설의 전개가 억압당하는 양상을 보인다. 『역려』의 이러한 서사적 균열 내부에는 1974년의 '〈상황〉지 필화사건'이 자리한다. 이 소설은 초반부의 한일관계의 문제의식이 후반부의 남북관계의 문제의식으로 포장된 '간첩서사'에 뒤덮여버림으로써 서사적 굴절을 초래한 작품이라고 할 수 있다. 악은 공포와 연관되어 있다. 그것은 강한 힘에 대한 상징이며, 숭배와 거부로서의 공포이기도 하다.[40] 작가 자신이 월남민이고, 이산가족으로서 공안당국에 의해 실존적 위협을 당하게 되어 압도적 공포를 경험했을 수밖에 없다. '〈한양〉지 필화사건'의 내막에는 이호철이 월남민의 처지에 있었다는 사실이 크게 작용했다.

이호철은 압도적 공포 속에서도 '반공 이데올로기'를 통해 자신의 결백을 주장하는 서사적 흐름을 손쉽게 선택하지는 않았다. 무엇보다 주목해야 할 부분은 『역려』에서 '간첩'이라는 단어가 등장하지 않는다는 점이다. 작가는 '간첩'이나 '북괴 공작원' 등의 단어를 소설 속에서 의도적으로 사용하지 않았다. 대신 '밀정'이나 '에이전시', '어떤 보이지 않는 마수' 등과 같은 언어만 사용하며 소설을 전개했다. 뿐만 아니라, '〈한양〉지 필화사건'으로 인해 체포되어야 했던 자신의 처지를 일본의 상황과 빗대어 우회적으로 표현하고 있다. '일본 내각조사실 산하 해당기관'이 나가노에 대한 모든 정보를 장악하고 통제하는 모습을 제시해, 한국

40 "모든 종교적 숭배행위에는 언제나 공포가 최초의 동기가 된다는 사실에도 예외가 없는 것 같다. 이 때문에 악마, 다시 말해 강력한 악신은 까마득한 옛날, 거의 모든 신앙에서 가장 중요한 존재로 나타나고 있다. 우리들은 보통 선한 사람보다는 나쁜 사람을 두려워하는 것처럼, 종교는 그 진화의 첫 단계에서 마귀 혹은 악마를 숭배하는 형태를 띠었던 것이다."(폴 카루스. 2003.『악마의 역사』. 이지현 옮김. 더불어책. 21쪽.)

정보기관이 '〈한양〉지 필화사건'을 국내 정치적 상황과 연결해 조작한 정황에 대해 우회적으로 비판했다. 이호철은 1970년대의 엄혹한 시대에 『역려』를 연재하던 중 체포되는 특이한 경험을 했다. 연재를 재개하면서 소설을 통해 스스로 결백을 증명해야 한다는 위기감을 느꼈을 것이다.

이호철은 '한반도가 처해 있는 현실'을 공포와 위협감으로 형상화했다. 이 소설에는 공포가 존재하지만, 분단 고착적 남북대결은 부재한다. 그 근거는 『역려』의 후반부는 나가노가 주도하고 있음에도 불구하고 북측 에이전시를 직접적으로 제시하지 않고 있고, '간첩' 혹은 '공작원'이라는 직접적인 지칭어도 사용하지 않고 있는데서 확인할 수 있다. 더불어, 밀정으로 지칭되는 나가노의 직접적인 행위의 목적도 불분명하고 모호하게 처리하고 있다. 단지, 남측과 북측, 그리고 일본의 정보기관의 활동을 평범한 사람들과의 관계 속에서 제시함으로써 '공포'에 압도당하는 일반인의 모습만을 그리고 있을 뿐이다. 이호철은 『역려』라는 작품을 통해 이데올로적 대립의 극한을 우회하는 서사전략을 사용했다. 그렇기에 『역려』는 1970년대의 한 풍경을 증언하는 텍스트로서, 다층적 읽기의 가능성을 간직하고 있는 소설이라고 평가할 수 있다.

6. 분단의 마귀들림을 견뎌내기

세르토는 『루됭의 마귀들림』에서 마녀 사건과 마귀들림을 구분해서 제시했다. 마녀 사건이 시골에서 발생한다면, 마귀들림은 도시를 무대로 한다. 마귀들림 사건은 마녀사건보다 계층적으로 더 높은 중간계급 혹은 지식계층에서 일어난다. 무엇보다 마녀 사건이 일종의 전쟁이었다면,

마귀들림은 '대중적인 포교 같기도 한 쇼로 변해간다'고 했다.[41]

1970년대 일본과 연루된 간첩사건도 대중에게 영향을 미치는 쇼와 같은 것으로 점차 변해갔다.[42] 분단의 고착화로 체제대결이 가중되고 있는 상황에서, 마녀 사건이 마귀들림 사건으로 변환되는 시기가 대략 1969년에서 1970년이라고 할 수 있다. 통계에 의하면 북한의 직접적인 간첩침투 사망사건은 1966년 18명, 1967년 228명, 1968년 321명이었다가, 1969년 55명, 1970년 46명으로 현격히 줄어들었다. 대신 해외에서 발생하는 간첩사건이 확연히 늘어나는 추세였다. 사건의 대상도 지식인, 유학생, 작가, 예술가 등 지식계층에 속하는 이들로 바뀌는 양상을 보였다.[43] 마녀 사건에서 마귀들림 사건으로 전환되듯이, 1970년대 권력의 공포상징 조작도 '전시되는 쇼'의 형태로 나타나기 시작한 것이다.[44]

---

41 미셸 드 세르토, 앞의 책, 14쪽.

42 김경원은 '언커크보고서'의 25차와 27차 총회보고서를 인용해 '북한의 전복활동' 통계를 1972년 8월 18일 현재라는 전제 아래 다음과 같이 제시하고 있다. 한국 지역내에서 북한인 사망 사건은 1965년 4명, 1966년 18명, 1967년 228명, 1968년 321명, 1969년 55명, 1970년 46명, 1971년 34명으로 나타났다고 한다. 한국 지역내에서 북한인 생포는 1965년 51명, 1966년 21명, 1967년 57명, 1968년 13명, 1969년 6명, 1970년 3명, 1971년 2명으로 나타났다고 한다. 위의 통계 자료를 통해, 1969년과 1970년을 기점으로 북한인의 한국내 침투로 인한 사살과 사망 사건이 현격히 줄었음을 확인할 수 있다. (김경원. 1974. 1.「남과 북」. 〈세대〉 제12권 통권 126호. 세대사. 141쪽.)

43 '재일동포 및 일본 관련 간첩조작 의혹사건'은 1971년 서승, 서준식 형제의 재일동포 유학생간첩단사건 이후 끊이지 않았다. 국방부 과거사진상규명위원회가 제시한「간첩사건 통계」(1951~1989)에 의하면, 1970년 150건의 간첩사건 중 일본우회침투가 24건이었다. 1971년에는 127건 중 31건, 1972년 60건 중 20건, 1973년에는 64건 중 37건, 1974년에는 86건 중 25건, 1975년에는 63건 중 26건, 1976년에는 39건 중 10건, 1977년에는 24건 중 11건, 1987년에는 23건 중 6건, 1979년 45건 중 11건으로 나타났다. (국방부 과거사진상규명위원회. 2007.『과거사 진상규명위원회 종합보고서-제3권 8개 사건조사결과 보고서(하)』. 국방부과거사진상규명위원회. 170면.)

44 "1970년대부터 공안당국은 "우회간첩"에 주목해 일본에서 온 재일동포에 대한 사찰을 진행했다. 1970년대 이래 150여명 정도가 이에 해당되며 주로 유학생, 한국 취업자, 일본 유학 한국인 등을 사찰 대상으로 삼았다. 특히 보안사의 경우 "대일공작계"를 새로 만들어 집중적인 사찰과 조사를 진행했다. 1971년부터 1974년 말까지 공작과 부활과 대일공작계의 신설에 따라『공작근원 발굴 작업』을 본격화해 해 총 384명의 대상을 선정하여 공작활동을 진행한 결과, 1975년부터 교포유학생을 대상으로

이는 다른 측면에서 세계관의 충돌을 둘러싼 대결 양상이라고 할 수 있다. 세르토는 종교와 과학의 담론 대결, 세속적 정치와 종교의 대결이 정점에 이르면 마귀들림 사건이 일어났다고 했다. 세르토는 전환의 시기에 '악마화'가 작동하고, 허위적 '들림'의 서사적 재현에 이뤄진다고 보았다. 세르토의 설명에 의하면, "종교적 문명 내부에 심각한 균열이 생기고 있"을 때 마귀들림 사건이 공연처럼 연기된다는 것이다.[45] 마귀들림에서 벗어나기 위해 "그것을 옮기고, 억누르고, 다른 곳으로 이동"시킨다는 것이 세르토의 주장이다.[46]

1970년대 한국사회에서도 체제가 규정하는 '무시무시한 사람들'을 악마화함으로써 격리시키고 축출하려 했다. 그 대상이 지식인이고 작가였다는 사실은 지배권력의 이데올로기에 위기가 봉착했음을 보여주는 것이기도 하다. 지배 이데올로기의 위기를 극복하기 위해 공포를 확산했던 것이 1970년대 한국사회의 상황이었다. 외부로부터 침입하는 다른 관점을 악마화하고 불온시함으로써, 대중의 공포에 기반한 합의를 유도했다. 국가안보 혹은 체제의 안전이라는 이름으로 행해진 마귀들림 사건은 국제적 분쟁의 가시화, 혹은 서사적 재현을 통해 대중에게 공연되었다. 이호철이 1974년에 10개월 동안 옥고를 치렀던 '〈한양〉지 필화사건'도 대대적인 전시를 목적으로 했다. 정치권력이 주도하여 일종의 국내 정치 전환용 무대를 만들어 일명 '문인 및 지식인 간첩단 사건'이라는 무시무시한 공연을 했던 것이다.[47]

737명을 선발하여 공작활동을 전개했다."(김원. 2016. 6. 「공안사찰:감시와 자기검열의 일상화」. 〈내일을 여는 역사〉. 내일을 여는 역사. 42쪽.)

45 미셸 드 세르토, 앞의 책, 10쪽.

46 위의 책, 383~384쪽.

47 '〈한양〉지 필화사건'의 또 다른 당사자인 임헌영은 다음과 같이 증언했다. "문학인 개헌 성명 직후인 1월 8일에 긴급조치가 선포되었고, 그래서 서명했던 사람들은 하나하나 다 찾아다니면서 전부 경위서를 쓰라는 거예요. 바로 그 무렵에 이호철 선생이 연행되어 조사받는다는 소문이 났고, 어느 날 동생이 집에 오지 마라고 해서 피신 다니

이호철의 장편소설 『역려』는 '마귀들림 사건'의 현장에서 씌여진 작품이기에, 문학사적 맥락과 한국 사회사적 맥락에서 가치가 있는 작품이다. 이 작품의 의의는 다음과 같이 제시할 수 있다.

첫째, 『역려』는 한일 관계를 역사적 측면에서 접근하면서도, 가족사와 대비시켜 구체화하고 있다는 점이 특징적이다. 1930년대에 북의 안변 석산리에 정착한 일본 이즈미 가족을 중심으로, 1973년까지의 가족사를 서사화했다. 이를 통해 일제 강점기 경험의 차이, 해방기 북녘의 상황, 한일국교정상화 이후의 미묘한 감정의 변화를 추적했다. '이즈미' 가족의 이산과 만남이라는 측면에서 한일관계를 한 가족사로 대비해 다루었다. 이 소설은 '제유적 서사기법'을 동원하여 한국과 일본이라는 역사적 갈등을 가족사의 체험으로 구성한 미시서사가 돋보인다.

둘째, 『역려』는 1970년 초반의 한일관계를 기본 바탕으로, 한국과 일본 민중의 관점을 동시대적으로 보여주고 있다. 이즈미 다쯔오와 박성갑 등으로 대표되는 구세대적 관점과 이즈미 게이조오·박경자·박성병으로 대표되는 신세대적 관점을 대립시킴으로써 세대 감각을 통해 한일관계의 미래지향을 탐색했다. 『역려』는 1965년 한일국교 정상화 이후 8년여가 흐른 시점에서 '일제강점기의 역사적 경험'에 대한 성찰을 촉구하는 작가적 관점이 투영되어 있다는 측면에서 의미가 있다.

세째, 『역려』의 텍스트 자체가 갖고 있는 특성과 작가의 작품세계의 변화와 연관해서도 흥미로운 시사점을 제공한다. 『역려』를 집필하는 과정에서 이호철은 한반도의 첨예한 쟁점이었던 '간첩단 사건'에 연루되는 공포스러운 체험을 했다. 이 사건은 『역려』 집필에도 직접적인 영향을 미

다 다시 들어갔죠. 결국 첫 발단은 시국과 관계없이 이호철 선생이 일본 방문 중에 사석에서 한 얘기가 밀고당해 조사하는 과정에서 일본 갔다 온 사람 한 둘이 아니다, 이래서 결국 다섯 사람이 남았는데 개헌 서명을 한 사람이 이호철, 저 둘이었습니다. 둘이는 간첩이고 나머지는 다 반공법 위반으로 기소당했지요."(강진호·이상갑·채호석 편. 2003. 『증언으로서의 문학사』. 깊은샘. 316~317쪽.)

쳤다. 『역려』는 초반의 서사는 한일관계에 집중하는 양상을 보였는데, 중후반부터는 '간첩서사'로 전환하는 균열 양상을 보였다. 서사적 흐름과 문체의 모호성도 강화되는 경향을 보인다. '〈한양〉지 필화사건'이 이호철의 작품에 실제적으로 영향을 미쳤고, 그 영향이 고스란히 텍스트에 반영되었다. 『역려』의 후반부는 '간첩서사'가 포함됨으로써 서사적 전개에 균열이 발생하고 만다. 하지만, 이호철은 문학작품을 통해 자신의 결백을 증명해야 하는 상황에서도, '악(간첩) 만들기'의 부조리함을 우회적으로 비판하는 서사 전개를 선택했다. 이호철은 『역려』를 통해 극단적인 남북 대결 이데올로기를 우회함으로써, 국가폭력을 비판하는 문학적 저항을 했다고 의미화할 수 있다.

참고문헌

1. 무라카미 하루키, 사라지는 매개자와 1990년대 한국문학

곽승미. 1997.「무라카미 하루키 수용 양상 – 구효서의 경우」. 한국비교문학회.『비교문학』 22호.

김영옥. 2005,「탈 '전후'와 '현대'의 경계」. 한국비교문학회.『비교문학』. 36호.

김춘미. 2007.「한국에서의 무라카미 하루키(村上春樹) – 그 외연과 내포」.『비평』 17호. 생각의나무.

남진우. 1995.「우물의 어둠에서 백로의 숲까지 – 신경숙의『외딴방』에 대한 몇 개의 단상」. 신경숙.『외딴방』 해설. 문학동네. 1995.

______. 1996.「슬픈 외국어에 담긴 뜻」. 문학사상사 자료연구실.『하루키 문학수첩』. 문학사상사.

______. 1997.「오르페우스의 귀환 – 무라카미 하루키, 댄디즘과 오컬티즘 사이에서 방황하는 청춘」.『문학동네』. 여름호.

문학사상사 자료연구실. 1996.「세계무대에 오른 '무라카미 하루키 문학'」.『하루키 문학수첩』. 문학사상사.

안천. 2011.「'소설의 종언' 이후의 일본소설론」.『문학과사회』. 봄호.

유종호. 2011.「문학의 전략 – 무라카미 현상에 부쳐」.『과거라는 이름의 외국』. 현대문학.

이성욱. 1992.「'심약한' 지식인에 어울리는 파멸 – 이인화의『내가 누구인지 말할 수 있는 자는 누구인가』 표절 시비에 대해」. 한길문학. 여름호.

황종연. 2016.「『늪을 건너는 법』 혹은 포스트모던 로만스-소설의 탄생 – 한국문학의 1990년대를 보는 한 관점」.『문학동네』. 가을호.

가라타니 고진. 2006.『근대문학의 종언』. 조영일 옮김. 도서출판b.

__________. 2008.『역사와 반복』. 조영일 옮김. 도서출판b.

가토 노리히로. 2017. 『무라카미 하루키는 어렵다』. 김난주 옮김. 책담.
무라카미 하루키. 1989. 「한국어판에 부치는 저자의 서문」. 유유정 옮김. 『상실의 시대』. 문학사상.
______________. 1996. 『바람의 노래를 들어라/1973년의 핀볼』. 윤성원 옮김. 문학사상사.
蓮實重彦. 1989. 『小説から遠く離れて)』. 日本文芸社.
Fredric Jameson. 1988. "The Vanishing Mediator: Narrative Structure in Max Weber". *The Ideologies of Theory: The syntax of history*. Vol.2. University of Minnesota Press.

2. 1960~70년대 일본문학 수용에 나타난 세대의식과 냉전의 메커니즘

자료

『경향신문』, 『동아일보』
『사상계』, 『새벽』, 『세대』, 『문학과지성』, 『한양』
『일본전후문제작품집』
손세일 편. 1976. 『한국논쟁사』2. 청람문화사.

연구 논저

강우원룡. 2012. 11. 「1960년대 일본문학 번역물과 한국」. 『일본문학』 93.
이종호. 2015. 「1960년대 일본번역문학의 수용과 전집의 발간」. 『대중서사연구』 21.

이명희. 2008.「반공주의와 작가정신」.『아시아여성연구』47-1.
최일남. 2005. 한일문학 접촉에 대한 생각. 대산문화. 2005 가을호.
하상일. 2004. 10.「1960년대 문학비평과『한양』」.『어문논집』.
허윤회. 2002.「1960년대 참여문학론의 도정」.『희귀잡지로 본 문학사』. 깊은샘.

권보드래·천정환. 2012.『1960년을 묻다』. 천년의 상상.
김윤식. 2005.『내가 살아온 20세기 문학과 사상』. 문학사상.
서은주. 2014.『문학, 교양의 시간』. 소명출판.
오미정. 2009.『일본전후문학과 식민지 경험』. 아카넷.
윤상인 외. 2008.『일본문학 번역 60년』. 소명출판.
이한정. 2016.『일본문화의 수용과 번역』. 소명출판.
조영일. 2009.『한국문학과 그 적들』. 도서출판 b.
최원식 외. 2002.『4월 혁명과 한국문학』. 창비.
마루카와 데쓰시. 2010.『냉전문화론』. 장세진 옮김. 너머북스.

3. 일본, 근대 한국인 정체성의 그림자
—『세대』지의 '한일국교수립' 전후의 일본담론과『회색의 의자』(『회색인』)

자료
『세대』.『한국일보』.『경향신문』.『주간한국』.

연재본
『회색의 의자』.『세대』. 창간호(1963. 6)~1964. 6.

단행본

김영찬. 2006.『근대의 불안과 모더니즘』. 소명출판.

최인훈. 2008.『회색인』. 문학과 지성사.

논문

박진희. 2003.「한일협정 체결과 지역통합전략의 현실화」. 한국역사연구회.『역사와 현실』 50.

_____. 2005.「전후 한일관계와 샌프란시스코 평화조약」.『한국사연구』 131.

_____. 2014.「미국 국무부 재외공관문서(RG 84)와 한일회담」. 한국사학회 편.『사학연구』 115.

박태균. 2005.「한일회담 시기 청구권 문제의 기원과 미국의 역할」. 한국사연구회 편.『한국사연구』 131.

배지연. 2016.「최인훈 소설의 메타적 글쓰기 연구」. 경북대 박사.

서은선. 2003.「최인훈 소설의 서사구조 연구」. 부산대 박사.

서은주. 2000.「최인훈 소설 연구」. 연대 박사; 성지연. 2003.「최인훈 문학에서의 '개인'에 관한 연구」. 연대 박사.

유지아. 2016.「한국과 일본에서의 한일회담 반대운동의 전개과정과 역사적 의의」. 한일관계사학회 편.『한일관계사연구』 53.

이봉범. 2015.「일본, 적대와 연대의 이중주」. 한국문학연구학회 편.『현대문학의 연구』 55.

이원덕. 2007.「박정희와 한일회담」. 명지대 국제한국학연구소.『제6회 학술대회 자료집』.

장세진. 2013.「'시민'의 텔로스(telos)와 1960년대 중반『사상계』의 변전」. 서강대학교 인문과학연구소 편.『서강인문논총』 38.

정진아. 2012.「1950년대 후반~1960년대 초반 '사상계 경제팀'의 개발담론」. 한국사학회. 『사학연구』 105.
조아라. 2014. 「한일회담 과정에서의 미국의 역할」. 서울대학교 일본연구소 편. 『일본비평』 10.

4. 한일문학의 민주주의와 '반지성주의'
— 미시마 유키오와 김훈을 중심으로

가라타니 고진. 2017. 『헌법의 무의식』. 조영일 옮김. 도서출판b.
김훈. 1994. 『풍경과 상처』. 문학동네.
____. 「[쾌도난담] 위악인가 진심인가」. 『한겨레21』 2000년09월27일 제327호(인터넷판) [검색일 2018.5.10.] http://legacy.www.hani.co.kr/section-021023000/2000/021023000200009270327078.html
____. 2011. 『黑山』. 학고재.
남상욱. 2012. 「〈일본국헌법〉을 통해 보는 '전후일본' - 미시마 유키오의 〈일본국헌법〉 인식을 중심으로」 『일본사상』 23권.
_____. 2018. 「전후일본문학 속의 '폭력' 표상」. 『일본언어문화』.
우치다 다쓰루. 2016. 김경원(역). 『반지성주의를 말하다』. 이마.
이성혁. 2014. 「김훈의 "역사소설"에 나타난 파시즘 문제에 대한 고찰」. 『한민족문화연구』 46호.
ダワー. 2004. 『敗北を抱き占めて』. 岩波書店.
デリダ. 2015. 「アメリカ独立宣言」. 『思想』 no.1088. 岩波書店. 54쪽.
三島由紀夫. 1956. 『金閣寺』. 『금각사』. 웅진지식하우스. 2002.
_________. 1967. 『文化防衛論』. 『미시마 유키오의 문화방위론』. 남상욱

옮김. 자음과모음. 2014.
三島由紀夫. 2001.『決定版 三島由紀夫全集』. 新潮社.
_________. 2003.『決定版三島由紀夫全集』第27卷. 新潮社.
Richard Hofstadter. Anti-intellectualism in America Life. 1963.『미국의 반지성주의』. 유강은 옮김. 교유서가. 2017.

5. 전후 윤리적 정동의 정립과 1960~70년대 '딸'의 담론
— 미우라 아야코의『빙점』수용의 의미

기본자료

三浦 綾子. 1975.『氷點』. 손민 역. 풍성각.
________. 2015.『길은 여기에』. 최봉식 역. 지성문화사.

국내논저

기사.「일본은 들어오고 있다: 문화」.『경향신문』. 1965. 2. 22.
기사.「일본소설의 졸속절도수입」.『경향신문』. 1965. 9. 1.
기사.「한일문화교류 받아들일 것과 막을 것(6) 출판부문」.『동아일보』. 1966. 2. 8.
기사.「이대독서실태」.『동아일보』. 1966. 9. 7.
기사.「땅에 떨어진 출판윤리」.『경향신문』. 1966. 10. 8.
기사.「주간 베스트셀러」.『동아일보』. 1984. 6. 18.
김병익. 1966. 12. 7.「66년을 되돌아보며 다시 생각해볼 일들(1) 베스트셀러」.『동아일보』. 동아일보사.
김보영. 2011.「미우라 아야코『빙점』론: 원죄의식의 재구축과 전후문학의 가능성」. 숙명여자대학교 석사.

김은실. 2003.「식민지 근대성과 여성의 근대 체험: 여성경험의 서사화와 경험 해석에 관한 방법론적 모색」.『한국의 근대성과 가부장제의 변형』. 한국여성연구원.

김응교. 2005.「일본문학 번역의 왜곡상: 일본문학 번역의 교두보인『빙점』을 중심으로」.『문학사상』제 34권. 문학사상사.

_____. 2011. 1.「미우라 아야코『빙점』의 원죄와 원복」.『월간 복음과 상황』 제243호. 복음과상황.

김주영. 2008.「기독교 문학으로서의『빙점』: 한국 독자의 입장에서 본 텍스트 고찰」.『문학과 종교』 vol.13. 한국문학과 종교학회.

모윤숙 외 38인. 1979.『저명인사 39인의 친서 내 사랑하는 딸에게』. 태창문화사.

박숙자. 2017.『살아남지 못한 자들의 책읽기』. 푸른역사.

유승창. 2011. 6.「오에 겐자부로 초기문학의 전후인식과 미국표상」.『일본어문학』 49. 한국일본어문학회.

이은경. 2014.「〈일본모친대회〉, 각성하는 '모성'과 평화」.『전후일본의 생활평화주의』. 박문사.

이임자. 1998.『한국출판과 베스트셀러』. 경인문화사.

이재신. 1990. 8.「아야꼬 선생 방문기」.『기독교사상』 34(8).

이정숙. 2014.「한국 소설에 나타난 가난의 정동화」. 서울대학교 박사.

이한정. 2016.「미우라 아야코『빙점』번역본의 여러 양상」.『일본문학의 수용과 번역』. 소명출판사.

전희경. 2013.「1960~80년대 젠더-나이체제와 '여성' 범주의 생산」.『한국여성학』 29(3). 한국여성학회.

국외논저
하시다 시가코. 1984.『오싱』. 김균 역. 청조사.
Peter Brooks. 2013.『멜로드라마적 상상력』. 이승희·이혜령·최승연 역. 소명출판.

6. 전후체험의 인식과 민주주의의 상상력 : 김승옥과 다자이 오사무의 소설에 나타난 '생명'과 '여성'

김승옥. 1966.『서울, 1964년 겨울』. 창우사.
백철·안수길·최정희 편. 1960. 8.『일본전후문제작품집』. 신구문화사.
다자이 오사무.『사양』. 신현선 역. 2015. 창비.

강우원용. 2012. 11.「1960년대 일본문학 번역물과 한국 - '호기심'과 '향수'를 둘러싼 독자의 풍속」.『일본학보』(93).
곽형덕. 2018. 2.「일본 전후문학의 제3세계적 상상력 – 원심력으로서의 세계와 문학」.『일본학보』.
김남경. 2017.「다자이 오사무『사양』의 한국어 번역현황과 오역 양상」.부산대학교 대학원 석사학위.
김남조.「신구문화사간 전후일본문제작품」.『동아일보』. 1960. 9. 22.
김승옥. 2002.「좌담: 4월 혁명과 60년대를 다시 생각한다」.『4월 혁명과 한국문학』. 창비.
남상욱. 2015. 12.「미시마 유키오와 '전후민주주의'-1968년의 '미국' 표상을 중심으로」.『일본사상』29.
박규철. 2014. 2.「다자이 오사무의 유토피아론:「사양」을 중심으로」. 인

천대학교 일어일문학과 석사학위.
박현수. 2016. 8.「한국문학의 '전후' 개념의 형성과 그 성격」. 한국현대문학연구 제49집.
백낙청. 1978.「시민문학론」.『민족문학과 세계문학』. 창작과비평사.
백지연.「페미니즘 비평과 '혐오'를 읽는 방식」.『창작과비평』 2017년 겨울호.
신현선. 2010.「다자이 오사무 문학의 에코페미니즘 고찰」.『일본어문학』 45.
염무웅. 2014.「정치적 억압과 글쓰기의 자유」.『증언: 1970년대 문학운동』. 한국작가회의.
이종호. 2015. 8.「1960년대 일본번역문학의 수용과 전집의 발간 - 신구문화사『일본전후문제작품집』을 중심으로」.『대중서사연구』 21(2).
이한정. 2014. 8.「일본문학 번역의 양상과 연구 향방」.『일본학보』 100.
최원식. 2002.「4월 세대를 위한 문학적 변증」.『4월 혁명과 한국문학』. 창비.
나카노 도시오.「'전후 일본'에 저항하는 전후사상」. 권혁태·차승기 엮음. 2013.『전후의 탄생-일본, 그리고 조선이라는 경계』. 그린비.
호베르뚜 슈바르스. 2010.「주변성의 돌파-마샤두와 19세기 브라질문학의 성취」.『세계문학론』. 창비.

권혁태·차승기 엮음. 2013.『전후의 탄생- 일본, 그리고 조선이라는 경계』. 그린비.
윤상인. 2009.『문학과 근대와 일본』. 문학과지성사.
이한정. 2016.『일본문학의 수용과 번역』. 소명출판.

7. 실재와 환영, 혹은 제의로서의 소설 쓰기
― 고마쓰가와 사건의 문학적 재현

1. 기본자료

재일에스닉잡지연구회 옮김. 2016.『진달래·가리온』4. 지식과교양.

大江健三郎. 1990.『叫び聲』. 講談社文藝文庫.

大岡昇平. 2017.『事件』. 創元推理文庫.

大島渚. 1968.「絞死刑」. 創造社·ATG.

金石範. 2005.「祭司なき祭り」.『金石範作品集Ⅱ』. 平凡社.

朴壽南 編. 1979.『李珍宇全書簡集』. 新人物往來社.

2. 논문 및 단행본

김석범·김시종. 2007.「대담 왜 계속 써왔는가 왜 침묵해 왔는가」. 문경수 편.『왜 계속 써왔는가 왜 침묵해 왔는가』. 이경원·오정은 옮김. 제주대학교출판부.

김시종. 2017.「일본어의 두려움」.『재일의 틈새에서』. 윤여일 옮김. 돌베개.

박동호·김겸섭. 2017.「오시마 나기사의 영화 〈교사형〉에 나타난 생소화 효과」.『글로벌문화콘텐츠』31. 글로벌문화콘텐츠학회.

버거, 피터 L·루크만, 토마스. 2013.『실재의 사회적 구성』. 하홍규 옮김. 문학과지성사.

사르트르, 장 폴. 2007.『지식인을 위한 변명』. 박정태 옮김. 이학사.

______________. 2012.『실존주의는 휴머니즘이다』3판. 방곤 옮김. 문예출판사.

서은혜. 2002.「오에 겐자부로의 초기작에 나타난 문제의식」.『일본어문학』13. 한국일본어문학회.

심수경. 2009. 「오에 겐자부로 『절규』–빼앗긴 고유명을 중심으로」. 『일어일문학연구』 69. 한국일어일문학회.
야마구치 마사오. 2014. 『문화와 양의성』. 김무곤 옮김. 마음산책.
장인수. 2018. 「문화서클운동의 정치성과 자이니치의 아이덴티티」. 『한민족문화연구』 61. 한민족문화학회.
조경희. 2012. 「'조선인 사형수'를 둘러싼 전유의 구도」. 『동방학지』 158. 연세대학교 국학연구원.
최신의. 2010. 「고마쓰가와 사건–차별과 빈곤 속에서」. 재일코리안변호사협회 편. 『일본 재판에 나타난 재일코리안』. 박인동 옮김. 한국학술정보(주).
大澤眞幸. 2009. 『增補 虛構の時代の果て』. ちくま學藝文庫.
加藤幹郎. 2011. 「R氏の犯罪」. 『日本映畫論』. 岩波書店.
中村一成. 2017. 「最後の『チンダレ』殘黨」. 『ルポ思想としての朝鮮籍』. 岩波書店.
見田宗介. 2011. 「夢の時代と虛構の時代」. 『定本 見田宗介著作集VI: 生と死と愛と孤獨の社會學』. 岩波書店.

8. 1970년대의 한일관계의 재인식과 분단서사의 굴절
— 이호철의 『역려』론

「「한국문학」 연재 소설 「역려」 계속」. 〈경향신문〉 1974년 11월 12일자.
「문인·지식인 간첩단 검거」. 〈경향신문〉 1974년 2월 5일자.
「풀려난 문인들 문제의 작품」. 〈경향신문〉 1974년 12월 21일자.
강진호·이상갑·채호석 편. 2003. 『증언으로서의 문학사』. 깊은샘.

국방부 과거사진상규명위원회. 2007. 『과거사 진상규명위원회 종합보고서-제3권 8개 사건조사결과 보고서(하)』. 국방부과거사진상규명위원회.
김경원. 1974. 1. 「남과 북」. 〈세대〉 제12권 통권 126호. 세대사.
김원. 1965. 10. 「총독부 정치의 분석과 비판」. 〈세대〉 제10권 통권 27호. 세대사.
김원. 2016. 6. 「공안사찰:감시와 자기검열의 일상화」. 〈내일을 여는 역사〉. 내일을 여는 역사.
미셸 드 세르토. 2013. 『루딩의 마귀들림』. 이충민 옮김. 문학동네.
박현수. 2008. 4. 「수사학의 3분법적 범주 : 은유. 환유. 제유」. 〈한국근대문학연구〉. 한국근대문학회.
裵載湜. 1974. 11. 「日本속의 韓人들」. 〈세대〉 제12권 통권 136호. 세대사.
손관승. 1999. 『우리는 그들을 스파이라 부른다』. 여백.
스튜어트 리 앨런. 2007. 『악마의 정원에서』. 정미나 옮김. 생각의 나무.
신상초·양흥모·윤종현·최광석. 1974. 6. 「特別座談 : 最近 北傀動向과 安保姿勢」. 〈세대〉 제12권 통권 131호. 세대사.
유임하. 2010. 12. 「닫힌 현실과 열린 분단의식 – 이호철의 장편소설 『문』」. 〈돈암어문학〉 23. 돈암어문학회.
윤상철. 1974. 10. 「在日 反韓國 團體들」. 〈세대〉 제12권 통권 135호. 세대사.
이상우. 1975. 4. 「북한의 「평화통일」 전략」. 〈세대〉 제13권 통권 141호. 세대사.
이하나. 2015. 8. 「1970년대 간첩/첩보 서사와 과잉 냉전의 문화적 감수성」. 〈역사비평〉. 역사비평사.
이호철. 1978. 『역려』. 세종출판공사.
_____. 1994. 「소위 『한양』(漢陽)지 사건의 전말」. 『산 울리는 소리』. 정

우사.

이호철. 2010.「다시 작가의 몇 마디 말」.『출렁이는 유령들(2)』. 글누림.

정호웅. 2010.「'역려(逆旅)'의 정신. 성찰의 서사 – 이호철의『출렁이는 유령들』」.『출렁이는 유령들(2)』. 글누림.

제프리 버튼 러셀. 1999.『악마의 문화사』. 최은석 옮김. 황금가지.

최영호. 2008. 9.「한반도 거주 일본인의 귀환과정에서 나타난 식민지 지배에 관한 인식」.〈동북아역사논총〉 21호. 동북아역사재단.

폴 카루스. 2003.『악마의 역사』. 이지현 옮김. 더불어책.

폴 토드·조너선 블로흐. 2005.『조작된 공포』. 이주영 옮김. 창비.

허병식. 2017. 11.「분단 디아스포라와 재일조선인 간첩의 표상」.〈동악어문학〉 73. 동악어문학회.

홍석률. 2015. 2.「냉전의 예외와 규칙 – 냉전사를 통해 본 한국 현대사」.〈역사비평〉. 역사비평사.

후지와라 데이. 1950.『내가 넘은 三八線』. 정광현 역. 首都文化社.

저자소개

김영찬 : 무라카미 하루키, 사라지는 매개자와 1990년대 한국문학

성균관대학교 불문학과를 졸업하고 국문학과 대학원에서 박사학위를 받았다. 현재 계명대학교 국어국문학전공 교수로 재직 중이다. 현대문학상, 대산문학상, 팔봉비평문학상을 수상했다. 저서로 『근대의 불안과 모더니즘』, 『비평극장의 유령들』, 『비평의 우울』, 『문학이 하는 일』 등이, 역서로 『성관계는 없다』, 『근대성의 젠더』 등이 있다.

E-mail: youngcritic@gw.kmu.ac.kr

서은주 : 1960~70년대 일본문학 수용에 나타난 세대의식과 냉전의 메커니즘

연세대학교 국어국문학과를 졸업하고 같은 학교 대학원에서 석사와 박사 학위를 받았다. 현재 용인대학교 교양교육원 조교수로 재직하고 있다. 현대소설을 전공하였으며, 문학담론 및 제도, 외국문학 수용에 관심을 가지고 연구해오고 있다. 저서로는 『문학, 교양의 시간』, 『권력과 학술장: 1960년대~1980년대 초반』(공저), 『1960년대 문학과 문화의 정치』(공저) 등이 있고, 논문으로는 「냉전의 지식문화: 1960~70년대 소외론을 중심으로」, 「비판적 지성과 젠더, 그 재현의 문제」 등이 있다.

E-mail: ejuseo@naver.com

전상기 : 일본, 근대 한국인 정체성의 그림자 ― 『세대』지의 '한일국교수립' 전후의 일본담론과 『회색의 의자』(『회색인』)

성균관대학교 국어국문학과 졸업, 문학박사, 중국산동대학 교환교수(1996~ 1997), 성균관대학교 동아시아학술원 연구교수(2004~2010), 성균관대학교 동아시아역사연구소 선임연구원(2010~ 2013), 현재 성균관대학교 국어국문학과 초빙교수, 건국대 국문학과 시간강사

E-mail: jdaseul@hanmail.net

남상욱 : 한일문학의 민주주의와 '반지성주의'
— 미시마 유키오와 김훈을 중심으로

도쿄대학 총합문화연구과에서 박사학위를 받고, 현재 인천대학교 일어일문학과 교수로 재직중이다. 전후 이후의 일본문학 및 문화 등에 관심이 있다.

E-mail: indimina@inu.ac.kr

이정숙 : 전후 윤리적 정동의 정립과 1960~70년대 '딸'의 담론
— 미우라 아야코의 『빙점』 수용의 의미

현재 군산대학교 기초교양학부 초빙교원으로 재직 중이다. 1970년대 한국소설과 문학장의 정치적·사회적·소설사적 의의를 '가난'과 '정동'의 관점에서 구명한 박사학위 논문을 썼다. 공저로 『혁명과 웃음』, 『르네상스인 김승옥』이 있고, 주요 논문으로 「1960~1970년대 여성 노동자 수기의 멜로드라마적 성격 연구」, 「4·19세대의 '국토'인식과 리얼리즘의 재편」, 평론 「상상하지 못한 방식으로 그 세계를 알게 된다면-최근 동물 르뽀에 대한 단상」 등이 있다.

E-mail: punky525@hanmail.net

백지연 : 전후체험의 인식과 민주주의의 상상력 :
김승옥과 다자이 오사무의 소설에 나타난 '생명'과 '여성'

경희대학교 국문학과에서 박사학위를 받고, 현재 서울여자대학교 국문학과 초빙강의교수로 있다. 저서로 평론집 『미로 속을 질주하는 문학』, 『사소한 이야기의 자유』와 공편저로 『90년대 문학 어떻게 볼 것인가』, 『20세기 한국소설』, 『한국문학과 민주주의』, 『현철 평론선집』 등이 있으며 논문으로 「포스트휴먼 시대의 젠더정치와 괴물-비체의 재현방식」, 「분단현실과 동아시아의 사유-한국 전후여성소설을 중심으로」 등이 있다.

E-mail: cyndi89@naver.com

장인수 : 실재와 환영, 혹은 제의로서의 소설 쓰기
— 고마쓰가와 사건의 문학적 재현

성균관대학교 어문학부(국어국문학전공)를 졸업하고, 동 대학원에서 석·박사 학위를 취득하였다. 현재 제주대학교 인문대학 국어국문학과 부교수로 재직하고 있다. 한일 비교문학 및 자이니치 문학 등에 관심이 있다. 논문으로는 「한일협정, 베트남 전쟁, 그리고 학병수기」, 「문화서클운동의 정치성과 자이니치의 아이덴티티-1950년대 서클지 『진달래』의 성격과 그 의의」 등이 있다.

E-mail: poem-k@hanmail.net

오창은 : 1970년대의 한일관계의 재인식과 분단서사의 굴절
— 이호철의 『역려』론

중앙대학교 국어국문학과를 졸업하고 같은 학교 대학원에서 박사학위를 받았다. 현재 중앙대학교 대학원 문화연구학과와 다빈치교양대학 교수로 재직 중이다. 도시소설연구, 취향의 문화사, 비판 인문학, 동시대 북한 소설 등에 관심을 갖고 연구해오고 있다. 저서로는 『비평의 모험』, 『모욕당한 자들을 위한 사유』, 『절망의 인문학』, 『나눔의 그늘에 스며들다』, 『친애하는, 인민들의 문학생활』 등이 있다.

E-mail : longcau@cau.ac.kr

한국과 일본의 문학과 민주주의: 교통과 횡단

초판1쇄 인쇄 2022년 1월 12일
초판1쇄 발행 2022년 1월 27일

지 은 이 계명대학교 한국학연구원 편
펴 낸 이 신일희
펴 낸 곳 계명대학교 출판부
출판등록 제347-1998-1호(1970. 9. 1.)
주 소 대구광역시 달서구 달구벌대로 1095
대표전화 053-580-6233
팩 스 053-580-6235
홈페이지 www.kmupress.com

ISBN 979-11-6516-125-5 93800 정가 27,000원